살아가는 데
꼭 필요한
최소한의
금융
지식

FINANCE

살아가는 데
꼭 필요한
최소한의

김석한 지음

금융
지식

원앤원북스

최소한의 금융지식만 알아도
재테크가 쉬워진다!

이스라엘 왕 다윗의 반지에는 전쟁에서 승리하거나 위대한 일을 성
취했을 때 자만심에 빠지지 않게 하고, 견디기 어려운 슬픔이나 고
통이 다가와 모든 것을 포기하고 싶을 때 용기를 얻을 수 있는 글귀
가 새겨져 있었다고 한다.

"이것 또한 곧 지나가리라It will too pass away, as soon."

경제 대공황, 오일쇼크, 9·11테러, 차이나쇼크, 서브프라임 금융
위기, 일본 대지진 등 돈의 흐름에 영향을 주는 예상치 못한 일들이
수없이 되풀이되지만 금융소비자들은 그 격랑 속에서 매번 갈팡질
팡한다. 그 이유는 하루가 다르게 변화하는 시장의 흐름을 주시하며

시시각각 그에 맞는 방법을 활용할 수 있는 금융지식이 부족해 깊은 트라우마로 고착되고, 투자심리를 한계까지 몰아가기 때문이다.

바람 잘 날 없는 금융역사에서 인류역사에 기록될 만한 대형 호재나 악재가 발생하면 어떤 사람들에게는 뜻밖의 횡재로 작용하고, 어떤 사람들에게는 마른하늘에 날벼락으로 작용한다. 하지만 순식간에 바뀐 투자자의 운명은 잠시일 뿐이고, 이것 또한 곧 지나가게 되어 있다. 기회는 어디에나 있고, 궁극적으로는 금융지식이 풍부한 사람만이 트라우마 없이 좋은 성과를 기록해 웃음 짓게 된다.

이 책은 금융소비자의 부족한 금융지식을 채워주는 이야기다. 풍부한 금융지식은 어설픈 재테크 노하우나 방법으로 자산이 축나는 것을 제어할 뿐만 아니라, 불확실한 국내외 경제 및 금융환경의 변화 속에서 잠재된 위험요소를 파악하고 적절한 해결방법을 제시한다. 그럼으로써 궁극적으로 자신이 원하는 만큼 자산을 형성하고 불릴 수 있도록 진가를 발휘하게 해준다.

이 책은 크게 8장으로 구성되어 있다. 금리, 환율, 물가, 경기 등 경제에 따라 예·적금, 주식, 채권, 펀드, 보험 등 다양한 금융상품을 적용하고 관리하며 자산을 늘릴 수 있도록 했다. 또한 교육, 노후, 주택 등 금융과 관련된 다양한 목표를 달성하기 위해 반드시 알아야 할 금융지식은 물론, 놓치기 쉽거나 어려워 접근하기 힘든 금융지식까지 이해하기 쉽게 예를 들어 설명했다.

"사람들은 천부적인 재능과 좋은 시력이 내가 타자로 성공할 수 있었던 이유라고 말한다. 그들은 내가 연습에 연습을 거듭한 것에 대해서는 결코 언급하지 않는다."

미국 메이저리그 보스턴 레드삭스의 전설적인 타자였던 테드 윌리엄스Ted Williams의 말이다. 그는 스트라이크 존을 77칸으로 나누고 자신이 가장 잘 치는 칸으로 공이 올 때만 스윙함으로써 1939년에서 1960년까지 올스타 17회와 타격왕 6회, 홈런왕 4회, 타점왕 4회를 기록했고, 마침내 마지막 4할 타자의 전설을 썼다.

투자의 대가 워런 버핏Warren Buffett조차 "좋은 타자가 되려면 좋은 공이 올 때까지 기다려라"라는 그의 말을 자주 인용하며 준비와 기다림을 강조했다.

이 책을 읽는 독자들도 어설픈 재테크 노하우나 방법보다 금융지식의 기초부터 쌓고 성을 만들어 스스로 국내외 경제와 금융환경에 따라 위기관리와 수익관리 체계를 만들고 목표하는 기간에 높은 성과를 기대하기 바란다. 투자는 시간과 노력을 들여 준비하고, 시시각각 변화하는 경제와 금융환경에 대응하며 기다리면 자산 증가라는 보상이 반드시 따라오게 되어 있다는 믿음을 갖기를 소망한다.

　이 책이 독자들에게 최대한 유용하게 활용되기를 바라며, 사회초
년생인 아들의 재테크 길잡이가 되길 원한다. 항상 곁을 지켜주는
가족들에게 고마움을 전한다.

김석한

· 1장 ·
금융지식이
미래를 결정한다

· 4장 ·

연금으로 안정적인 노후를 준비하라

·5장·
안전하게 자산을 불려주는
예·적금과 파생상품

·6장·
펀드투자,
알아야 성공한다

· 7장 ·

평균수명 100세 시대, 보험은 필수다

· 8장 ·

효과적인 절세 방법은 따로 있다

돈이 행복한 삶을 보장하지는 않지만, 많은 사람들이 이왕이면 돈이 많아 풍족한 삶을 살면서 행복해지기를 원한다. 열심히 일하고 착실하게 돈을 모으는 이유도 돈의 구속에서 벗어나 경제적 자유를 이루고 싶기 때문이다. 그러니 돈은 당신이 잠든 사이에도 열심히 일하고 있어야 하지만, 천정부지로 치솟는 물가는 당신의 돈을 조금씩 갉아먹고 있다.

이자에 또 이자가 적용되는 복리에 의한 눈덩이 효과처럼 돈이 스스로 일하지 않으면 인플레이션을 이길 수 없다. 한번 불붙으면 걷잡을 수 없을 만큼 돈을 키우기 위해서는 자질구레한 재테크 기술을 활용하기보다 다양하고 깊이 있는 금융지식을 갖춰 돈을 운용해야 한다. 풍부한 금융지식은 돈이 스스로 일하게 할 수 있는 기반이 되고, 돈의 구속에서 벗어나 더 이상 월급만 기다리며 살아가지 않도록 자산을 늘려주는 토대가 된다.

FINANCE

1장

금융지식이
미래를
결정한다

실질금리 마이너스일 때의 돈의 가치

이 세상에 돈을 싫어하는 사람은 없다. 좋은 차를 타고 넓은 집에서 사는 등 온갖 욕망을 채워 윤택한 삶을 살기 위해서는 돈이 필요하다. 독일의 대문호 괴테Goethe의 "지갑이 가벼우면 마음이 무겁다"라는 말을 굳이 들먹이지 않더라도 돈이 부족하면 삶이 괴로워진다. 가능하면 빨리 많이 쉽게 끊임없이 더 갖고 싶은 것이 돈이다.

이제는 돈도 일해야 하는 시대다. 인플레이션 시대에는 돈의 가치가 떨어지므로 돈을 보유하기만 한다고 해서 욕망을 채울 수 없다. 물가가 계속 오르게 되면 명목금리는 상승하지만 실질 가처분 소득은 줄어들게 된다. 갖고 싶은 것을 가지려면 돈이 열심히 일하도록 해야 한다.

돈이 일하지 않으면 자산은 줄 수밖에 없다. 〈도표 1-1〉을 보자. 은행은 금융소비자에게 예금금리를 적게 주고, 기업에는 그보다 높

도표 1-1 :: 기업·은행수익과 은행금리 구조

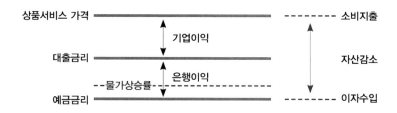

도표 1-2 :: 투자수익률에 따른 화폐가치

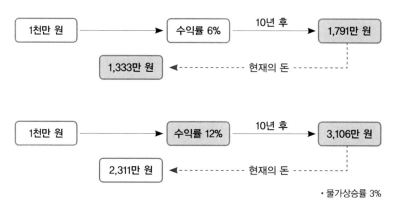

게 대출해주므로 기업에서 생산하고 판매하는 재화와 서비스 가격
은 항상 예금금리보다 높을 수밖에 없다. 그렇다 보니 은행에 돈을
맡겨도 물가상승률을 고려하면 실질금리는 마이너스가 된다. 소득
이 갑자기 늘지 않는 이상, 자산은 은행과 기업의 이익만큼 줄어들
수밖에 없다.

예를 들어 〈도표 1-2〉에서 보듯 매년 물가상승률이 3%라고 가정

하면 10년 전의 1천만 원은 현재의 돈으로 환산했을 때 744만 원에 불과하다. 무려 25.6%나 돈의 가치가 줄어든다. 하지만 같은 조건으로 6% 복리 상품에 저축을 하면 1천만 원은 매년 6%의 수익을 발생시켜 10년 후에는 1,791만 원으로 불어난다. 물가상승률 3%를 감안하더라도 현재 돈의 가치로 1,333만 원이 된다.

만약 10년간 연간 투자수익률을 12%라고 가정하면 무려 3,106만 원이 되어 지금 돈으로 2,311만 원의 위력을 발휘하게 된다. 이를 통해 알 수 있듯이 돈이 어떻게 일을 했느냐에 따라 자산이 늘 수도 있고, 줄 수도 있다.

지금까지 예·적금만으로도 충분히 살 수 있었다고 별다른 금융활동을 하지 않았다면 앞으로는 바뀌어야 한다. 돈이 일하지 않으면 물가상승률만큼 자산이 감소할 수밖에 없다. 돈이 일할 수 있도록 금융지식을 깨우치고 활용해 나가야 한다.

복리를 모르고서는
투자에 성공할 수 없다

지금 심은 나무는 하나의 줄기에 불과하지만 매년 하나씩 새로운 가지가 나온다. 1년 차에는 줄기에서 가지가 뻗어 둘이 되고, 2년 차에는 줄기에서 또 다른 가지가 뻗어 셋이 되며, 3년 차에는 줄기와 가지에서 가지를 뻗어 다섯이 된다. 이후에는 8, 13, 21, 34, 55, 89… 등 기하급수적으로 늘어난다. 위대한 과학자 알버트

도표 1-3 :: 단리와 복리의 차이

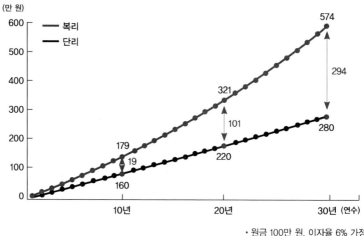

• 원금 100만 원, 이자율 6% 가정

아인슈타인Albert Einstein이 "인류가 발견한 가장 위대한 법칙 중 하나가 복리의 발명이며, 이는 세계 8대 불가사의다"라고 말했듯이 나무의 틀은 피보나치수열처럼 복리로 늘어나면서 맑은 공기, 맛있는 열매, 푸른 잎사귀, 예쁜 꽃 등으로 즐거움을 준다.

우리는 매일 나무를 보고 고마움을 느끼면서도 나무가 숲을 이루는 데까지 '복리의 힘'이 숨어 있다는 것은 모르고 살아간다. 그러므로 이러한 이자율을 계산하는 단리와 복리, 이 2가지 방법을 알아볼 필요가 있다. '단리법'은 원금에만 이자를 매기는 반면, '복리법'은 원금에서 늘어난 이자가 합쳐져 원금이 되고 다시 이자가 붙어 원금이 되는 방식이다.

예를 들어 〈도표 1-3〉에서 보듯 원금 100만 원에 연 6%로 이자를 매긴다고 가정해보자. 단리를 적용하면 원금 100만 원은 그대로 있고 매년 이자로 6만 원씩만 늘어난다. 이자는 첫해에도 6만 원, 두 번째 해에도 6만 원이 붙는다. 10년 후와 20년 후에도 원금에만 6만 원씩 이자가 붙어 돈의 규모는 각각 160만 원과 220만 원이 된다.

반면에 복리를 적용하면 첫해의 이자는 6만 원으로 같지만 두 번째 해와 세 번째 해에는 각각 6만 3,600원과 6만 7,416원으로 해를 거듭할수록 금액이 기하급수적으로 늘어난다. 10년 후와 20년 후 돈의 규모는 이자에 이자가 붙는 방식에 의해 각각 179만 원과 321만 원이 된다. 30년 후에 단리와 복리를 비교하면 단리는 280만 원이 되어 있고, 복리는 574만 원으로 무려 2배 이상 차이가 난다.

복리는 투자기간이 길수록 눈덩이가 굴러가서 뭉치가 되는 '눈덩이 효과snowball effect'가 크게 일어난다. 반면에 투자기간이 아무리 길어도 이자율이 낮으면 복리의 효과는 반감되는 속성이 있다.

예를 들어 〈도표 1-4〉에서 보듯 100만 원 투자 시 복리의 수익률이 4%일 때 10년 후 돈의 규모는 148만 원이나, 6%일 때는 179만 원이고, 8%와 10%일 때는 각각 216만 원과 259만 원이다. 반면에 20년 후에는 4%일 때 219만 원, 6%일 때 321만 원, 8%일 때 466만 원, 10%일 때 673만 원이 되고, 30년 후에는 4%일 때 324만 원, 6%일 때 574만 원, 8%일 때 1,006만 원, 10%일 때 1,745만 원이 된다. 수익률이 높고 투자기간이 길수록 복리의 효과가 크다.

복리의 효과를 기대한다면 높은 이자율을 감안한 다음 투자기간을 고려해야 한다. 다만 높은 이자율을 추구하는 복리의 효과에는 반드시 위험이 도사리고 있다는 것을 알 필요가 있다. "수익이 높으

도표 1-4 :: 수익률에 따른 복리 효과

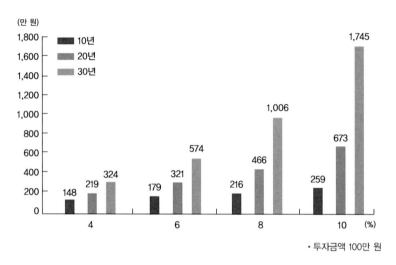

• 투자금액 100만 원

면 위험도 높다high risk, high return"라는 말이 있듯이 손실이 날 때는 산비탈로 눈덩이가 구르듯이 손실이 복리처럼 커지게 된다.

단리와 복리,
일상과 연계해 배우자

금융지식은 학습을 통해 알기는 쉬우나 실제 어떻게 적용되는지 모르면 그저 우물 안의 개구리일 뿐이다. 따라서 "실제로 있는 일에서 진리를 구한다"는 실사구시實事求是가 필요하다.

단리와 복리의 방식은 우리 주변에서 월단리 연복리, 월복리 연금리, 복리 등의 운용방법에 따라 다양하게 적용되고 있다. 대표적인 단리 적용 금융상품으로는 은행의 적금이 있고, 복리로는 증권사의 펀드가 있다.

은행의 적금 이자는 월단리 연복리를 적용한다. '월단리'란 매월 불입하는 원금에 대해서만 이자율과 기간을 곱해서 이자를 계산하는 방식이고, '연복리'란 12개월, 24개월 등 매월 납입한 금액을 다음 1년간 거치하는 조건으로 1년 단위 원금에만 이자를 계산하는 방식이다. 월단리와 연복리 모두 이자에 이자가 붙지 않으므로 크게 단리법이 적용된다.

예를 들어 매월 10만 원을 연이율 5%의 적금에 12개월 동안 저축한다고 가정하면 매월 불입하는 돈은 월단리로 이자를 계산하고, 연복리는 12개월의 불입원금에 대해서만 적용되므로 단리의 법칙을 적용하면 총 3만 2,500원이라는 계산이 나온다. 원금 120만 원 대비 실질금리는 2.7%에 불과하다. 24개월, 36개월의 이자도 단리의 법칙에 의해 계산하면 된다.

단리의 법칙={(개월수×개월수+개월수)/2}×연이율×(1/개월수)×월불입액

32,500원={(12×12+12)/2}×0.05%×(1/12)×100,000

반면에 증권사의 펀드는 명확하게 복리가 적용된다. 매일 변동하는 주식가격이나 채권가격에 의해 익일의 수익과 손실이 반영된 원금(평가액)으로 재평가되기 때문이다.

특정 펀드의 실제 1년간 성적으로 복리를 알아보자. 〈도표 1-5〉

도표 1-5 :: 펀드의 복리 적용의 예

(단위: 원, %)

구분	기준가	전월비	등락률	투자원금누계	평가액누계	수익률
1월	637.44	-	-	100,000	100,000	0.0
2월	650.88	13.44	2.11	200,000	202,108	1.1
3월	703.55	52.67	8.09	300,000	318,463	6.2
4월	664.19	-39.36	-5.59	400,000	400,647	0.2
5월	631.34	-32.85	-4.95	500,000	480,831	-3.8
6월	622.73	-8.61	-1.36	600,000	574,274	-4.3
7월	655.94	33.21	5.33	700,000	704,900	0.7
8월	652.99	-2.95	-0.45	800,000	801,730	0.2
9월	721.49	68.5	10.49	900,000	985,833	9.5
10월	751.17	29.68	4.11	1,000,000	1,126,387	12.6
11월	747.63	-3.54	-0.47	1,100,000	1,221,079	11.0
12월	733.58	-14.05	-1.88	1,200,000	1,298,131	8.2

수익 복리적용

손실 복리적용

• 매월 말일 기준가

에서 보듯 1월 말부터 매월 10만 원을 정액분할매수로 투자해 등락하는 수익률을 그대로 반영했다고 가정해보자.

2월에는 1.1%의 수익이 발생해 투자원금 20만 원이 20만 2,108원이 되었고, 3월에는 투자원금 30만 원에서 31만 8,463원으로 펀드수익률 6.2%를 기록했다. 반면 5월에는 오히려 투자원금 50만 원보다 적은 48만 831원으로 -3.8%를 기록했다. 수익과 손실 모두 복리가 적용된다. 이후 기준가가 등락을 거듭하며 수익과 손실을 넘나들었지만 마지막 12월에 기준가가 733.58원으로 확정되어 1년 누적수익률은 8.2%로 마감했다.

정액분할매수 vs.
가치분할매수

복리 투자는 적립식투자를 말하지 않을 수 없고, 적립식투자는 '정액분할매수dollar cost averaging'를 떠오르게 한다. 정액분할매수는 주가가 낮을 때 더욱 많은 수의 주식을 매입하고, 높을 때는 적은 수의 주식을 매입함으로써 전체적인 주식의 평균 매입가격을 낮출 수 있다. 멀리는 2008년 미국 서브프라임발 금융위기 때도, 가까이는 2019년 미·중 무역전쟁 중에도 그 효과를 입증한 투자방법이다. 그래서 대부분 적립식투자를 하는 투자자들은 정액분할매수를 신봉한다.

하지만 정액분할매수는 주식시장이 상승세든 하락세든 상관없이 무조건 주기적으로 사는 데 불안과 우려를 느끼게 하고, 언제 매도해야 할지 알 수 없는 방법이다. 그렇다 보니 꾸준히 적립식투자를 한 투자자도 북핵 위기, 서브프라임 금융위기, 남유럽 재정위기, 브렉시트Brexit 쇼크, 미·중 무역전쟁 등 국내외 금융·외환시장에 충격이 있을 때마다 적립식투자를 중단했고, 더 이상 손실을 보기 전에 한 푼이라도 건지고자 매도에 동참하게 되었다. 기술적으로 매도시점을 알 수 없었으므로 더 이상 기다리지 못하고 위축된 투자심리에 의해서 매도 결정을 할 수밖에 없었던 것이다.

이러한 매수와 매도 시점에 대한 모호함을 제거하고 매수와 매도 타이밍을 제시하는 적립식투자 방법이 있다. 많이 사용하는 적립식투자 기법인 '가치분할매수value averaging'가 그것이다. 눈덩이 효과를 기대하는 적립식투자는 투자방법에 있어 크게 정액분할매수와 가치분할매수로 구분된다고 보면 된다.

가치분할매수는 오로지 꾸준하게 정액定額을 매수하는 정액분할매수와 달리 가치를 정률定率로 맞춰 매수와 매도를 신축적으로 운용하는 방법이다.

예를 들어 〈도표 1-6〉과 같이 매월 100만 원을 1년 동안 정액분할매수와 가치분할매수로 투자한다고 가정해보자. 정액분할매수를 이용하면 매월 100만 원씩 12개월 동안 원금 1,200만 원을 투자해 수익률 27.7%를 기록할 수 있다.

반면에 가치분할매수는 정액분할매수처럼 매월 100만 원의 주식을 사는 것이 아니라, 매월 정률로 정해진 가치를 맞추면서 매수와 매도를 조정해 운용한다. 그 방법은 먼저 100%, 200% 등 정률에 맞춰 매달 필요한 주식 (C=B/A)이 얼마인지를 산출한다. 그러면 첫 번째 달은 100%인 100만 원을 투자하게 되고, 두 번째 달에는 주가가 900p로 하락했으므로 가치를 200%로 맞추기 위해 110만 원을 투자하게 된다. 세 번째 달은 주가가 더 떨어져 투자액이 더 늘게 되고, 마침내 주가가 처음 시작했을 때와 같아지는 다섯 번째 달에는 매수를 하는 대신 71만 4,286원을 매도하게 된다.

이렇게 가치를 주가에 따라 매월 정률로 맞추면서 투자액을 늘리거나 줄이는 것이 가치분할매수 기법이다. 따라서 최종투자액도 정액분할매수는 1,200만 원에 수익률 27.7%인 데 반해, 가치분할매수는 최종투자액이 813만 1,518원에 불과하고 수익률은 무려 47.6%를 달성할 수 있다.

도표 1-6 :: 변동성 가정, 정액분할매수와 가치분할매수 비교

(단위: 원, %)

주가 (A)	정액분할매수			투자액이 정액으로 늘어남	
	월투자액	월매수주식	주식누계	투자액누계(B)	수익률
1,000	1,000,000	1,000.0	1,000.0	1,000,000	-
900	1,000,000	1,111.1	2,111.1	2,000,000	-5.0
800	1,000,000	1,250.0	3,361.1	3,000,000	-10.4
700	1,000,000	1,428.6	4,789.7	4,000,000	-16.2
1,000	1,000,000	1,000.0	5,789.7	5,000,000	15.8
1,300	1,000,000	769.2	6,558.9	6,000,000	42.1
1,100	1,000,000	909.1	7,468.0	7,000,000	17.4
900	1,000,000	1,111.1	8,579.1	8,000,000	-3.5
800	1,000,000	1,250.0	9,829.1	9,000,000	-12.6
900	1,000,000	1,111.1	10,940.2	10,000,000	-1.5
1,000	1,000,000	1,000.0	11,940.2	11,000,000	8.5
1,200	1,000,000	833.3	12,773.6	12,000,000	27.7
합계	12,000,000	12,773.6	12,773.6	12,000,000	-

주가(A)	가치가 정률로 늘어남		가치분할매수			
	가치	필요주식(C)	월매수주식	매수·매도액	투자액누계	수익률
1,000	100	1,000.0	1,000.0	1,000,000	1,000,000	-
900	200	2,222.2	1,222.2	1,100,000	2,100,000	-4.8
800	300	3,750.0	1,572.8	1,222,222	3,322,222	-9.7
700	400	5,714.3	1,964.3	1,375,000	4,697,222	-14.8
1,000	500	5,000.0	-714.3	-714,286	3,982,937	25.5
1,300	600	4,615.4	-384.6	-500,000	3,482,937	72.3
1,100	700	6,363.6	1,748.3	1,923,077	5,406,013	29.5
900	800	8,888.9	2,525.3	2,272,727	7,678,741	4.2

주가(A)	가치가 정률로 늘어남		가치분할매수				
	▼가치	필요주식(C)	월매수주식	매수·매도액	투자액누계	수익률
800	900	11,250.0	2,361.1	1,888,889	9,567,630	-5.9
900	1,000	11,111.1	-138.9	-125,000	9,442,630	5.9
1,000	1,100	11,000.0	-111.1	-111,111	9,331,518	17.9
1,200	1,200	10,000.0	-1,000.0	-1,200,000	8,131,518	47.6
합계	-	-	10,000.0	8,131,518	8,131,518	-

구분	평균주가	투자원금	평균 매입주가	매입 주식수	총자산	수익률
정액 분할매수	966.67	12,000,000	939.44	12,773.6	12,000,000	27.7
가치 분할매수	966.67	8,131,518	813.15	10,000.0	8,131,518	47.6

또한 가치분할매수는 투자 중간중간에 차익실현을 할 수 있으므로 위험은 줄이면서 수익은 높이는 기법이다. 이와 같이 가치분할매수는 시장이 어떠한 환경하에 있어도 매수와 매도의 타이밍을 잡을 수 있으므로 정액분할매수보다 손실의 위험부담을 줄이면서 보다 높은 수익을 추구할 수 있다. 특히 변동성이 큰 장일수록 그 가치를 인정받게 된다. 다만 주가나 지수가 가격변동이 적거나 계속 상승 랠리를 할 경우 가치분할매수는 차익실현을 할 기회조차 갖지 못하면서 매번 투자할 때마다 계산해야 하는 번거로움이 있다. 또한 정액분할매수에 비해 상대적으로 비슷하거나 낮은 기대수익 효과로 실망할 수 있다.

종잣돈은
투자수익을 높여준다

중국 춘추전국시대 제나라의 재상 관중은 그의 저서 『관자』에서 "창고가 차야 예절을 알게 되고, 의식衣食이 넉넉해야 명예와 치욕을 알게 된다. 위에서 법도法度를 지켜야 육친(부·모·형·제·처·자)도 친애 단결하게 되고, 사유四維: 예·의·염·치가 신장되지 않으면 나라는 드디어 멸망한다"라고 말했다.

관중은 항상 민심에 순응하는 정치를 했다. 기본이 안 되어 있는 정치나 경제는 '사상누각沙上樓閣'일 뿐이다. 가정경제도 마찬가지다. 모든 부의 원천은 화를 복으로 바꾸고 실패를 성공으로 만드는 것이다.

그러기 위해서는 어떻게 해야 하는가? 창고를 채워야 한다. 종잣돈을 만들고, 그 돈을 투자해서 잉여자금을 만들고, 다시 더 큰 종잣돈을 만드는 것이다. 종잣돈이라는 것은 꿈의 크기다. 창고가 차면 다시 더 크게 지어야 하듯이 꿈도 차면 찰수록 금융지식을 더 키워야 한다.

"투자를 통해 얻게 될 미래의 수익(FV)은 투자원금(PV)을 얼마의 수익률(R)로 얼마 동안(n) 운용하느냐에 따라 달라진다"라는 투자 공식이 있다.

$$FV = PV \times (1+R)n$$

FV: 미래가치, PV: 현재가치, R: 수익률, n: 기간이 공식은 투자원금(PV)이 중요하고, 투자원금이 적으면 장기간 투자하더라도 성과가 미미할 수밖에 없다는 것을 보여준다. 종잣돈이라는 목돈이 없으면 아무리 높은 수익률을 추구하더라도 원본이 적기 때문에 자산이 크게 늘 수 없다. 먼저 목돈을 마련하고 그다음에 수익을 추구해야 한다.

급여생활자의 경우 별도의 재테크 없이 월급만으로는 절대 부자가 될 수 없다. 월급이 가지는 태생적인 한계 때문이다. 종잣돈을 얼마나 빨리 목표(FV)한 대로 만드느냐에 따라 부자로 가는 길이 열린다. 가령 수입 외에 열심히 모아둔 종잣돈 3천만 원(PV)이 있으면 현재의 수입 한계를 극복하고 자산을 획기적으로 늘릴 수 있는 기회를 잡을 수 있다. 처음 3천만 원을 모으는 것은 힘들겠지만 일단 마련하고 복리 상품에 투자하면, 이후 매달 저축하는 금액과 더해져 6천만 원을 만드는 시간은 반으로 줄어든다. 그 이후 더 큰 금액으로 불리는 것도 마찬가지다.

이처럼 종잣돈을 만들 때는 금액은 배로 늘리고 기간은 반으로 줄이는 것을 목표로 삼아야 한다. 그러고 나서 복리효과를 기대하고 물가상승률 이상의 수익률(R)을 기대해야 한다. 다만 기대수익이 크면 위험도 크므로 투자기간을 정하는 것이 필요하다. 이에 따라 기대수익, 위험, 투자기간 등을 알려주는 다음의 3가지 법칙을 알아둘 필요가 있다.

목표를 2배로 만들어주는 '72법칙'

돈은 돈의 의미를 아는 사람에게 모여들게 되어 있다. 돈의 속성상 시간이 흐르면 물가상승 등으로 인해 가치가 떨어지게 된다. 따라서 인플레이션을 이기려면 복리로 투자해야 한다.

복리로 투자해 목표를 2배로 만들어주는 '72법칙'이 있다. '72법칙'이란 '자신이 가진 돈을 몇 %의 수익률로, 얼마의 기간을 투자하면 2배로 만들 수 있는지 알려주는 법칙'이다.

원금이 2배가 되는 데 걸리는 기간＝72/이자율

예를 들어 1천만 원의 돈을 수익률 8%의 복리로 투자하면 9(=72/8)년 만에 원금의 2배인 2천만 원으로 만들 수 있다. 12%의 수익률이면 돈이 2배로 불어나는 데 6(=72/12)년이 걸린다. 반면에 연 4%짜리 정기예금(비과세 가정)에 돈을 맡기면 18(=72/4)년 이후에나 원금의 2배인 2천만 원을 만들 수 있다.

여기서 알 수 있는 것은 수익률이 2배로 높아짐에 따라 원금이 2배로 늘어나는 데 걸리는 기간은 절반으로 단축된다는 것이다. 즉 돈을 벌고 싶으면 수익률(R)을 높여야 하고, 가능한 길게 투자해야 한다. 목표이자율도 '72법칙'으로 구할 수 있다.

원금이 2배가 되는 데 필요한 이율＝72/투자기간

예를 들어 5년 후에 현재의 돈을 2배로 만들고 싶으면 72를 5로 나누기만 하면 된다. 이자율이 '72/5=14.4%'인 금융상품을 찾아 5년간 운용하면 된다. 하지만 5년 동안 매년 14.4%의 수익을 낸다는 것은 요행에 가깝다. 위험을 감수하고 높은 수익을 추구할 것인가, 아니면 목표기간을 늘려 안정적으로 자산을 운용할 것인가에 대한 해답을 찾아야 한다.

기대수익을 갉아먹는 '-50+100법칙'

높은 수익에는 항상 위험이 도사리고 있기 마련이기에 고수익만 추구할 수는 없다. 손실이 발생하게 되면 원금을 만드는 데 2배의 노력이 필요하다. 먼저 원금보전의 중요성을 알려주는 '-50 + 100법칙'을 잊지 말아야 한다. 이 법칙은 투자한 자본의 절반을 잃었을 때 본전으로 돌아오기 위해서는 돈을 2배로 불려야 하는 노력과 시간이 걸리고, 그 기간 동안에 기회손실이 너무나 크다는 것을 증명한다. 예를 들면 A주식에 1천만 원을 투자했는데 온갖 악재로 간신히 50%만 건지고 빠져나왔다고 가정하자. 원금 1천만 원 에서 500만 원이 되었으므로 수익률은 -50%다. 다음에 500만 원으로 아주 좋은 종목에 투자해서 50%의 수익률을 봤다고 해도 원금은 750만 원에 불과하다. 처음의 원금으로 만들고자 하면 무려 100%의 수익을 올려야 1천만 원을 만들 수 있다.

'-50+100법칙'은 금세기 최고의 투자자로 불리는 워런 버핏이 투자를 할 때 누차 강조했던 "첫째, 절대로 손해를 보지 말 것, 둘째, 이 원칙을 지킬 것"이라는 말과 상통한다.

투자수익을 결정하는 '80 : 20법칙'

시장은 파레토 법칙처럼 전체 투자기간 중 20%의 기간에 반짝 상승하며, 이때의 수익이 전체 수익의 80%를 좌우한다. 반면에 손실의 80%가 20%의 투자기간에 이루어진다. 하지만 투자심리는 시장의 기대와 달리 항상 반대로 움직인다. 금융소비자는 상승기에는 원금 회복에 만족하거나 추격 매수해 낭패를 보고, 하락기에는 손실이라는 트라우마에 공포를 느껴 부화뇌동하는 경우가 많다.

투자의 세계에는 "돈을 좇지 말고 돈의 길목을 지켜야 돈을 벌 수 있다"라는 명언이 있다. 돈의 길목을 지키려면 빨리 시작해야 하고, 돈을 벌려면 매매 타이밍보다는 금융지식으로 무장해 무쇠 그릇이 불에 달궈지듯이 기다리면서 20%의 수익구간을 맞이해야 한다. 그러기 위해서는 빨리 시작해야 똑같은 투자금액이라도 더 많은 돈을 만들 수 있게 된다.

예를 들어 3억 만들기가 목표인 A와 B가 6년의 시차를 두고 매월 일정액을 투자한다고 가정해보자. 6년 빨리 시작한 A는 매월 100만 원을 투자할 경우 수익률이 6%만 나오면 3억 원을 15년 후에 만들 수 있다. 반면에 6년 늦게 투자를 시작한 B는 매월 200만 원을 투자해야 A가 3억 원을 만들었을 때와 같은 3억 원을 모을 수 있게 된다. 수익률이 10%일 때는 더욱 차이가 난다. A는 매월 100만 원으로 3억 원을 만드는 데 13년밖에 안 걸리나, B는 약 3배에 가까운 매월 280만 원을 투자해야 A처럼 될 수 있다. 이는 수익률이 높을수록 복리의 힘이 크게 발휘되며, 투자를 늦게 시작하면 할수록 투입되는 돈을 기하급수적으로 늘려야 목표하는 자금을 만들 수 있다는 의미로도 해석된다.

한편 경기는 순환하므로 같은 투자금액이라도 빨리 투자하면

'80:20법칙'에서 20% 수익구간을 맞이하게 될 확률도 커져 더 많은 돈을 모을 수 있다.

금융지식에 강하면
월급을 기다리지 않아도 된다

적자 인생을 벗어나려면 수입이 지출보다 항상 많아야 하고, 지출은 저축을 하고 남은 금액으로 해야 한다. 지출은 작은 지출부터 누수를 막고 계획적이고 꼭 필요한 곳에 해야 하지만 자신의 의지와 노력만으로 저축과 지출을 하기는 매우 어렵다.

대부분의 직장인은 월급을 받아 다 쓰는 데 3주가 채 걸리지 않는다. 심지어 5명 중 1명은 월급을 받은 지 10일 만에 마이너스통장이나 신용카드로 생활비를 충당하고, 다음 달 월급이 나오면 이를 갚은 뒤 다시 빚을 내서 생활비로 쓰는 챗바퀴 속의 다람쥐 같은 적자 인생의 삶을 산다.

다음 달 월급만 기다리는 직장인은 "월급이 적어서 저축할 여력이 없고 항상 적자다"라는 핑계를 댄다. 먼저 지출을 하고 나머지를 저축해서는 수입이 아무리 많아도 적자 인생을 벗어날 수 없다. 실제 월급이 아주 적어 저축할 여력이 없는 경우를 제외하고, 이러한 핑계를 대던 직장인이 갑자기 월급이 많아져 저축할 여력이 생긴다면 어떨까? 과연 그때도 저축이 지출보다 많아질지 의문이다. 평소 저축보다 지출이 많은 직장인은 월급이 많아지면 수입에 비례해 소비

수준이 높아지고 지출의 규모는 더욱 커지기 마련이다.

대부분의 직장인은 경험과 실력이 시간과 비례해 월급이 올라가게 되어 있다. 월급이 적다고 생각될 때부터 돈을 제대로 통제할 수 있는 시스템이 필요하다. 스스로의 지출을 기록하고 통제하는 습관을 몸에 익혀야 다음 월급만을 기다리는 다람쥐 신세를 벗어날 수가 있다.

먼저 수입과 지출에 대한 습관을 올바르게 가져야 하고, 그다음으로 가용자금을 효율적으로 투자하면 월급을 기다리지 않아도 풍족한 삶을 즐길 수 있다.

'5%와 1%의 룰'을 실천한다

'5% 룰'이란 모든 지출항목에서 5% 지출을 줄이는 것으로, 큰 고통 없이 당장 실천할 수 있어 어떤 것보다도 재테크 효과를 크게 얻을 수 있는 방법이다. '1% 룰'은 복리를 말하는 것으로 당장 줄인 5%의 돈을 단 1%라도 높은 이자를 주는 곳에 복리로 장기간 투자하라는 것이다.

가정생활비, 용돈, 문화생활비 등 소비성 지출에서 5% 이상을 줄이고, 이것을 1%라도 이자를 많이 받을 수 있도록 적립식펀드와 같은 금융투자상품에 투자하면 '5%와 1%의 룰'에 의해 자산은 복리로 쑥쑥 늘어난다.

예를 들어 생활비로 100만 원을 쓰는 가정이 있다고 하자. 이 가정은 당장 생활비를 5% 줄여 95만 원으로 생활해도 살아가는 데 아무런 불편함이 없다. 하지만 생활비에서 5% 줄인 5만 원을 복리에 투자하면 연 8%의 수익만 나도 10년이면 1천만 원, 20년이면 3천만 원을 만들 수 있다. 만약 연 10%의 수익률을 20년 동안 올렸다면 매월 5만 원은 4천만 원이 되어 있을 것이다.

복리로 인해 인생은 바뀌지 않을지 모르나 미래의 삶은 안정된 방향으로 바뀔 수 있다.

금융지식 쌓기 훈련을 한다

월급이라는 한정된 수입을 절약해 저축을 하면 어느 정도 목돈은 만들 수 있지만, 금융지식 없이는 큰 부자가 되기 어렵다. 금융지식이 풍부하면 자투리 돈을 복리로 모을 수 있고, 목돈이 마련되면 투자기간과 투자성향, 투자목적에 맞는 금융상품을 적절하게 골라 투자할 수 있어 결국 큰 부자가 되는 길로 진입할 수 있다. 그러므로 금융지식 쌓기 훈련이 필요하다.

매일 1개 이상 경제신문을 읽어라

가장 많은 전문지식을 얻을 수 있는 매체는 바로 경제신문이다. 경제신문은 깊이 있는 경제지식을 일반인이 알기 쉽게 풀어놓았기 때문에 어렵지 않게 질 좋은 정보를 얻을 수 있다. 오프라인이든 온라인이든 1년 동안 1개 이상의 경제신문을 꾸준하게 읽으면 어느새 풍부한 금융지식을 가진 전문가가 될 수 있다.

재테크 강좌를 들어라

비싼 비용과 시간 때문에 금융강좌를 못 듣는다고 하지만 그 밑바

닥에는 '금융강좌란 투자할 돈이 있는 사람만 듣는 것'이라는 생각이 깔려 있다. 금융강좌는 조금 더 많은 수익을 내기 위해 올바른 금융지식을 얻는 데 목적이 있다. 따라서 투자할 돈이 없다고 포기할게 아니라 미리미리 강좌를 들어 밑바탕을 만들어야 한다. 수강료가 부담스럽다면 집이나 직장 주변에 위치한 문화 센터나 구민회관, 경제신문사가 주최하는 무료 금융강좌를 비롯해 금융상품에 가입한 회사의 무료강좌를 활용해보라. 유료라 해도 일반인을 대상으로 하는 금융강좌는 5만 원 미만이니 엄두도 못 낼 만큼 비싼 금액은 아니다.

비대면 채널보다 금융기관에 출입하라

금융기관은 대부분의 금융소비자가 이용하는 오프라인 채널의 비효율성을 개선하고자 고객과 마주하지 않는 비대면 채널을 확대하고 있다. 반면 고액 자산가들을 위한 일대일 대면 자산관리 VIP 마케팅은 강화되고 있다. 이에 따라 고액 자산가가 아닌 대부분의 금융소비자는 금융기관의 비대면 디지털 금융이 편리하다는 홍보에 현혹되어 자의 반 타의 반으로 창구직원과 멀어진다. 그래도 현명한 금융소비자가 되기 위해서는 금융기관에 출입해 금융상담을 받을 것을 추천한다. 은행과 증권사 등 금융회사의 창구직원은 모든 상품을 꿰고 있는 건 아니지만 자신이 취급하는 상품에 관해서는 상당한 지식을 갖고 있다. 얼굴을 맞대면 비대면으로는 얻을 수 없는 금융정보도 얻을 수 있는 기회가 있다.

온라인 사이트를 활용하라

저축과 주식, 부동산, 보험은 물론 세무와 대출 등 다양한 금융 정보를 제공하는 사이트가 기하급수적으로 늘고 있다. 전반적인 재테크 정보를 제공하는 금융 전문 사이트, 주식 전문 사이트, 채권 전문 사이트, 보험 전문 사이트 등을 활용하면 다양하고 알찬 정보를 얻을 수 있다.

보지만 말고 직접 실천하라

금융강좌를 듣고, 경제신문을 보고, 온라인에서 궁금증을 해소해도 실천을 하지 않으면 절대 전문가가 될 수 없다. 주식, 펀드 등에 대해 어느 정도 파악했다면 직접 가입한 후 관리하고 매매하면서 실전 테크닉을 연마해야 지식을 진짜 자기 것으로 만들 수 있음을 명심하자.

뉴스에 따라 시장의 변동 폭이 극심하게 움직이는 것은 투자심리가 작용하기 때문이다. 이는 부족한 금융지식에도 원인이 있지만 그보다 근본적인 것은 인간의 물질에 대한 원초적인 탐욕 때문이다. 군상群像은 탐욕에 의해 버블을 만들고, 버블에 휘둘리면서 마침내 초라해진다. 버블의 역사에서 버블이 해피엔딩으로 끝난 적은 한 번도 없다. 버블에서 살아남기 위해서는 탐욕의 크기를 줄이고, 경기 사이클에 맞춘 장기투자로 성공 확률을 높여야 한다.

빚에 의한 레버리지 투자는 대부분의 경우 빚 때문에 더욱 가난해지므로 삼갈 필요가 있다. 또한 금융환경과 경제환경을 무시한 자산운용은 가계자산의 감소를 초래할 수도 있다. 따라서 안정적으로 자산을 늘리기 위해서는 경기 사이클과 라이프사이클에 따른 자산배분 전략을 토대로 자신에게 꼭 맞는 포트폴리오를 구성해야 한다.

FINANCE

|2장|

금융시장에서
살아남는
8가지
핵심전략

버블과 인플레이션을
분석하라

'만유인력의 법칙'을 발견한 아이작 뉴턴Isaac Newton은 버블 주식에 투자한 돈이 버블 붕괴로 인해 사과가 땅에 떨어지는 속도로 하락해 큰 손실을 보고 난 후 "천체의 움직임은 센티미터의 단위로까지 측정을 할 수가 있는데, 주식시장에서의 인간들의 광기는 도저히 예상할 수가 없다"라는 명언을 남겼다.

위대한 수학자도 인간의 광기를 예상할 수는 없다. 인간의 광기가 만들어낸 버블은 탐욕이라는 바이러스로 인해 부풀고 커지면서 서서히 좀먹다가 마침내 비명조차 지를 겨를도 없이 터지기 때문이다.

막장드라마는 삼각관계, 불치병, 신분을 뛰어넘는 사랑 등 3가지 요소를 아슬아슬하게 전개하면서 시청자의 눈길을 사로잡으려 한다. 이때 연예 전문가는 나름대로 분위기를 고조시키는 논평을 하고, 매스미디어와 인터넷 등에서는 드라마가 전개될수록 온갖 미사

여구를 동원해 분위기를 띄운다. 군중심리로 시청자를 더욱 몰입하게 하고 결국은 누구나 예상한 대로 결말을 짓는다.

버블의 과정은 막장드라마가 인기를 얻어가는 과정과 비슷하다. 시장 어딘가에 파죽지세로 오르는 자산이 있으면 전문가들이나 인플루언서, 오피니언 리더들은 "버블이 아니다", "이번만은 사정이 다르다"라고 논평한다. 매스미디어는 이러한 논평을 다투어 실으면서 "더 오를 수도 있다"고 한다. 패닉장이 연출되는 사이에도 "위기는 기회다", "시장 어딘가에는 파죽지세로 오르는 자산이 있다"며 잠재적인 버블을 조성해 군중심리를 이끌어 간다.

그렇지만 버블이 발생하거나 붕괴되어도 이익을 취하는 사람이 있기 마련이다. 금융종사자, 기업의 최고경영자CEO, 회계법인, 언론 관계자, 자산가 등 상층 엘리트는 더욱 부자가 된다. 이들은 버블이 붕괴되어도 버블을 조성할 때 축적한 자산으로 그다지 타격을 입지 않는다. 버블 붕괴가 또 다른 잠재적인 버블을 만들어 더욱 부자가 될 기회를 제공하기 때문이다. 반면에 버블의 과정에서 인생 역전을 꾀하거나 약간의 자산이라도 불리기 위해 동참한 가난한 사람은 더욱 가난해지게 된다. 지난 IMF 위기, IT버블 붕괴, 서브프라임 금융위기 등 모든 버블의 붕괴가 이를 반증한다.

고급정보를 접할 수 있는 상층 엘리트가 아닌 대부분의 금융소비자가 이러한 버블에서 살아남으려면 다음 버블은 어디에서 발생할지 살펴봐야 한다. 미국의 양적완화와 양적긴축 조치를 예로 알아보자.

2008년 금융위기 당시 미국 연방준비제도는 경기후퇴와 금융시장 붕괴가 가시화되자 그해 12월에 제로금리를 선언하고 대형 금융기관에 대해 긴급자금을 수혈해 기사회생을 할 수 있도록 했다. 이어 경기가 다시 둔화될 조짐을 보이자 추가 양적완화 조치 등을 총 3번에 걸쳐 진행했다. 그리고 유동성 공급만으로 금리하락, 대출증가, 위험자산 가격상승, 달러화 약세 등을 기대하며 제조업을 살리고 일자리를 늘려가겠다는 목적을 달성했다.

문제는 제로금리에 가까운 저금리와 달러화 약세로 풍부해진 유동성 자금이 원자재 및 이머징마켓emerging market으로 흘러들어가 위험자산 버블을 야기하고, 경제는 그대로인 상태에서 제품의 가격이 올라 물가가 상승하는 코스트푸시cost-push 인플레이션을 점증시킨다는 것이다.

유동성 공급에 따른 버블 붕괴는 언제 어디에서 시작되고 끝날지 모른다. 당장 이 책을 읽고 있는 순간에 발생할 수도 있고 몇 년 후에 일어날 수도 있다. 다만 양적완화 조치는 인플레이션 조짐이 있어, 기준금리 인상이라는 유동성 회수 출구전략을 시행하면 눈덩이 부채에 대한 이자의 증가로 국채수익률이 상승함에도 불구하고 손실을 감수하면서 대규모로 채권을 매각하는 이중고를 겪어야 한다. 결국 이래저래 눈덩이 부채와 재정적자를 키울 수밖에 없는 구조다. 결국 유동성 공급에 의한 경기회복은 인플레이션을 불러오고, 인플레이션은 기준금리 인상을, 기준금리 인상에 의한 양적긴축 조치는 인플레이션으로 불태우고 싶어 했던 재정적자 이자에 대한 부담과 경기침체로 나타날 수 있어 딜레마다.

버블의 붕괴는 필연적으로 경기침체로 다가온다. 하지만 이러한 위기만 오지 않으면 버블은 더 큰 버블을 만들며 생존한다.

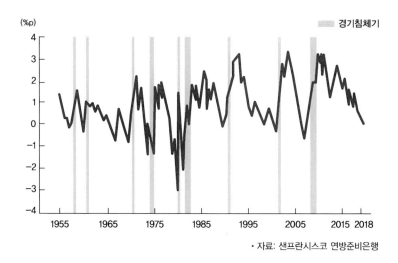

• 자료: 샌프란시스코 연방준비은행

〈도표 2-1〉에 의하면 1970년 이후에는 7번의 경기침체를 맞이했고 1955년 이후부터 9번의 경기침체를 겪었다. 유동성이 가장 좋은 10년 국채 금리가 5년물, 2년물, 3개월물 금리를 역전하면 강력한 경기침체로 이어질 수도 있다. 이는 시장참가자가 2년물, 5년물과 같은 단기채보다는 안전자산인 10년물 장기채를 선호하고 사 모은다는 경고다. 장단기 금리의 역전 지표를 경기침체가 나타날 때까지 외면하고 무시하기보다는 경기 둔화의 조짐이 있을 때 그 신호를 수시로 체크하고 대비해야 한다. 만약 장단기 국채 수익률이 역전된다면 역전 후에 짧게는 6개월 길게는 24개월 후에 경기침체를 맞이할 수도 있기 때문이다.

한편 2015년 말부터 시작된 미국의 금리인상이라는 출구전략은 이머징마켓의 자산버블 붕괴의 시작이 될 수도 있다. 이는 달러화가 강세를 보여 달러 캐리 트레이드dollar carry trade에 의한 저금리와 약달러를 통해 이머징마켓에 투기한 국제자금이 미국으로 빠져나가 이머징마켓의 자산버블 붕괴로 이어질 수도 있기 때문이다. 캐리 트레이드는 '상대적으로 차입비용이 낮은 통화를 빌려 다른 고수익 통화에 투자하는 것'으로, 달러화가 대표적인 캐리 트레이드 통화로 인기를 끌고 있다.

버블을 이기고 자산을 지키면서 불리고자 한다면 버블의 잉태에서 붕괴까지의 과정을 알아야 한다. 양적완화 조치로 풍부해진 유동성 자금은 자산버블을 일으키며 코스트푸시 인플레이션을 만들어 가고, 출구전략에 의한 금리인상, 글로벌 유동성 회수 등으로 이어져 자산버블이 소멸하는 과정을 거친다. 이후 다시 경기 상황에 따라 온갖 양적완화 조치, 자산버블 고조, 유동성 회수, 버블 소멸 등으로 끊임없이 돌고 돌면서 누구는 돈을 벌고, 누구는 깊은 트라우마에 시달리게 된다.

대표적인 증권분석가인 필립 피셔Philip Fisher 는 다음과 같이 말했다. "온전한 사실도 아니며 그릇되거나 허풍에 가까운 것들만 잔뜩 수집해 놓고 이를 성공적인 투자정보로 여기는 것이 일반 투자자의 전형적인 행태다."

금융소비자들이 이와 같은 우를 범하지 않으려면 양적완화의 예처럼 스스로 국내외 경제와 금융이 어떻게 상호작용을 하고 영향을 끼치는지 분석해야 한다. 그리고 투자의 기회와 위험회피를 위한 시그널을 파악해 돈을 잃지 않고 자산을 키워 나가도록 노력해야 한다.

장기적으로
가치투자 하라

한국 주식시장은 양적으로 계속 성장하고 있다. 그런데 주변을 둘러보면 주식이나 펀드에 투자해 돈을 벌었다는 사람은 많지 않다. 질적인 성장보다 양적인 성장이 빠를수록 금융소비자는 오를 종목을 피하면서 내릴 종목만을 골라서 투자할 확률이 높아진다. 또한 오르는 종목이나 펀드에 투자를 했어도 금융소비자는 이익이 날 때는 왠지 상투(가장 높은 시세에 주식을 매입하는 것)를 잡는 것 같아 일찍 매도해 수익의 크기가 작아지고, 손실이 났을 때는 더 이상의 손실을 줄이겠다며 로스컷loss cut, 손절매을 하고 손실을 만회하기 위해 즉시 갈아탄다. 잦은 갈아타기는 수수료 부담은 물론 그릇된 종목을 선택할 가능성도 높아 더 큰 손실을 키울 수밖에 없다.

예를 들어 3명의 개인투자자 중 한 명은 이익이 발생한 종목에 투자하고 있고, 2명은 손실이 난 두 종목에 각각 투자하고 있다고 가정해보자. 3명 모두 보유하면 이익과 손실이 날 확률은 각각 100%다. 하지만 서로 갈아타는 경우 이익이 발생한 사람은 손실이 난 종목으로 옮겨갈 확률이 100%다. 반면에 손실이 난 2명 중 한 명은 이익이 발생한 종목으로 갈아탈 확률이 100%이나 다른 한 명은 0%가 되어 전체적으로 50%의 확률을 갖게 된다.

단순하게 몇 종목에 국한한 확률이지만 종목을 확대해 시장 전체에 적용해도 그릇된 종목을 가지고 있지 않는 한 잦은 매매는 이익을 볼 확률이 적다는 것을 보여준다. 여기에 주가의 향방은 오직 신만이 아는 영역이라고 볼 때 거듭된 종목 교체는 한두 번 마켓 타이밍을 맞춰 재미를 볼지는 모르지만, 한 번의 잘못된 선택으로 그동안 얻은 모든 자산을 잃을 수 있는 위험을 내포하고 있다.

전문적인 금융지식이 풍부하고 투자의 감이 좋더라도 마켓 타이밍을 맞춘 투자는 지양해야 한다. 마켓 타이밍을 맞추는 투자는 온갖 차트와 지표 등을 내세워 이론적으로는 그럴듯하지만 실제로는 맞추기 어렵다. 주가가 조정을 보이면 더 떨어질지도 모른다는 생각이 들고 어느 정도 오르면 상투를 잡을 것 같은 투자심리가 생기기 때문이다.

또한 장기적인 이익 측면에서 볼 때 마켓 타이밍에 의한 투자는 단기적인 예측에 의해 일시적으로 이익을 얻을 수는 있으나, 대부분 대세 상승기를 놓쳐 장기투자에 비해 이익이 크지 않다.

미국의 유명 가치주 자산운용사 트위디 브라운Tweedy Brown이 "오랜 투자경험에 의하면 투자수익의 80~90%는 전체 투자기간 중의 2~7%라는 짧은 기간에 발생했다"라고 밝힌 것에 주목해야 한다. 2~7%라는 짧은 성공의 기간을 맞이해 기대수익을 달성하려면 마켓 타이밍으로는 불가능하고 묵묵히 장기투자를 했을 때만 맞이할 수 있다.

하지만 장기투자는 성공할 수 있는 확률이 높아지는 것이지, 꼭 성공한다고 보장할 수 없다. 장기라는 개념은 투자기간 중 변동성이 심한데다가 이론적으로 경제가 성장하고 주가가 상승해야 한다는 전제가 있기 때문이다. 따라서 누구나 쉽게 도전할 수는 있으나 모두에게 성과를 안겨주지는 않는다. 그렇기 때문에 경제와 금융환경에 따라 리모델링remodeling과 리밸런싱rebalancing 등 위험관리와 기대수익 추구를 병행하면서 장기투자로 성공 확률을 높일 수 있도록 방법을 모색해야 한다.

기대수익률을 낮춰 기회를 잡는다

일본 가치투자의 대가이자 사와카미 투자신탁의 사장인 사와카미 아쓰토澤上篤人는 이렇게 말했다.

"투자란 커다란 조류의 흐름이 밀려오는 것을 간파해 미리미리 배를 띄우는 것이다. 그래야 얼마 뒤 조류가 밀려올 때에 조류를 타고 크게 전진할 수 있다. 원래 가치가 높은 것은 이상하다 싶을 정도로 싸게 팔릴 때 사두고, 낮은 것은 방치된 가격을 시정하려는 조류가 차오르기까지 그냥 기다린다. 얼마나 기다리면 되는지는 아무도 모른다. 하지만 원래 가치가 있는 것을 싸게 사둔 것이므로 두려움은 없다. 얼마든지 기다릴 수 있다."

가치투자는 기업과 산업의 성장성을 보며 수익성을 검토하고 안정성을 기반으로 한다. 또한 시장의 유행을 좇는 전략이기보다는 헐값에 사서 제값을 받고 파는 전략을 구사한다. 정리하자면 내재 가치가 2만 원인 주식이 1만 원에 팔리고 있다면 무조건 사서 내재가치만큼 주가가 상승하면 차익실현을 하거나, 주가가 계속 올라 내재가치를 넘어서더라도 성장성을 보고 내재가치가 극대화될 때까지 기다리는 투자방법이다.

하지만 미래의 가치상승을 기대하는 대상에 자금을 투입해 그 가치상승분만큼 내재가치가 발현되기까지는 투자기간이 너무 길다.

금융소비자가 온갖 위험요소를 해소하며 장기간 기다리고 추세상승이 오기까지 인내하기란 어려운 일이다.

그래도 이왕 투자를 하고 있거나 투자를 하고자 한다면 장기적으로 성장 또는 발전할 수 있는 가능성이 매우 높은 국가나 기업에 투자해야 한다. 또한 하루하루 수익률을 보며 마음을 졸이기보다는 장기투자가 실패할 확률을 줄여주고 성공할 확률을 높여준다고 믿어야 한다.

시간의 느긋함을 즐겨야 한다

미국의 유명한 주식연구기관이 40년간 펀드에 대한 연구를 했다. 그런데 그 결과를 보면 "3년을 투자해서 손실을 볼 확률은 0%"라고 한다. 3년 이상만 투자를 하면 성공할 확률이 높아지는데, 단기간에 가격이 하락하게 되면 더 큰 손실이 날까 두려워 어쩔 줄 몰라 하고, 가격이 갑자기 상승하면 급락할 것 같아 초조해한다. 물론 내가 선택한 종목의 가격이 하락 혹은 상승하는데 느긋해할 사람은 아주 드물다.

그렇지만 "투자에 성공하고 싶으면 우량주에 분산투자를 해놓고 수면제를 먹고 몇 년 동안 푹 자야 한다"라는 투자의 대가 앙드레 코스톨라니Andre Kostolany의 말을 실천할 필요가 있다. 그렇게 하면 전체 투자기간 중에 2~7%라는 짧은 투자수익 구간을 맞이할 수 있다.

정보분석 능력이 있어야 한다

투자의 가장 큰 실패요인은 정확한 정보나 지식, 시장에 대한 냉

철한 분석 없이 막연한 기대심리만으로 투자하는 것이다. 돈을 벌수 있는 제대로 된 정보나 지식을 전달해주는 매체의 수는 드물며, 소속집단의 이익을 대변하지 않고 건전한 투자를 이끌어줄 전문가도 부족하다. 그저 신문이나 방송, 인터넷 등을 통해 얻은 정보를 기초로 투자하거나 전문가의 말만 믿고 무조건 투자하는 '묻지마'식의 투자는 실패로 이어질 수밖에 없다. 투자를 결심한 이상 기초적인 지식 정도는 반드시 학습해야 하며, 다양한 정보나 시장 상황에 대해 정확하게 해석하고 판단할 수 있는 능력을 키워야 한다.

따라서 자신만의 금리, 환율, 주식, 채권, 펀드 등 섹터별로 세분화된 금융노트를 만들어 신문이나 인터넷에 게재된 금융상식이나 기획 기사를 스크랩하고 금융사의 데일리 리포트나 경제분석 등을 빠짐없이 기록하는 습관을 가져야 한다. 반복되는 훈련과 습관으로 배양된 자신만의 정보분석 능력을 믿고, 주변인이나 애널리스트의 투자의견, 전문가 서비스, 동호회, 인터넷 사이트 및 블로그 등의 넘쳐나는 정보는 참고만 한다. 또한 과거의 주가 추이, 수익률, 회사의 영업실적, 실시간 뉴스, 가격정보, 거래량 등 정확한 정보나 계량적인 지식, 시장에 대한 냉철한 분석 없이 막연한 기대심리만으로 투자하는 행태도 바꿔야 한다.

금융에서
레버리지 효과는 잊어라

로버트 기요사키Robert Kiyosaki는 제45대 미국 대통령이자 부동산 황제 도널드 트럼프Donald Trump와 함께 집필한 『기요사키와 트럼프의 부자』에서 다음과 같이 말했다.

"세계 10%의 채무자는 빚을 이용해 부자가 되지만 나머지 90%의 사람들은 빚 때문에 더욱 가난해진다."

어느 시대를 막론하고 빚을 얻어 투자하는 대출자는 '자신은 10% 안에 들 것'이라는 자만에 빠져 쉽게 돈을 빌리고, 부동산, 주식, 채권 등 다양한 투자처에서 레버리지 효과를 기대한다. 하지만 대부분의 대출자는 수익은 고사하고 이자를 상환하기도 버거워 빚 때문에 더욱 가난해진다.

'레버리지leverage'라는 단어는 작은 힘으로 무거운 물체를 움직이는 '지렛대'라는 뜻을 가지고 있다. 이를 금융에 적용하면 자금을 차입해 투자안에 투자하는 행위로, 자금 차입 비용보다 수익률이 높을 경우 자금 차입을 통해서 이익을 극대화할 수 있다.

예를 들어 원금이 1천만 원 있는 투자자가 신용매수, 은행대출, 혹은 지인에게 5%의 이자를 주기로 하고 돈을 빌리는 것 등으로 주식 매수금액을 5천만 원으로 늘려 주식에 투자할 경우, 1천만 원의 수익을 올렸으면 타인 자본이자 200만 원을 빼고도 자기자본수익이 800만 원이 되어 수익률은 80%가 된다. 반면에 1천만 원 손해를 보면 원금은 사라지고 이자 비용으로 200만 원을 더 지불해야 하므로 빚만 남게 된다. 즉 최악의 경우 투자수익률이 -100%보다 더 낮은 수준까지 급락하면 원금 회복은 고사하고, 대출받은 원금과 이자상환을 하기도 버겁다.

레버리지 효과는 남의 돈을 많이 쓰면 더욱 커지고, 그에 비례해 남의 돈을 갚지 못할 금융적 위험도 함께 커진다고 보면 된다. 그래도 투자자는 스스로 위험을 관리할 수 있다고 믿고 '나에게는 더 이상 위험이 아니다. 남의 돈은 더 많은 투자기회를 잡을 수 있도록 해준다'라는 믿음과 '나중에 어떻게든 되겠지' 하는 기대심리가 도사려 막연한 희망을 품고 레버리지 효과를 기대한다.

특히 금융지식이 약간 쌓이면 빚을 겁내지 않고 '자산=자본+부채'의 공식을 들먹이며 적정한 이자의 대출금은 서둘러 갚아야 할 빚이 아니고 남의 돈이 커질수록 내가 누릴 수 있는 이익도 그만큼 커진다며 레버리지 효과의 장점만을 생각한다.

금융에 있어 레버리지는 기업이 타인 자본을 이용해 자기자본 이익률을 높이는 레버리지 효과와는 다르게 봐야 한다.

예를 들어 금융에서 선물 레버리지로 알아보자. 선물이란 현재 시점에서 계약을 하고 미래의 일정 시점에 결제를 이행하는 거래다. 따라서 현재와 미래의 기간 차이에 의한 계약 불이행의 위험을 방지하고자, 처음 선물 계좌를 개설할 때 납부해야 하는 위탁증거금과 거래하는 동안 계좌 내에 유지해야 하는 유지위탁증거금, 그리고 유지위탁증거금이 잔고 이하로 하락했을 때 추가로 납부해야 하는 추가위탁증거금 등 보증금으로 선물증거금 제도를 운영한다. 여기서 증거금률이 10%이면 선물레버리지는 10배이고, 5%이면 선물레버리지가 20배인 식으로 레버리지 효과가 발생한다.

구체적으로 보면, 코스피200 선물지수가 300이고 한국거래소에서 매달 한 번씩 발표하는 위탁증거금률(통상 유지위탁증거금률의 1.5배)을 7.05%, 유지위탁증거금률을 4.70%로 가정했을 때, 위탁증거금은 528만 7,500원(=지수 300×거래승수 25만 원×7.05%)이고, 유지위탁증거금은 352만 5천 원(=지수 300×거래승수 25만 원×4.70%)이다. 선물 증거금의 1계약이 7,500만 원(=지수 300×거래승수 25만 원)이므로 위탁증거금 약 529만 원과 유지위탁증거금 약 353만 원 및 만약을 위한 추가유지위탁증거금이 있으면 7,500만 원짜리 상품을 계약해 손익을 취할 수 있는 '하이 리스크, 하이 리턴' 투자방법이다.

코스피200 선물은 상당히 낮은 이자 비용으로 레버리지를 늘릴 수 있다는 장점이 있고, 선물가격이 미래 현물가격보다 낮게 이루어지는 백워데이션back-wardation도 종종 나타난다는 점을 고려해보면 이자율 측면에서 좋은 레버리지 수단이라 할 수 있다.

다만 선물매매는 채권이나 계약 등 당사자 간의 합의에 의해 만기를 연장하는 롤 오버roll-over나, 선물계약 기간 중 예치하고 있는 증거금이 선물가격의 하락으로 인해 유지 수준 이하로 하락한 경우, 추가적으로 자금을 예치해 당초 증거금 수준으로 회복해야 하는 마진콜margin call 등의 손실이 발생할 수 있다. 또한 선물에 비해 코스피200 옵션은 시간의 흐름에 따라서 가치의 감소가 일어나기 때문에 장기 보유가 불리하다.

이 외에 일부 금융소비자가 이용하는 레버리지ETF나 레버리지인덱스펀드도 상품구조를 살펴보면 장기 보유에 적합하지 않은 구조로 이루어져 있다. 즉 코스피가 2,000p에서 2,500p까지 상승했다가 다시 2,000p로 회귀하면 수익률이 마이너스가 되기 쉽기 때문이다.

결국 금융에 있어 레버리지라는 수단을 통해 수익률을 극대화하기란 쉬운 일이 아님을 알 수 있다. 주식투자의 신용거래도 마찬가지다.

아직도 상위 10% 부자 안에 들 수 있다는 생각으로 레버리지 효과를 기대하며 무리하게 빚을 내 주식, 파생상품 등에 투자하고 있다면 빚으로 삶이 피폐해진 수많은 대출자를 타산지석으로 삼아야 한다.

금융소비자는 빚을 얻어 투자할 것인가 아니면 포기할 것인가를 스스로 점검해야 한다. 다음 6가지 문항을 통해 자신을 점검해보자.

1. 부채를 꼭 활용해야 할 상황인가? (예 / 아니오) _ 확실한 정보와 전망이 없다면 다음 투자기회를 노려야 한다.

2. 이자와 원금에 대한 부담은 없는가? (예 / 아니오) _ 부채상환 금액이 월 소득 40% 이상이면 아무리 좋은 기회라도 포기하는 게 옳다.

3. 상환 계획은 세워놓았는가? (예 / 아니오) _ 막연히 수익이 나면 갚겠다는 마음을 먹으면 절대 안 된다. 수익이 나면 욕심이 생겨 더 높은 수익을 찾아 투자하게 되고, 결국에는 손실을 볼 수도 있으므로 부채를 갚지 못하게 된다. 수익과 손실이 났을 경우를 가정한 상환 계획이 있어야 한다.

4. 상환 계획에 위험요소는 없는가? (예 / 아니오) _ 직장이 불안정하거나

인플레이션으로 금리가 상승할 조짐이 보이거나 투자에 실패했을 때 가계가 파탄 날 가능성이 있다면 위험을 해소한 후에 투자해야 한다.

5. 투자를 확신하는가? (예/아니오) _ 투자에 확신이 있어도 부채가 자산의 60%가 넘는다면 무조건 포기하고, 이보다 낮으면 투자를 고려한다.

6. 부채를 상환하기 위해 생활을 절제할 각오가 되었는가? (예/아니오) _ 빚을 얻어놓고 이전의 소비습관을 유지하면 빚을 갚을 길은 점점 더 멀어진다는 사실을 잊지 말아야 한다.

리모델링으로
자산을 늘려라

집에 물이 새거나 벽지가 더러워지면 즉시 고치고 새로 도배해 산뜻하게 만든다. 반면에 주식이나 펀드 등에 투자해 손실을 보고 있을 때는 오를 때까지 하염없이 기다린다. 또한 마이너스통장의 한도가 차서 매달 높은 이자를 내면서도 실질금리가 마이너스인 예·적금이나 적립식펀드에 저축이나 투자를 하기도 한다.

집이 낡고 더러워지면 즉시 리모델링하듯이 금융자산도 금융환경과 경제환경을 살펴보고, 가계 상황에 맞게 포트폴리오를 재구성(리밸런싱)하는 리모델링을 해야 한다. 저금리 시대와 유동성에 의해 자산가격 인플레이션이 팽배해지면 리모델링이 필요하다.

보험이 너무 많다

보장성보험에 납부하는 금액이 월수입의 10%가 넘고, 연금보험 등 장기상품에 납부하는 금액이 월수입의 20%가 넘으면 가계는 현금 유동성이 부족해진다. 만약 실직이라도 하게 되면 보험은 득이 아니라 독이 될 수도 있다. 보장 내용이 중복되거나 수입에 비해 과다한 보험은 리모델링해야 한다.

돈이 어디로 새는지 모르겠다

소비와 지출이 계획적으로 이루어지지 않아 돈이 어디로 새는지 모르겠고 항상 돈이 부족하다.

미국의 자동차 왕 헨리 포드Henry Ford는 "부자가 되는 방법은 3가지다. 첫째, 상속을 받아라. 둘째, 부자와 결혼해라. 셋째, 첫째와 둘째를 할 수 없다면 버는 돈보다 적게 쓰고 나머지를 저축하라"고 말했다.

먼저 검소하게 생활하는 습관을 가지고, 돈이 어디서 새고 어디로 지출되고 있는지 파악해야 한다.

원금손실은 절대 안 된다

원금손실 또는 투자금융상품에 대해 모른다는 핑계로 예·적금만을 운용하면서 자산을 획기적으로 늘리고 싶어 하는 금융소비자가 의외로 많다. 누구나 원금손실은 싫어한다. 하지만 원금손실에 대한 부담 없이는 자산을 획기적으로 늘릴 수 없다.

인플레이션으로 실질금리가 마이너스인 시대에는 시간의 흐름에 따라 화폐가치의 하락으로 실질자산은 줄어들 수밖에 없다. 원금손실이 두렵더라도 금융자산의 10~20% 정도는 투자수익을 기대할 수 있는 주식, 채권, 펀드 등의 금융투자상품에 투자할 필요가 있다.

수익성이 최고다

위험은 간과하면서 수익성만 보고 투자하면 언젠가는 손실을 보게 된다. 특히 레버리지 효과를 기대하고 부동산이나 주식 등 투기성 투자를 하면 한두 번은 성공할지 몰라도 결국에는 그 성공이 독으로 다가와 더 큰 손실을 가져온다. 주식을 하든, 펀드를 하든, 아니면 부동산에 투자를 하든 항상 자신의 가계 규모에 맞게 투자를 하고, 기대수익을 낮추면서 위험에 대비하는 지혜가 필요하다. 특히 위험관리 차원에서 투자대상이 목표수익에 도달했거나 수익이 어느 정도 발생했다면 이익실현 후 계속 포트폴리오를 재구성할 필요가 있다.

효과적인 노후를 준비하고 싶다

여유자금을 효과적으로 활용해 미래를 대비하고자 하는 일반인이 의외로 많다. 하지만 대부분 노후라고 하면 보험사의 개인연금보험만 생각한다. 풍족한 노후를 만들어주는 것은 보험사의 개인연금보험만이 아니다. 보험사의 개인연금보험은 국민연금보험, 퇴직연금보험과 더불어 노후에 최소한의 경제적인 곤란을 겪지 않도록 현금 유동성을 만들어줄 정도면 된다.

노후를 풍족하게 해주는 노후자금은 연금보험을 기본으로 하고 주택 등 실물자산을 주택연금으로 고려하며, 예·적금 등 금리형상품, 주식·채권 등 금융투자상품을 부동산과 함께 적절한 비중으로 보유하고 키워야 한다.

자산증식이 안 된다

빠른 자산증식이 안 되는 이유는 수입이 적어 시간이 많이 걸리는 경우가 많기 때문이다. 또한 수익성만 보고 무리하게 투자할 경우 손실을 보게 되어 원금 회복이 쉽지 않기 때문이다. 반면에 안전성만을 고려해 소극적으로 저축을 하거나, 지출이 저축보다 많을 때 생길 수 있다. 이 모든 것은 목표 없이 되는 대로 자산을 관리한 결과다. 맞벌이 가정보다 수입이 적은 외벌이 가정이 더 부자인 경우가 많은 것도 그 반증이다. 가정의 빠른 자산증식은 가계 목표를 세우고, 체계적인 목적자금 계획에 의해 돈을 관리하고 운용하면 된다. 돈에 꼬리표를 달고 저축 및 투자 등 자산을 골고루 분산해 시간에 투자해야 한다.

황금분할식 투자는
모든 투자의 기본이다

비관적인 관점에서 예측하는 경제 전문가로 2008년 서브프라임발 금융위기를 예측한 바 있는 닥터 둠Dr. Dooom, 비관론을 펴는 경제학자를 부르는 용어 누리엘 루비니Nouriel Roubini 교수는 "경제위기란 우연의 산물이 아니라 역사를 통해 수없이 반복되어 온 현상"이라고 설명한다.

인간은 탐욕과 수익에 대한 욕망으로 자산가격이 끝없이 상승할 것이라는 착각에 빠질 수밖에 없는 성향을 가지고 있어, 너도나도 금융투기에 참여한다. 자신의 탐욕으로 수익이 나게 되면 대상이 무엇이든지 가치를 부풀리고 소유하려고 하지만, 매력이 사라지면서 현실을 깨닫게 되고 후회와 좌절을 맛보게 된다. 금융투기의 역사는 달러, 금, 원유, 파생상품 등 욕망의 대상만 바뀔 뿐이지 끊임없이 반복된다.

효과적인 투자를 하려면 탐욕의 크기를 줄여야 한다. 탐욕의 크기를 줄이는 방법은 최대의 수익을 내기 위한 수익성, 원금손실의 위험성을 낮추기 위해 고려해야 하는 안정성, 투자금액을 수월하게 현금화할 수 있는 환금성 등을 고려한 '황금분할식 투자'다.

하지만 황금분할식 투자는 시장 평균 수준의 수익은 기대할 수 있

도표 2-2 :: 황금분할식 투자

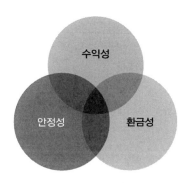

지만 추가 수익을 얻지는 못한다. 투자에 있어 안정성을 높이려면 수익성을 포기해 투자위험을 낮춰야 하고, 수익성을 추구하려면 안정성은 어느 정도 포기해야 하기 때문이다.

그래서 대부분의 투자자는 안정성보다 수익성이라는 눈앞의 당근만을 추구한다. 수익성을 높이기 위해서는 당나귀 주인처럼 투자하는 지혜가 필요하다. 당나귀 주인은 최종 목적지로 가기 위해 수레를 끄는 당나귀가 의욕이 떨어지지 않도록 눈앞에 싱싱하고 커다란 당근을 알맞은 거리에 매달아 놓고 출발한다. 당나귀는 당근을 먹으려고 필사적으로 움직이지만 좀처럼 거리를 좁히지 못하고 앞으로 걸어간다. 다만 당나귀 주인은 수시로 약간의 당근을 맛보게 한다.

투자는 자금을 효율적으로 운용해 최대의 수익을 내는 데 목적이 있다. 좀 더 나은 수익을 추구하기 위한 싱싱하고 커다란 크기의 당근처럼 수익성을 따져봐야 하고, 당나귀와 당근의 거리를 알맞게 유지하듯이 원금손실의 위험성을 낮추는 안정성을 고려해야 한다. 또한 수시로 맛을 보여주지 않으면 최종 목적지까지 당나귀를 무사히 데려갈 수 없듯이, 시장 상황에 따라 수시로 자금을 현금화해 민첩하게 대처할 수 있는 환금성이 있어야 한다. 이에 따라 자신이 정해놓은 수익률이 달성되면 과감히 수익을 환수해야 한다. 과욕을 부려 보다 큰 당근을 먹으려고만 하면 지쳐서 아무것도 먹지 못하는 실패의 원인이 된다.

투자는 자산을 배분하고, 수익성과 안정성이라는 당근과 채찍을 적절하게 사용해 환금성을 유지한다. 그리고 최종 목적지에서 싱싱하고 커다란 당근을 보상받도록 한다.

자산배분은 흔히 분산투자라는 말로 널리 알려져 있으나 명확하게 하면 투자철학, 투자운용 목표, 금융시장의 상황, 투자대상 자산의 미래 기대수익과 위험을 고려해 자신의 투자성향과 재무 상황에 맞게 자산별 투자 비중을 결정하는 것을 말한다. 전략적으로는 자신의 투자목적을 달성하기 위해 투자기간 중 자신의 재무 상황이나 시장 상황이 크게 변화하지 않는 한, 장기적으로 포트폴리오의 자산을 구성한다. 전술적으로는 처음 전략적으로 수립했던 전략적 자산배분은 각종 이슈와 자본 시장의 변화로 개인의 투자성향이 바뀔 수 있고, 가족 구성원의 변화 및 수업과 지출 등에 따라 바뀔 수 있으므로 보다 높은 투자이익을 얻기 위해 정기적 혹은 부정기적으로 자산구성을 변경한다.

지금 막연하게 당나귀처럼 수익률이라는 당근만 보고 투자하고 있다면, 지금부터는 당나귀 주인처럼 보다 좋은 수익창출을 위해 위험과 수익성의 균형을 유지하면서 최종 목적지로 가는 투자를 해야한다.

경기 사이클에 따라
자산을 배분하라

투자자들은 투자를 하기 전에는 수익 가능성에 대해 아주 미심쩍어 한다. 하지만 투자를 한 후에는 자신을 지지하는 쪽으로 마음을 바꾼다. 또한 투자자는 자신을 탁월한 투자자로 생각한다. 과거의 형편없는 투자성적과 상관없이 좋은 기억만 남아 있기 때문에 '이번만은 다르다'고 생각하며 기대수익을 한껏 부풀린다. 투자의 대가인 존 템플턴John Templeton은 "'이번만은 다르다'라는 말은 투자에서 가장 비싼 대가를 치를 수 있는 말"이라고 했다. 이는 인지부조화에 의해 좋은 기억만 남아 있어 성공은 자신의 탁월한 능력이고, 실패는 단지 운이 없었기 때문이라며 '이번만은 다르다'라고 생각하는 한 투자성과는 절대 좋게 나올 수 없다는 것이다.

개인의 능력에 전적으로 의존하는 투자는 인지부조화, 자기 과신, 위험회피 등으로 소수의 전문 투자자를 제외하고는 좋은 성과를 기대하기 어렵다. 금융소비자는 먼저 경기를 읽고 위험 수준이 다양한 여러 자산 집단을 대상으로 투자자금을 배분해 포트폴리오를 구성하는 자산배분을 해야 한다. 특히 경기 사이클에 따라 변화하는 금융시장의 상황을 파악해 자산배분을 하는 것이 중요하다.

〈도표 2-3〉의 경기 사이클을 살펴보면 지난 서브프라임 금융위기처럼 경기후퇴recession가 발생하면 디플레이션deflation이 우려되어 경기부양 차원에서 금리를 인하하게 되고, 디플레이션이 완화되면서 금리가 최저점에 이르는 금융 장세를 연출한다. 다음에는 물가가 서서히 오르면서 금리도 오르는 실적 장세에서 인플레이션inflation과 금리가 최고조로 이르는 역금융 장세, 금리가 다시 떨어지면서 역실적 장세로 바뀌는 등 계속 순환한다. 이때 역실적 장세에서 자산은 예금·원자재 등에서 채권으로 빠르게 움직이고, 이후 채권은 부동산(금융 장세)으로, 부동산은 주식(실적 장세)으로, 주식은 예금·원자재(역실적 장세)로 움직이며 돌고 돌게 된다. 다만 이러한 경기 사이클과

도표 2-3 :: 경기 사이클과 자산의 흐름

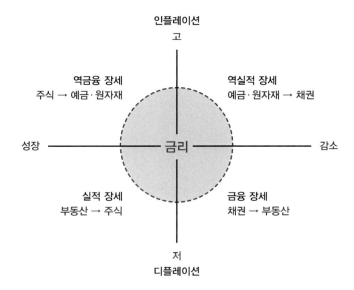

자산 이동은 일반론으로 실물경제와는 다소 차이를 보이기도 한다.

이에 따라 일본을 대표하는 애널리스트 우라가미 구니오浦上邦雄는 주식시장에 투자해야 할 때와 하지 말아야 할 때를 금융시장의 변화에 따른 '4계절론'을 통해 제시했다. 〈도표 2-4〉에서 보듯 이는 경기 순환에 따라 금융 장세(봄), 실적 장세(여름), 역금융 장세(가을), 역실적 장세(겨울) 등 4계절과 같이 바뀌며 계속 순환하므로 계절에 맞게 투자하는 것이다. 예를 들어 봄인 금융 장세에는 금리가 내리고 기업 실적도 떨어지나 주가는 금리하락 수혜주, 초우량기업 금융주 등 금융 장세 주도주를 중심으로 기술적인 반등을 한다.

주식에 국한해 설명했지만 모든 자산은 경기 사이클과 금융환경

도표 2-4 : : 주식시장의 4계(季)

구분	금융 장세	실적 장세	역금융 장세	역실적 장세
주가	↑	↗	↓	↘
금리	↓	↗	↑	↘
실적	↘	↑	↗	↓
국면	회복기	활황기	후퇴기	침체기
	• 단기간 큰 폭으로 상승	• 장기간 안정적으로 상승	• 큰 폭으로 동반 하락	• 부분적 투매현상
주도주	• 금리하락 수혜주 • 초우량기업 금융주	• 소재산업 • 가공산업 • 업종순환 상승	• 중소형주 • 저PER주	• 내수관련주 • 자산주 • 후반에 초우량주
경기	• 자금수요 감소 • 금리 인하 • 물가 안정 • 연간소비 지출 증대	• 생산판매 활동 증가 • 생산시설 증가 • 소비 증가 • 물가 상승 • 자금수요 증가 • 통화긴축	• 실질이자율 상승 • 내구소비재 수요 감소 • 생산활동 위축	• 재고누적 • 실업률 가속 • 부도기업 • 정부의 금리 인하 • 경기부양책

에 따라 움직이게 되어 있다. 금융소비자는 이러한 경기 사이클에 맞춰 자산의 움직임을 파악하고 투자하는 지혜가 필요하다. 투자는 다음과 같이 4단계 절차에 따라 실행하는 것이 합리적이다. 즉 투자 목표를 설정한 후 투자스타일을 정하고, 이에 맞는 자산배분 전략을 수립하고, 포트폴리오 재조정을 통해 사후관리를 한다.

1단계: 경기에 맞춰 기초자산의 투자목표와 투자배분 설정

목표는 물가상승률 이상의 가치보존을 기준으로 해서 장기적인 기대수익을 추구하는 방식으로 한다. 또한 원금보전 및 유동성을 감안하고 투자기간과 경기에 맞게 주식·채권·예금·부동산 등 투자유형을 배분한다.

2단계: 투자스타일 결정

투자 목표를 설정했다면 다음은 자신에게 어떤 스타일이 맞는지를 결정해야 한다. 투자성향이 적극적·보수적·안정적인가에 따라 세부 종목 선정과 운용방식이 달라질 수 있고, 투자기간이 달라질 수도 있기 때문이다.

3단계: 투자스타일에 따른 자산배분 전략 수립

투자목표와 투자스타일이 결정되었으면 자산배분을 해야 한다. 최적의 포트폴리오를 어떻게 짜느냐에 따라 수익률은 달라진다. 따라서 거시경제와 목표에 따라 분산한 자산배분이 장기적으로 수익률 기여도가 가장 높다는 것을 명심하자.

예를 들어 1977년에서 1987년까지 미국 91개 대형 연기금의 운용성과를 대상으로 분석한 브린슨Brinson, 후드Hood, 비바우어Beebower의 'BHB 연구'에 따르면 장기간 운용된 투자자산의 운용실적은 단기 시장 예측이나 몇 개 종목의 선택과 같은 행동에는 별다른 영향을 받지 않고 자산배분이 성과를 좌우했다.

이 연구에 따르면 포트폴리오 투자성과에 가장 큰 영향을 미치는 것은 자산배분으로 91.5%의 영향을 미친다. 반면 증권 선택이나 시장 예측과 같이 자산배분 이외의 활동이 포트폴리오 수익률에 미치는 영향은 10% 미만이다. 즉 투자자의 수익률은 투자에 착수하기 이전에 수립해야 하는 장기적인 자산배분에 의해 90% 이상 결정되며, 시장 예측이나 증권 선택과 같은 활동이 미치는 영향은 10% 미만이라는 것을 알 수 있다.

경제는 통상 3~4년에 한 번씩 크게 부침한다. 경기순환에 의한 투자에 따르면 마이너스 경제성장을 하거나 경제의 부침이 심할 때 주식의 비중을 높이고, 경기침체가 예상되거나 경제가 활황일 때 채권의 비중을 높여 적당한 시기를 기다린다면 자산을 획기적으로 불릴수 있다.

4단계: 모니터링과 포트폴리오 재조정

시간의 흐름에 따라 경기 사이클은 바뀌고 자산별 비중도 차이가 발생한다. 또한 나이, 수입 등이 변화하고 투자성향도 바뀔 수 있다. 현실에 맞게 리밸런싱을 해 포트폴리오를 재구성하되 투자성향, 투자목적, 투자기간 등에 맞춰, 높은 수익률을 포기하더라도 당초의 목표를 달성하도록 관리한다.

리밸런싱 전략이란 '경기의 투자유형에 맞춰 변화하는 자산가격에 따라 변동하는 자산별 투자비중을 처음 결정한 자산배분 비중으로 맞추는 것'이다. 즉 가격이 오른 자산의 증가분을 팔아 가격이 떨어진 자산에 재투자해 투자비중을 재조정하는 전략이다. 따라서 금융소비자는 리밸런싱에 의해 포트폴리오를 재구성할 때 매월, 분기, 연 단위로 자산배분 비율이 10%를 벗어날 경우 리밸런싱을 하는 등 시장 상황과 상관없이 미리 정해진 기준을 정할 필요가 있다. 다만 리밸런싱은 경기국면에 따라 오르는 자산은 계속 오르고, 내리는 자산은 계속 내리는 속성이 있으므로 경기국면이 바뀌는 전후를 기점으로 하는 것이 바람직하다.

자신에게 꼭 맞는
포트폴리오를 구성하라

포트폴리오란 '예·적금, 펀드, 채권, 보험 등 다양한 금융상품을 목표기간으로 나누어 각각에 얼마나 투자할지 결정하는 것'으로 〈도표 2-5〉와 같은 '분산투자 계획'을 의미한다. 그렇다면 자신에게 꼭 맞는 최적의 포트폴리오는 어떤 방법으로 구성해야 할까?

우선 자신의 나이와 라이프사이클을 고려해 자금이 필요할 규모와 시점을 예측해야 한다. 목표 없이 투자한다는 것은 지도 없이 항해하는 것과 같다. 따라서 만기 자금의 사용처가 불분명하면 예상하지 않았던 불필요한 부분에 돈을 써버리거나, 정작 필요한 시점에 자금이 부족해 손실을 감수하고 투자를 중지해야 하는 상황이 발생할 수 있다. 따라서 필요한 시점에 필요한 금액을 마련할 수 있도록 재무목표를 설정하는 것이 포트폴리오를 구성하는 첫 번째 단계다.

재무목표를 설정한 다음에는 목표를 달성하기 위해 필요한 자금과 현재 준비된 자금을 계산해보고, 부족한 돈의 규모를 산정해야 한다. 예를 들어 자녀의 나이와 상관없이 월 10만 원씩 저축하는 것으로 자녀 교육비를 준비하면 실제로 자녀가 대학에 입학할 때 돈이

도표 2-5 :: 위험·보상시소와 자산관리 방법

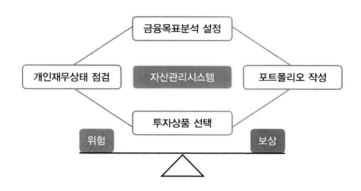

부족할 수도 있다. 하지만 자녀를 교육시키기 위해 언제까지 얼마의 자금이 필요한지 예측하고, 그 자금을 마련하기 위한 남은 기간을 계산해 매월 얼마의 금액을 어느 정도의 수익률을 볼 수 있는 상품에 투자해야 하는지 파악한다면 자녀 교육비 마련에 가장 적합한 상품을 선택할 수 있다.

자녀가 현재 초등학교 1학년이라면 앞으로 12년 후에 대학에 입학할 것이다. 현재 4년제 대학의 등록금이 총 5천만 원이고, 매년 등록금 인상률을 4%라고 가정하면 12년 후에는 약 8천만 원을 마련해야 자녀를 대학에 보낼 수 있다. 12년 동안 이 돈을 모으려면 수익률이 5%인 상품에 매월 40만 원씩 투자해야 하고, 수익률이 10%인 상품이라면 매월 28만 원씩을 투자해야 한다.

필요자금과 준비자금, 부족자금에 대한 분석이 끝났다면 자신의 라이프사이클상 언제 어떠한 재무목표를 달성하기 위해 어느 정도의 자금이 필요한지, 그것을 마련하기 위해 얼마를 어느 정도의 수익률로 운용해야 하는지 기본적인 윤곽이 드러날 것이다.

다음에는 각 항목별로 그 목적을 이루는 데 가장 효율적인 금융상품을 선택하는 일이 남았다. 금융상품은 투자목적에 따라 수시입출금식상품, 1년 미만의 단기상품, 1년 이상 3년 미만의 중기상품, 3년 이상의 장기상품 등 투자기간에 맞게 골라야 한다. 이어 목표수익률에 따라 원금과 최소한의 이자를 받을 수 있는 저위험상품, 원금을 보존할 수 있는 중위험상품, 원금손실이 발생하더라도 높은 수익률을 추구할 수 있는 고위험상품 등으로 구분해 포트폴리오를 구성하는 것이 바람직하다.

이때 세금혜택을 받을 수 있는 절세상품과 노후준비에 적합한 상품 등 특화된 기능까지 고려한다면 보다 더 많은 수익을 얻을 수 있을 것이다.

라이프사이클에 따른
자산관리 전략을 세워라

평균수명 100세 시대다. 대법원이 육체 노동자의 가동연한을 60세에서 65세로 변경하는 등 우리는 은퇴 이후에도 계속 일을 해야 하는 상황에 놓이게 되었다. 요즘같이 불안정한 시대에는 살면서 발생할 수입과 지출을 예상하고, 언제 어떻게 사용할 것인가를 사전에 검토해야 한다. 생활자금이나 주택·자녀교육·노후자금

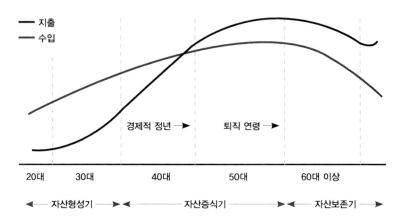

등은 예측이 가능한 반면에 질병·사고 등의 위험은 예측이 불가능하므로 이에 대비한 안전망이 필요하기 때문이다. 젊을 때부터 자산관리를 하면 평생 일한 것보다 더 큰 가치를 창출할 수 있다.

한정된 수입을 계획성 있게 관리해 최대의 효과를 올리려면 〈도표 2-6〉에서 보듯 막연한 65세 정년은 잊고 라이프사이클에 따라 20~30대의 자산형성기, 40~50대의 자산증식기, 60대 이후의 자산보존기로 나눠 자산관리 방법도 달리해야 한다.

20대: 결혼과 내 집 마련을 위한 종잣돈 모으기

20대에 대학을 졸업하고 취직을 하면 용돈을 받을 때보다 상대적으로 많은 돈이 통장에 다달이 들어와 '마르지 않는 곳간'으로 착각하는 경우가 있다. 그러다 보면 저축보다는 소비가 늘어 돈 모으기가 쉽지 않다. 20대에는 결혼과 내 집 마련을 위한 종잣돈 모으기가 제일 시급하다.

종잣돈을 모으기 위해서는 쓰고 남은 돈을 저축하는 것이 아니라 최소 월수입의 50~70% 이상을 저축하고 남은 돈을 소비해야 한다. 종잣돈을 모으려면 2배수 전략으로 종잣돈의 규모를 늘려야 한다. 돈을 모으는 생활이 습관화되어야 내 집 마련을 위한 기반을 닦을 수 있다.

20대에는 큰돈을 쓸 일이 별로 없으므로 높은 기대수익을 추구해 다소 위험부담이 있더라도 공격적인 투자를 하는 게 좋다. 주식형 적립식펀드에 장기투자를 하고, 내 집 마련을 위한 주택청약종합저축 등 필수 금융상품과 결혼자금 모으기에 세금우대 적금을 적극 활용한다.

또한 자산을 지켜주는 주춧돌로 보장성보험을 반드시 준비하고, 노후를 위한 장기상품도 검토해야 한다. 다만 미혼 남녀는 되도록이면 보장성보험 5%, 장기상품 10% 이내의 기준을 지킨다. 이는 결혼 후 맞벌이를 하지 않을 경우 과다한 장기상품은 가정의 유동성자금 흐름에 장애를 발생시킬 수도 있기 때문이다.

30대: 자녀교육자금과 노후자금 마련하기

30대에는 자녀가 생기면서 집도 장만해야 하며, 자녀교육자금과 노후자금 만들기 역시 시작해야 한다. 하지만 대부분의 가정은 주택 관련 부채와 자녀교육비로 가계가 풍족하지 않을뿐더러 노후자금 만들기는 엄두조차 내지 못하는 경우가 많다. 투자할 돈은 부족한데 쓸 곳은 늘어난다. 한정된 돈으로 모든 재무적인 목표를 달성하고자 한다면 체계적으로 계획하고 실천해야 한다.

보장성보험은 월수입의 10% 미만으로 리모델링하고, 노후준비를 위한 장기상품은 20% 이내에서 준비한다.

다만 장기상품의 경우 10년 이상 보유 시 비과세 상품인 개인연금보험과 절세를 위한 연금저축상품(펀드·신탁·보험)의 비중을 적정하게 조절한다. 또한 내 집 마련을 위한 부채의 월 상환액은 30%, 교육비는 20%를 넘기면 안 된다. 교육자금 마련을 위해서는 자녀가 취학 전이라면 어린이저축보험 등을 준비하고, 초등학교 이상의 자녀를 두었다면 장기적립식펀드 또는 어린이저축통장을 준비한다.

40~50대: 목돈 굴리기

40대는 가계수입이 최고점을 향해 감에 따라 저축을 늘리고 10년 후에 어떻게 살아야 할지를 고민하며, 은퇴도 준비해야 하는 시기다. 20대에 사회생활을 시작하면서 늘어나던 수입도 점차 줄어들고, 자녀가 대학에 진학함에 따라 지출이 많아져 수입과 지출이 본격적으로 역전된다. 따라서 40~50대는 그동안 모은 목돈을 본격적으로 굴려야 할 시기다. 재산의 50~60%는 안전한 예금에 넣고, 나머지는 원금이 보장되는 주가지수연계증권ELS과 주식, 펀드 등 금융투자상품을 적극적으로 활용해 분산투자를 해야 한다.

다만 30~40년 후의 황혼기에 안정적인 삶을 유지하려면 50대부터는 '고위험=고수익'보다 안정적으로 자금을 운용하는 지혜가 필요하다. 또한 40~50대는 노후대비를 위해 20~30대에 준비한 연금상품에 추가 납입을 하거나 가입액을 늘리는 것이 좋다. 반면에 40~50대가 되면 건강이 허락되지 않아 보장성보험을 준비하지 못할 수도 있다. 그러니 건강할 때 하루라도 빨리 건강보험이나 장기 간병보험 등 위험에 대비하는 보장성보험도 준비한다.

60대: 풍족한 노후 즐기기

이 시기에는 수익성보다는 안정성이 가장 중요하다. 젊을 때 준비한 국민연금, 개인연금, 퇴직연금으로 다달이 생활비를 받으면서 여유자금은 비과세 종합저축이나 입출금이 자유롭고 하루를 맡겨도 이자를 주는 MMF, CMA 등을 활용해 유동성에 만전을 기하며, 수익성과 안정성을 동시에 추구해야 한다.

만약 목돈은 있으나 매월 수령하는 연금액이 부족하다면 보험회사의 즉시연금을 준비해 연금수령액을 늘리거나 주택연금을 활용하는 것도 바람직하다. 또한 70세가 되지 않았다면 치매, 중풍, 관절염 등 노인성질환을 대비해 실버보험이나 간병보험을 준비하는 것도 향후 발생할 수 있는 경제적인 위험을 제거하는 방법이다.

지금부터라도 당면한 문제와 미래에 발생할 문제가 무엇인지를 파악하고, 목적에 따른 자금 모으기를 위해 구체적인 목표를 정한 후 보험과 채무, 저축과 투자, 절세, 은퇴와 유산 등 세부적인 계획을 세우고 실천해 현재의 삶을 가치 있게 꾸려 나가는 것이 중요하다.

금융소비자는 자기 과신으로 대마불사大馬不死를 신봉한다. 그렇지만 국내외 경제·금융·외환 등 시장환경은 상호 간에 지나치게 복잡하게 연결되어 있어 무너지기 일쑤다. 국내외 경제·금융상황을 읽지 않고서 자기 과신을 하면 언제든지 자산이 위험에 빠질 수 있다. 금융지식은 지금 경제가 호황기인지 불황기인지 예측을 가능하게 하고, 경기에 맞는 투자대상을 찾아 최고의 수익을 올릴 수 있도록 도와준다. 또한 지적 자산으로 자기 과신을 줄여주고 합리적인 투자를 하게 해준다.

지금부터라도 상호 복합적인 다양한 경제지표와 돈을 움직이게 하는 금리·환율 등 다양한 변수의 파급 경로 및 투자전략을 살펴보면서 이기는 투자에 한 걸음 다가서야 한다. 또한 금융상품은 경제·금융·외환 등 시장환경의 변화에서 효율적으로 수익을 일구기 위한 도구로써 올바르게 꿰어 맞출 필요가 있다.

FINANCE

3장

투자의
성패는
금융지식에
달려 있다

나의 금융지수를
파악하라

금융 이해력과 금융 이해력 점수는 자기 과신을 할수록 낮아지고, 연체 경험이 있을수록 떨어진다. 금융을 제대로 이해하지 못하면 위험자산에 투자해 돈을 잃을 확률이 높아지고, 수입을 관리하는 것이 매우 힘들어진다.

대부분의 금융소비자는 자신의 금융 이해력이 높다고 생각되면 자기 과신과 바쁜 일상을 핑계로 금융지식 쌓기를 게을리하고 주식, 선물, 옵션 등의 위험자산에 과감하게 투자한다. "땜질 못하는 며느리 이마의 털만 뽑는다"라는 속담처럼 멋만 부리고 실속은 없다.

금융 이해력은 금융지식을 높일수록 더 높은 수준의 금융 이해력을 요구하며 계속 발전한다. 반면에 실제 금융 이해력이 낮고 금융지식이 부족하면 귀가 얇은 팔랑귀가 되어, 누가 돈을 벌었다고 하면 군중심리에 몰려가서 뒷북을 치다가 손실을 보거나, "선무당이

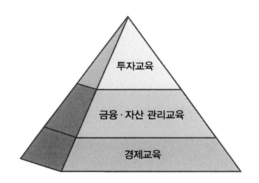

사람 잡는다"라는 말처럼 위험자산에 과감하게 투자했다가 실패한다. 한편 예·적금만을 운용해 인플레이션을 이기지 못하거나, 과도하게 보험에 가입해 현금 유동성이 없어 곤란해질 수도 있고, 갑자기 생긴 돈을 주체하지 못하고 소비성 지출에 치중해 연체 위기에 몰릴 수도 있다.

다음은 금융지수FQ, Financial Quotient 정도를 측정하는 기본적인 10가지 문항이다. ○, ×로 표시해 자신의 점수가 어느 정도인지 파악해보자.

1	단리는 원금에 이자가 붙고 또 이자에 이자가 적용되어 투자자에게 유리하다.	○	×
2	증권사의 주가연계증권(ELS)은 원금을 100% 보장한다.	○	×
3	은행의 정기예금은 10%의 세금을 내고 예금자보호가 된다.	○	×
4	환율이 하락하면 해외여행을 가는 데 불리하다.	○	×
5	금리가 올라가면 대출자는 손해를 보고, 예금자는 이득을 본다.	○	×

6	인플레이션이 커지면 소비자들의 생활이 나빠진다.	○	×
7	증권사와 은행에서 동시에 판매하는 적립식펀드는 다른 상품이다.	○	×
8	평균수명이 길어져 나이가 들수록 생명보험을 가입하는 것이 유리하다.	○	×
9	코픽스(COFIX) 금리는 코스피200지수와 같다.	○	×
10	연말정산을 할 때 과세표준액은 6%, 15%, 24%, 35%, 38%, 40%, 42%의 세율구간을 가진다.	○	×

• 정답 1. ×, 2. ×, 3. ×, 4. ×, 5. ○, 6. ○, 7. ×, 8. ×, 9. ×, 10. ○

나의 FQ 점수는?

8개 이상: **실제로 투자할 수 있다. 경제신문 행간의 의미를 파악할 수 있다.**
7~5개: **전문적인 투자용어 정도는 알 수 있다. 경제신문을 읽는 데 완전히 이해는 못하지만 어느 정도 의미는 안다.**
5개 미만: **금융의 기초지식만 알고 있다. 일반적인 간단한 용어는 아는 수준이나 중학교 교과서의 범위를 벗어나지 못한다.**

위의 10가지 문항은 가장 기본적인 FQ 문항이다. 8개 이상을 맞추지 못했다면 금융 이해력과 금융지식을 높이기 위한 체력을 키워야 한다.

먼저 금융 이해력을 높이기 위해 경제신문을 읽는 것부터 시작하자. 경제신문을 꼼꼼하게 읽으면 금융 이해력과 금융지식이 높아져 투자 체력이 강화된다. 여기에 금융·자산관리 교육과 투자 교육을 더하면 경제의 주인이 될 수 있는 금융 체력을 만들 수 있고, 미래를 스스로 헤쳐 나갈 수 있는 능력을 키우게 된다.

경제지표를 보는 눈이
필요하다

경제를 알면 이기는 투자를 할 수 있다. 특히 요즘과 같이 펀드를 통한 재테크가 보편화되어 있는 시대에는 경제흐름을 꿰뚫어 경제 상황에 따라 금융상품이나 실물자산에 투자를 하면 궁극적으로 자산을 늘릴 기회가 생긴다.

하지만 금융소비자는 금리, 환율, 원자재, 국제수지, 경기변동 등 온갖 경제지표를 보면서 자신의 투자원칙을 지키고 투자하는 것을 어려워한다. 경제지표는 각각 독립적으로 움직이는 것이 아니라 서로 영향을 주며 복합적으로 작용하기 때문이다.

만약 원자재 가격이 올라 물가가 오르면 인플레이션을 억제하고자 금리를 인상하게 되고, 대출을 억제해 주식시장은 하락하게 된다. 또한 원화가치가 하락해 환율이 상승하면 주식시장은 상승하나 수입하는 원자재 가격이 올라 물가를 압박하게 되고, 다시 금리 인상을 통한 긴축으로 주식시장은 하락하게 된다.

시장은 끊임없이 하락하거나 끊임없이 상승하는 경우가 없다. 상승과 하락을 반복하면서 기업의 실적에 따라 순방향으로 발전해가는 것이다. 자본주의 국가에서 경제는 주식시장에 의해 좌우되며, 주식시장의 흐름을 알면 투자수익률을 높일 수 있는 것은 당연하다. 또한 지금 경기가 회복기인지 확장기인지, 후퇴기인지 침체기인지 알 수 있으므로 자금 비중을 경기흐름에 따라 조정할 수 있다.

예·적금과 같은 금리형상품에 저축을 하더라도 단 1%의 이자를

도표 3-2 :: 경제지표와 주가흐름

경제지표	동향	주가흐름
금리	인상	하락
	인하	상승
환율	상승	상승
	하락	하락
원자재	인상	하락
	인하	상승
국제수지	증가	상승
	감소	하락
물가	상승	하락
	하락	상승

더 받으려면 경제지표를 알아야 하고, 고위험·고수익을 추구하는 주식이나 펀드 등의 금융투자상품은 특히 경기에 민감하므로 말할 나위가 없다.

몇 가지 대표적인 경제지표가 주식시장의 흐름에 어떤 영향을 미치는지 〈도표 3-2〉를 통해 알아보자. 단순하게 보면 주식시장은 금리, 환율, 원자재, 국제수지, 물가 등 경제지표의 등락에 의해 주가가 상승 혹은 하락한다. 이 외에 경기선행·동행지수, 재고지수, 주택지수, 유동성지수, 투자심리지수 등 무수히 많은 지수들도 주가에 영향을 미친다. 하지만 'ㅇㅇ지표가 좋아지면 주가는 상승 혹은 하락한다'는 식의 공식은 존재하지 않는다. 이들은 서로 상호작용하며 복합적으로 발생하면서 주가의 흐름을 신도 모르는 영역으로 만든다.

예를 들어 단순하게 원/달러 환율이 하락하면 원화가치가 절상되는 것이므로 우리나라와 같은 수출주도형 국가는 국제수지가 감소되어 주가는 하락한다. 원화가치가 절상되면 수입하는 원자재 가격이 하락해 내수부양의 효과 등이 발생되어 물가가 억제되고 금리인상이 늦춰지거나 인하되어 주가는 상승한다. 하지만 반드시 금리가 인상되거나 환율이 하락했다고 '주가가 하락한다'는 공식은 적용되지 않는다. 하나의 지표가 다른 요소들과 상호작용하면서 경기가 회복기인지 활황기인지, 아니면 후퇴기인지 침체기인지 등에 따라 투자심리와 어우러져 시장의 반응을 만들어낸다.

금융소비자는 경제와 주가에 영향을 미치는 다양한 경제지표를 보며 각각의 지표들이 주식시장에 미치는 일정한 패턴을 읽어내야 한다.

장기적인 금리상승이 주식시장에 더 좋다

경제지표 하면 제일 먼저 떠오르는 것이 금리다. 금리의 변동은 현재의 경제와 향후 경제를 전망하는 바로미터다. 예를 들어 금리가 인하되면 낮은 금리 때문에 은행은 돈을 시중에 풀어 유동성이 풍부해지고, 기업은 낮은 대출금리로 채산성이 좋아진다. 이후 개인은 저금리를 피해 다소 위험이 있더라도 주식 등 위험자산에 돈을 맡기게 되고, 그 자금은 다시 기업에 흘러 들어가 경제의 숨통을 트이게 한다.

2008년 발생한 금융위기 시 미국을 비롯해 전 세계 국가가 금융위기를 극복하고자 경쟁하듯이 기준금리를 내리고 시중에 유동성을 공급한 이유다. 이 때문에 금리인하는 단기적으로 주식시장에 긍정적인 영향을 준다. 하지만 금리인하는 금융위기나 경제위기와 같이 경제가 침체되었을 때 시중에 유동성을 공급하고자 사용하는 통화정책이므로 오래 지속하는 저금리는 주식시장에 바람직하지 않다.

주식이 가장 많이 상승할 때는 금리도 동반 상승할 때다. 금리가 상승한다는 것은 그만큼 기업이나 개인이 돈을 빌려가서 투자를 한다는 것이고, 경기가 회복기이거나 확장기이기 때문이다. 경기가 회복기이거나 확장기가 되면 기업은 상품이 잘 팔려 수익이 증가하고, 직원의 월급을 올려준다. 직원은 월급을 더 많이 받았으니 더 많이 소비하게 되고, 다시 기업의 수익은 더욱 증가하며 더 많은 곳에 설비투자를 하기 위해 은행에서 대출을 받게 된다.

결국 경기가 좋아질수록 금리도 오르고 주가도 오르게 된다. 그러고 나서 경기는 후퇴기·침체기로 접어들면서 다시 금리가 인하되고 주가도 떨어지는 등 순환한다.

환율하락이 마냥 나쁜 것만은 아니다

환율이 하락하면 수출가격의 상승으로 이어져 수출품목의 가격 경쟁력을 떨어트린다. 그러면 우리나라와 같은 수출주도형 산업구조에서는 우리가 만든 물건을 해외에서 비싸게 팔 수밖에 없기 때문에 기업수익의 악화를 초래하게 되고, 결국 환율에 민감한 수출주도형 기업의 주가는 하락한다.

반면에 환율의 하락은 수입품과 원자재 가격의 하락으로 이어져 금리인상과 물가상승을 억제시키는 효과가 있다. 또한 기업은 낮은 조달금리와 상대적인 원자재 가격의 하락으로 상품을 싸게 공급할 수 있게 된다. 때문에 소비자가 소비에 더 많은 돈을 지출하게 되므로 내수형 기업의 주가부터 상승하게 되고, 수출주도형 기업이라 하더라도 가격 경쟁력을 갖추는 한, 주가는 다시 상승한다.

경제 수준을 알아야 한다

투자의 대가 앙드레 코스톨라니는 "주인과 함께 산책을 나선 강아지는 주인과 앞서거니 뒤서거니 반복하면서 결국 집에 같이 도착한다"라고 했다. 이 '강아지 이론'에 의하면 경제와 주가는 일정 시간이 지나면 수렴하게 된다. 이때 강아지는 '주가지수'이고, 주인은 '경제'다.

이것은 어쩌면 너무나 당연한 이야기다. 경제가 주가보다 앞서 있으면 기업은 저평가되어 있다는 말이므로 주가는 오를 수밖에 없다. 반면에 주가가 경제보다 한참 앞서 있으면 주가는 경제 수준만큼 떨어진다. 주가지수보다 경기가 호황기인지 불황기인지가 중요하며, 기업들이 만드는 상품과 그 상품이 얼마나 소비되는지에 주목해야 한다. 기업의 가치는 공급하는 상품의 소비가 경기에 따라 달라지며, 주가도 기업의 가치에 따라 움직이기 때문이다.

따라서 현재 경기가 호황기인지 불황기인지 경기종합지수를 보며 전망할 필요가 있다(도표 3-3). 선행지수를 보면 후에 경기가 어떻게 변할지 알 수 있으며, 동행지수를 보면 현재 경기의 상태를 알 수 있다.

이제 금융소비자는 금융지식을 높여 서로 상호작용하는 금리, 환

도표 3-3 :: 경기종합지수 종류와 구성항목

구분	경기와의 시차	주요 구성지표
선행지수	보통 6~7개월	주가, BIS, 투자기계수주액, 수출신용장(L/C)내도액, 은행대출금 등 10개 지표
동행지수	현재 경기	노동투입량, 총산업생산지수, 제조업가동률지수, 도소매판매지수, 실질수출액, 실질수입액 등 10개 지표
후행지수	통상 3~10개월	재고지수, 비농가 실업률, 도시근로자수 등 그리 많이 쓰이지 않는 지표

율, 원자재, 국제수지, 물가 등의 경제지표와 경기선행·동행지수, 재고지수, 주택지수, 유동성지수, 투자심리지수 등의 경제지수를 점검하고 분석하는 종합적인 능력을 키워야 한다.

경기에 따라 매력적인 투자수단은 따로 있다

경제는 '침체기(겨울) → 회복기(봄) → 확장기(여름) → 쇠퇴기(가을)'의 사이클을 그리며 순환하는 자연이다. 지난 2000년 이후 경기 사이클은 6개월에 한 번씩 봄, 여름, 가을, 겨울로 변화했다. 다만 2008년 9월 리먼 브러더스 파산 이후 불어닥친 금융위기는 기나긴 경기침체라는 빙하기를 불러왔고, 심리적 회복기에 이르기까지 무려 2년 이상이 걸렸다.

도표 3-4 :: 산업단계별 매력적인 투자수단

산업사이클	정의	투자수단
경기회복	경기가 침체에서 회복하기 시작	경기민감주식, 상품, 위험자산
상승초기	소비자신뢰지수 개선, 경제성장률 상승	주식, 부동산
상승후기	성장률 최고치, 'Boom' 시기	채권, 금리민감주식
경기후퇴	경제성장률 하락, 이자율 하락	채권, 금리민감주식
경기침체	낮은 경제성장률, 정부는 성장을 자극하기 위해 확대 통화정책 실시	주식, 상품

〈도표 3-4〉에서 보듯 금융지식은 지금 경제가 호황기인지 아니면 불황기인지 끊임없이 확인하고 점검하면서 경기에 맞는 투자대상을 찾아 최고의 수익을 올리기 위해 꼭 필요한 지적 자산이다.

경기가 후퇴기나 침체기의 조짐이 있으면 위험자산인 주식과 주식형펀드의 투자는 잠시 미뤄두고, 실물자산인 부동산에 투자하는 것은 더더욱 보류해야 한다. 물론 안전자산이라 하는 금·달러·채권 등도 투자하기에는 위험이 수반된다. 반면에 회복기이거나 확장기이면 위험자산을 늘려가고, 서서히 확장기의 정점이라 할 때부터 현금 유동성을 갖춰 금·달러·채권 등 대안투자를 고려해야 한다.

세부적으로는 산업단계별로 다양하게 접근할 수 있다. 산업단계별로 매력적인 투자수단은 경기라는 자연에 따라 주식, 펀드, 채권, 예·적금, 부동산 등 어디에 투자하는 것이 효과적인지 보여준다. 그저 좋다고 하는 금융상품과 수익률만을 추종하며 투자한다면 실패할 수밖에 없다. 이는 유명한 경제 이론인 '시소의 법칙'이 가장 잘

설명해준다.

"한 시골 마을 놀이터의 사과나무 밑에 시소가 있다. 많은 아이들이 시소에 올라가 사과를 따고 싶어 한다. 시소는 아이들이 많이 몰리면서 기울어 내려가고, 아이들의 작은 키로는 사과를 딸 수 없다. 그때 한 아이가 시소의 반대편 높은 쪽으로 올라가 사과를 따낸다. 그 모습을 본 아이들이 이번엔 높은 쪽으로 몰려가지만 시소는 다시 땅바닥으로 곤두박질친다."

경기를 읽지 못하고 금융지식이 부족하면 시소의 높은 쪽으로만 움직이게 되어 투자에 실패할 수밖에 없으며, 항상 낮은 쪽에서 원금 회복만을 기다려야 한다.

금융지식은 경기에 따라 산업단계별로 매력적인 투자수단을 제공하며, 효과적인 기대수익을 가져다준다.

금리의 파급경로와
금리변동에 따른 투자전략

기준금리가 오르내리는 것에 따라 투자의 방향은 달라진다. 기준금리는 시장금리에 영향을 미치고 자산 가격, 환율, 기대심리 등을 자극해 최종적으로는 실물경제에 영향을 미치기 때문이다. 따라서 금융소비자는 한국은행 금융통화위원회에서 결정되는 기준금리가 어떻게 실물경제로까지 파급되는지 경로를 파악해 여기에 맞는 투자를 할 필요가 있다.

먼저 금리에 대해 알아보자. 대표적인 금리는 한국은행의 환매조건부채권RP: Repurchase Paper매매와 대기성 여수신(자금조정 대출·예금)금리를 산정하는 기준으로 활용하는 기준금리다. 이에 따라 기준금리의 변동은 은행들이 단기적으로 부족한 유동성을 채우기 위해 은행끼리 주고받을 때 적용하는 콜금리를 비롯해 예금금리·대출금리 등모든 금리에 영향을 미치고, 실물경제에도 중요하게 작용한다.

예를 들어 〈도표 3-5〉에서 보듯 한국은행이 정책금리인 기준금리를 상향 조정하면 이론적으로 익일물 시장금리인 콜금리가 오르고, 단기시장금리와 장기시장금리 및 은행 여수신금리도 순차적으로 상승해 기업투자와 가계소비는 줄어든다. 이는 총생산의 감소 및 물가하락으로 이어지는 과정을 거친다. 하지만 실제로는 이러한 과정으로 움직이지 않는 것이 현실이다.

먼저 한국은행이 기준금리를 올리면 한국은행이 거의 완벽히 통제할 수 있는 콜금리와 양도성예금증서CDs: Certificate of Deposits 금리, 기업어음CPs: Commercial Papers 금리와 같이 대체로 만기가 90일 이내인 단기시장금리는 즉각 오른다. 하지만 장기시장금리와 은행 여수신금리는 반드시 단기시장금리와 같은 방향으로 움직이지는 않는다.

국고채·회사채 등 만기 1년 이상 장기채권의 금리는 금융시장이 앞으로의 경기 상황이나 인플레이션을 어떻게 예측하느냐, 장기간의 채권보유에 따르는 리스크를 보전하기 위한 유동성 프리미엄을 어느 정도 요구하느냐에 따라 다르게 움직일 수 있다. 즉 단기시장금리는 기준금리에 즉각 반응하나, 장기시장금리는 기준금리가 상향 조정되어도 향후의 경기가 나빠지고 인플레이션 압력이 커질 것

도표 3-5 :: 통화정책 운영체계의 파급경로

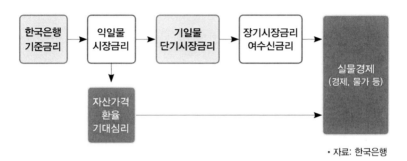

• 자료: 한국은행

으로 예측되면 내려갈 수 있다.

　반대로 보면 기준금리가 상향 조정되었음에도 불구하고 향후 경제가 더욱 성장하고 인플레이션 정도는 완화될 것이라고 보면 장기 시장금리는 오르게 된다. 이 외에 예금금리와 대출금리도 순차적으로 반응하는데, 통상적으로 금리가 상향 조정될 때는 예금금리가 대출금리보다 덜 오르고, 하향 조정될 때는 예금금리가 대출금리보다 더 내려간다고 보면 된다. 이는 여수신금리를 금융기관 위주로 운용하기 때문에 발생하는 결과다.

　한편 자산시장에도 영향을 끼쳐 기준금리의 상향 조정은 이론적으로 주식, 부동산 등 자산가격의 하락을 가져오고, 원화의 가치를 높여 환율하락도 발생한다. 물론 실제로는 기준금리의 상향 조정이 반드시 자산가격의 하락으로 이어지지는 않는다.

　경기가 회복 또는 성장하는 가운데 기준금리의 상향 조정은 오히려 투자자들의 기대심리를 높이고, 주변국들과의 금리차가 커져 국내시장으로 해외자금이 많이 들어오면서 주식시장과 부동산시장의 활성화를 위한 신호가 되면 추가적인 환율하락을 야기할 수 있다. 다만 환율은 주변국과 금리차에 의해 상승하거나 하락하기보다는 경제 상태, 인플레이션 압력 또는 지정학적 요인 및 국제 금융시장의 변동에 따라 더 영향을 받는다.

그러므로 금융소비자는 금리의 변동에 따라 돈이 어디로 흐르는지 파악하고, 가계대출과 이자 등을 점검해 자산의 안정성을 기해야 한다. 그리고 계획적인 지출과 지출 규모에 맞게 저축과 투자를 고려한 금리형상품과 금융투자상품을 선택할 필요가 있다.

금리상승기,
이렇게 대응하라

고금리대출부터 상환한다

기준금리가 1%p 오르면 대출금리는 최소 2% 이상 오른다. 신용도에 따라 가산금리까지 감안하면 빚이 많은 가정은 눈뜨고 코 베일 형편이다. 대출부터 상환하고 저축을 해야 한다. 특히 마이너스통장이 있다면 제1순위 저축은 마이너스통장의 청산이다.

대출 갈아타기를 고려한다

금리상승기에는 변동금리대출보다 고정금리대출이 유리하다. 상승 초기에 변동금리대출이 있으면 고정금리대출로 갈아타는 지혜가 필요하다. 다만 금리가 급격하게 상승하는 경우는 드물기 때문에 3년을 기준으로 단기대출금리과 장기대출금리의 금리차와 갈아타기 비용 등 제반 요소를 비교해 검토한다. 주택담보대출은 대출 갈아타기에서 발생하는 중도상환수수료, 근저당설정료 등 추가비용과 금리상승에 따른 이자 증가분을 비교해 갈아타기 여부를 검토한다. 마이너스대출은 전액 상환하는 게 원칙이나 그렇지 못할 때는 계약 갱신을 할 때마다 고정금리와 변동금리 중 유리한 쪽을 선택한다.

대출이자 부담 경감법을 찾아 실천한다

주거래은행을 장기간 이용한 고객은 기존에 대출받았던 금리에서 담당자의 재량에 따라 금리인하를 받을 수 있다. 다만 은행마다 기준이 있으므로 해당 은행 담당자와 금리인하 요청 상담을 해야 한다.

은행별로 다자녀 고객일 경우, 대출 기간을 조정할 경우, 주택청약종합저축에 가입할 경우, 인터넷뱅킹을 신청할 경우 등과 같이 특별사항에 해당되면 추가 혜택방법이 있고, 신용등급의 변동에 따라 금리인하 요인이 있을 수 있으므로 대출을 받은 뒤 6개월에 한 번 정도는 은행을 방문해 금리인하를 위한 권리를 발휘할 필요가 있다.

빚이 있으면 '4-4-2 전법'을, 빚이 없으면 '4-6 전법'을 구사한다

빚이 있으면 소득의 40%는 빚을 갚고, 40%는 현재 생활을 위해 지출을 하고, 20%는 미래에 대비하는 저축을 한다. 빚만 갚고 있다가 실직·사고 등에 의해 수입이 발생하지 않으면 대출이자의 연체에 따른 부채의 일시 상환요구가 있을 수 있다. 또한 수입이 없으면 담보가 있더라도 금리가 높은 제2금융권을 이용할 수밖에 없는 악순환이 발생한다. 어떠한 상황이 발생하더라도 미래를 대비한 20%의 저축은 다시 수입이 발생할 때까지 든든한 버팀목이 되어준다. 또한 금리상승기에는 미래를 대비하는 저축이 이자상환에 따른 가계의 불확실성을 막아줄 수 있다.

반면에 빚이 없으면 소득의 40%는 현재 생활을 위해 소비하고, 60%는 미래를 위해 투자한다. 빚이 없으면 미래에 대한 투자를 더욱 철저히 할 수 있고, 주택확장이나 은퇴 후 창업 등 노후대비도 할 수 있다. 또한 자녀의 질 높은 교육과 해외여행 등 현재의 삶을 풍요롭게 누릴 수 있다. 현재의 생활에 40%만 쓰고 나머지는 은행, 증권회사, 보험회사 등 다양한 금융상품에 투자해 지금보다 1~2%라도 높은 수익을 올려야 한다.

정기예금 등 장기상품은 짧게 한다

추가적인 금리상승이 예상되는 시점에는 단기 상품으로 운용한 후 금리가 어느 정도 오른 시점에 정기 예·적금으로 갈아타야 한다. 단기 상품으로는 약정된 기간에 복리이자를 주는 회전식예금이나, 회전 기간마다 이자를 높여주는 계단식예금, 또는 저축은행의 표지어음, 증권사의 CMA 등이 있다. 다만 이들 단기 상품은 일반 정기예금보다는 가입시점의 금리가 낮으므로 특판예금, 공동예금 등 상대적으로 고금리상품이 나오면 언제든지 갈아타거나, 금리가 어느 정도 오른 시점에 정기 예·적금으로 바꿀 필요가 있다.

또한 비상예비자금 등 여유자금을 계속 CMA로 운용하고자 한다면 MMW형 CMA나 RP형 CMA가 금리상승기에 유리하므로 MMF형 CMA나 MMW형 CMA, RP형 CMA로 전환할 필요가 있다.

금리에 강한 상품에 투자한다

금리가 오른다고 해서 무턱대고 아무 금융상품에나 투자해서는 안 된다. 금리에 강한 상품은 CD연동금리부예금, 물가연동국고채, 주가연계예금ELD, 은행·증권·보험과 금융주, 금융주펀드 등 다양하다.

물가연동국고채는 소비자물가가 올라가는 만큼 이자를 더 지급받을 수 있는 구조의 채권상품이다. 금리가 올라 채권가격이 떨어지더라도 이자율이 소비자물가지수에 연계되어 있으므로 물가가 인상된 만큼 원금을 보전해주고, 표면이자율에 따라 고정이자를 추가로 지급하는 안전자산이기 때문에 매력 있는 상품이다.

금리하락기,
이렇게 대응하라

기대수익을 낮춘다

금리하락기나 안정기에는 큰 수익률을 내기 어려운 만큼 목표 수익률을 낮게 가져야 한다. 원금보전에 중점을 둘 건지, 수익에 더 비중을 둘 것인지 먼저 선택한 뒤 그에 맞는 상품을 선택해야 한다.

대출만기가 돌아오면 변동금리로 갈아탄다

저금리가 확실해지기 전까지는 단기대출로 운영하고 저금리가 확실해지면 장기대출로 전환한다. 대출 갈아타기는 고정금리부 대출과 변동금리부 대출의 금리차에 의한 이익과 갈아타기 비용 여부를 파악해서 큰 차이가 날 경우에는 변동금리로 선택한다.

잔존기간이 얼마 남지 않은 고정금리 주택담보대출 등 대출은 CD변동금리나 신규취급액 기준 코픽스 주택담보대출로 바꾸는 것을 고려한다. 다만 대출 잔존액을 놓고 고정금리와 변동금리를 적용해 비교해보고, 중도상환 수수료 등의 비용부담도 감안하는 지혜가 필요하다.

적합한 금융상품에 투자한다

금리가 하락하면 예금의 경우 금리가 계속 내려간다는 가정하에 확정금리를 주는 1년 이상의 장기 상품으로 가입하고, RP형 CMA와 MMW형 CMA는 MMF형 CMA나 MMF로 전환한다. 펀드의 경우에는 채권가격 상승을 기대하며 채권형펀드에 투자한다. 다만 금리의 하락세가 둔화되면 채권 투자수익을 관리할 시점이 되므로 서서히 혼합형펀드로 갈아타거나 주식형펀드로 갈아타는 것이 좋다.

외환투자를 고려한다

금리하락기에는 일반적으로 환율이 올라 환차익을 볼 가망성이 크다. 따라서 외환투자를 고려해야 할 필요가 있다. 외화로 투자할 수 있는 금융상품으로는 외화표시채권과 달러보험, 역외펀드, 외화예금 등 다양하게 있으므로 투자성향과 투자목적, 투자기간 등에 따라 투자한다.

환율하락기,
이렇게 대응하라

환율은 원화와 달러, 엔, 유로 등 외국통화의 교환비율로서 외국 화폐와 비교한 우리 화폐의 가치를 나타낸다. 환율은 기본적으로 외환시장에서 외환에 대한 수요와 공급에 의해 결정되나 물가상승률, 금리차, 정치·사회의 안정 여부 등 복합적인 요인에 의해서도 영향을 받는다. 그렇다 보니 주가만 '신의 영역'이 아니라 환율도 '신의 영역'이라 불릴 만하다.

북한의 도발, 영국의 유럽연합 탈퇴Brexit 등 국내외 위기가 발생하면 원/달러 환율이 급격하게 오르고, 미·중 무역협상 타결 등 국제 금융환경이 완화되면 급격하게 올랐던 원/달러 환율이 제자리를 찾는 등 외환전문가조차도 환율을 정확히 맞추기 어렵다. 다만 갑작스러운 금융 쇼크가 없으면 어느 정도 추이만 짐작할 뿐이다. 금융소비자도 이렇게 예측하기 어려운 환율을 감안할 때 단지 '환율상승기' 또는 '환율하락기'라는 추세만을 가늠해 '환테크'를 해야 하는 어려움이 있다.

외화예금은 기다린다

환율이 계속 하락하면 보유하고 있는 달러 예금은 조금씩 팔고, 나중에 환율이 많이 떨어졌을 때 다시 조금씩 사는 전략을 펴야 한다. 다만 팔 때는 환율하락폭과 거래 시 발생하는 약 1% 내외의 환전수수료를 비교해 환전수수료와 별 차이가 없으면 보유하는 것도 좋은 방법이다. 이에 따라 환율하락기의 외화예금은 투자보다는 환율상승기까지 장기간 기다리며 위험자산을 헤지hedge하는 수단으로 활용할 필요가 있다.

달러의 가치와 반대로 가는 투자대상을 주목한다

환율과 반대로 가는 것의 대표적인 예로 금을 들 수 있다. 국제 금값의 결제수단은 달러이므로, 원/달러 환율이 하락하면 금값은 오르는 경우가 많다. 다만 서브프라임발 금융위기 이후 금이 안전자산으로 더욱 부각되면서 환율과 금값의 반비례 관계는 희박해지기도 했다. 따라서 금에 투자하고자 한다면 대안투자로서 위험자산의 10% 내외가 적당하다. 그 밖의 예로 역외펀드를 들 수 있다. 역외펀드란 '조세회피지역에서 만들어 국내에 판매하는 뮤츄얼펀드'로 달러나 유로로 투자한다. 따라서 환율하락기의 역외펀드 투자는 감내할 정도의 환차손을 감수하면서 환율과 반대로 움직이는 주식에 투자하고, 만약의 경우 국지적인 분쟁이나 금융위기에 대비해 환차익도 고려해야 한다. 즉 하락하는 환율에 약간의 손실을 줄이겠다고 선물환계약(환차손 헤지·계약 종료시점의 환율을 미리 정하는 계약)을 미리 체결하기보다는 환차손을 감내하고 주가상승을 기대할 필요가 있다. 선물환계

98

약은 환율변동이 크면 큰 손실이 발생하기 때문이다. 이 외에 주식의 경우는 원화가치가 높아지므로 여행주, 해운주, 항공주, 정유주, 유통주 등을 수혜주로 꼽을 수 있다.

유학생 자녀가 있다면 천천히 송금하는 것이 유리하다

환율하락기의 가장 기본적인 행동수칙은 필요한 상대국 외화를 가능한 늦게 사는 것이다. 특히 유학생 자녀나 가족이 해외에 있으면 최대한 천천히 송금을 하는 것이 유리하다.

다만 언제 환율이 대내외적인 요인으로 인해 갑자기 오를지도 모르므로 하락세가 주춤할 때마다 나눠서 송금해 환율하락에 따른 손해를 줄이는 지혜도 필요하다.

해외여행의 경우 신용카드로 결제한다

해외여행을 준비하거나 다녀왔을 경우에도 대처해야 할 방법이 있다. 만약 해외여행을 준비 중이라면 가능한 천천히 달러화로 바꿔놓는 것이 좋다. 반대로 해외여행을 마치고 남은 외화가 있으면 가급적 천천히 원화로 바꾸는 것이 유리하다.

여행 기간 중 현지에서 물건을 산다면 되도록 신용카드로 결제하는 것이 유리하다. 통상 해외에서 신용카드로 상품이나 서비스를 구입하면 카드사는 현지 가맹점에 달러로 우선 결제한 후 국내은행에 달러 결제를 요구하므로 한 달에서 두 달 뒤에 결제한다.

남아 있는 외화는 환전하기보다는 외화예금이나 외화 수시입출금식예금MMDA에 넣어둔다.

환율상승기,
이렇게 대응하라

반면에 환율상승기의 재테크는 환율하락기와 반대로 하면 된다. 즉 외화예금은 최대한 빠르게 준비하면 환차익을 볼 가능성이 커지고, 외화송금도 최대한 빨리할수록 좋다. 또한 해외여행 시에는 카드보다 현금을 사용하는 것이 유리하다. 다만 외환 투자를 할 때는 반드시 물가를 감안해 인플레이션 대상에 투자해야 한다. 환율상승 시에는 물가상승 효과가 뚜렷이 나타나지만, 환율하락 시에는 그 효과가 뚜렷하지 않기 때문이다. 또한 내수주보다 수출주가 부각되고, 역외펀드는 환차익을 볼 수 있으므로 주가 상황을 보며 최대한 환매를 늦출 필요가 있다.

빚도 지출이다,
부채를 줄이자

우리나라 가정의 부채는 대부분 주택담보대출로 발생하고, 크기의 차이만 있을 뿐 부채로 인해 40대 중반까지는 빚을 갚는 데 가계의 온 힘을 쏟는 것이 현실이다. 결혼을 하고 집을 사면서부터 부채상환에 시달리는 것이 우리나라 가정의 재무 구조다. 그렇다 보니 많은 가정이 부채를 상환하는 것이 좋은지 아니면 저축부터 하는 것이 좋은지 판단이 서지 않는다.

일반적으로 가정의 부채는 자동차할부금 등의 '소비성 부채'와 주택담보대출 등의 '비소비성 부채'로 나눌 수 있다. 가계를 안정적으로 꾸려 가려면 소비성 부채는 월 상환액을 소득의 20% 이내로 유지해야 하며, 비소비성 부채는 월 소득의 30% 이내로 유지해야 한다. 어떠한 경우가 있어도 모든 부채의 월 상환액이 소득의 40%를 넘으면 가계를 안정적으로 꾸려 갈 수 없다.

특히 주택담보대출과 소비성 부채를 합해 그 비중이 자산의 60%가 넘으면 부채를 갚는 만큼 주택의 자산가치가 늘어난다는 확신하에 무조건 부채를 갚는 데 힘써야 한다. 즉 투자나 저축은 보류해야 하고 빚 청산에 주력해야 한다.

반면에 부채가 자산의 60% 미만이고 월 상환액이 소득의 40%를 넘지 않으면 부채만 갚다가는 유동성 부족으로 인해 획기적으로 자산을 늘릴 투자기회를 잃을 수도 있으므로 부채상환과 투자, 저축을 병행해야 한다.

나쁜 부채는 무조건 상환한다

부채는 먼저 나쁜 부채부터 골라낸 다음 그것부터 줄여야 한다. 나쁜 부채란 빚의 원인인 신용카드 연체를 막기 위해 얻는 부채, 자동차나 고가품 소비재 구입을 위해 얻어 쓴 부채, 금리가 높은 부채, 주식투자 등 변동성이 큰 곳에 투자하기 위해 사용한 부채 등이다. 이러한 부채는 가계의 구조조정을 통해 마이너스대출이 있으면 마이너스통장부터 없애도록 하고, 금리가 높은 단기 대출이 있으면 금리가 낮은 주택담보대출을 이용해서라도 장기 대출로 바꿔야 한다.

대출로 한 주식투자가 손실을 보고 있는데도 막연하게 기다리고 있다면 손절매를 해서라도 부채를 줄여야 한다.

저축보다 빚 상환이 우선이다

많은 가정이 주택 구입에 따른 부채를 떠안은 상태에서 별도로 저축을 하고 있다. 보통 예금금리가 대출금리보다 낮으므로 이는 이중으로 손해를 보는 처사다. 그렇다고 여유자금을 전혀 모으지 않고 부채상환에만 힘쓰는 것도 현실적으로 무리다. 대출이자가 낮으면 부채상환 시점에 맞춰 꾸준히 갚으면서 따로 저축하고, 반대로 대출이자가 높으면 부채상환 기간과 상관없이 최우선적으로 부채를 청산한 후 저축을 해야 한다.

특히 이자가 높은 마이너스통장을 유지하면서 매월 적금을 붓는 것은 분명한 손해다. 10% 대출이자에 잔액이 600만 원인 마이너스통장을 보유한 두 사람이 편의상 5%의 비과세 적금에 가입했다고 가정해보자. A씨는 마이너스통장을 유치한 채 5% 이자를 주는 월 100만 원짜리 비과세 적금에 1년간 가입한 반면, B씨는 마이너스통장에 월 100만 원씩 6개월간 납입해 빚을 없앤 후 나머지 6개월간 5% 이자를 주는 100만 원짜리 비과세 적금에 가입했다.

결과는 어떻게 되었을까? A씨는 600만 원에 대한 대출이자를 60만 원 내고, 적금의 이자수익으로 32만 5천 원을 받아서 연간 총 27만 5천 원을 이자로 낸 것과 같다. 반면에 B씨는 6개월 동안 대출이자로 17만 5천 원을 내고 나머지 6개월간 이자수익으로 8만 7,500원을 얻었으므로 연간 이자비용은 8만 7,500원에 불과하다.

따라서 1년 후 A씨는 B씨보다 이자를 18만 7,500원이나 더 내고도 빚을 청산하지 못한 셈이 된다.

이와 같이 대출이자가 높은 부채를 안고 가면서도 낮은 이자를 주는 적금에 가입하는 것은 어리석은 일이다. 일단 빚부터 갚는 데 주력해야 한다. 그리고 나서 저축이나 투자를 한다.

빚테크도 고려한다

5년 기한으로 주택담보대출이 1억 원 있고, 대출금리가 연 6.4%일 때 원리금 균등상환으로 빚을 상환해야 한다고 가정해보자. 이럴 경우 먼저 대출기한을 장기로 해 이자부담을 줄이는 것이 우선이나, 여의치 않다면 부채상환 방식을 바꿔야 한다. 원리금 균등상환으로 부채를 상환하려면 5년간 매달 195만 1,934원씩 갚아나가야 한다. 하지만 만기 일시상환으로 바꾸면 매월 53만 3,333원만 이자로 내면 되고, 나머지 141만 8,601원은 보다 수익이 높은 곳에 투자할 수 있다.

이 돈을 매달 적립식펀드에 불입하고 매년 수익률 10%를 달성한다면 5년 후에는 부채를 다 상환하고도 1,432만 1,252원이 남게 된다. 이는 부채상환 기간을 60개월에서 52개월로 단축하는 결과를 가져오며, 원리금도 14% 이상 줄일 수 있는 효과가 있다. 물론 이 방법은 손실을 볼 수도 있으므로 참고만 해야 하며, 확신이 있기 전에는 투자를 하지 않는 것이 좋다.

이사를 고려한다

부채상환 방식이 아닌 거주와 투자의 목적으로 무리하게 주택을 구입했으나, 소득이나 자산 규모에 맞지 않게 무리한 대출을 받아 가계가 쪼들리고 빚이 늘어난다면 주택 규모를 줄여서라도 부채의 규모를 줄여야 한다.

하지만 가장 좋은 방법은 같은 지역에서 주택의 규모를 줄이거나, 보다 싼 지역으로 이사를 해 부채를 줄여 가계를 안정시키고, 다시 저축을 해서 주택을 확장하는 것이다. 이 외에도 수많은 부채상환 방법이 있을 수 있으나, 가장 중요한 것은 부채상환 계획을 세우고 쉬운 것부터 실천에 옮기는 것이다.

마이너스통장 대출의 진실과 청산계획

시중은행에서 주택담보대출이나 신용대출로 대출을 받고자 하면 은행에서는 마이너스통장 대출을 권한다. 대출수요자의 입장에서 돈은 언제든지 갚을 수 있을 것 같고, 만약의 상황을 대비해 마이너스 한도가 위안이 되어 솔깃할 수밖에 없다. 하지만 마이너스통장 대출이 대출수요자를 위해 권해지기보다는 시중은행의 장삿속에 의해 권해지고 있다는 사실을 알면 크게 실망하게 된다.

시중은행의 마이너스통장의 금리는 실제 은행이 발표하는 금리보다 훨씬 높은 수준이다. 금융소비자는 대출을 받을 때 마이너스통장

도표 3-6 :: 마이너스통장 사용에 따른 이자액 추이

(단위: 원)

구분	사용금액	이자	사용금액	이자
1개월	5,000,000	41,667	7,500,000	62,500
2개월	5,041,667	42,014	7,562,500	63,021
3개월	5,083,681	42,364	7,625,521	63,546
4개월	5,126,045	42,717	7,689,067	64,076
5개월	5,168,762	43,073	7,753,142	64,610
6개월	5,211,835	43,432	7,817,752	65,148
7개월	5,255,267	43,794	7,882,900	65,691
8개월	5,299,060	44,159	7,948,591	66,238
9개월	5,343,219	44,527	8,014,829	66,790
10개월	5,387,746	44,898	8,081,619	67,347
11개월	5,432,644	45,272	8,148,966	67,908
12개월	5,477,916	45,649	8,216,874	68,474
24개월	6,051,525	50,429	9,077,288	75,644
36개월	6,685,199	55,710	10,027,799	83,565
48개월	7,385,227	61,554	-	-
60개월	8,158,557	67,988	-	-
72개월	9,012,864	75,107	-	-
84개월	9,956,629	82,972	-	-
85개월	10,039,601	83,663	-	-

대출을 받기보다는 신용대출을 받도록 하고, 기존 마이너스통장 대출자는 마이너스통장이 복리이자임을 깨닫고 1순위로 청산해야 한다. 예를 들어 〈도표 3-6〉에서 보듯 연리 10%, 1천만 원 한도의 마이너스통장을 만들자마자 500만 원을 쓰고 한도가 남아 방치하고

있다고 가정해보자.

이자는 첫째 달에 4만 1,667원이 나가나 둘째 달에는 첫째 달의 이자가 대출금에 더해져 4만 2,014원이 지출된다. 이렇게 이자에 이자가 복리로 붙어 결국 12개월 차에는 원금은 547만 7,916원으로 불어나고, 이자는 처음 4만 1,667원에서 4만 5,649원까지 늘어난다. 결국 500만 원이라는 빚이 대출한도인 1천만 원까지 도달하는 데 7년밖에 걸리지 않는다. 만약 이자가 12%라고 하면 5년 10개월이면 대출한도인 1천만 원을 초과한다. 단 2%의 차이가 복리로 움직여 1천만 원 한도를 1년 2개월이나 단축한다.

또한 연리 10%, 1천만 원 한도의 마이너스통장을 만들자마자 750만 원을 쓰고 방치하면 정확히 3년 만에 1천만 원 한도가 다 차서 그다음 달부터는 연체를 걱정해야 한다. 연리 12%이면 2년 5개월 만에 1천만 원 한도에 다다른다.

빚이 있으면 금리가 높은 대출부터 갚아야 한다. 신용대출보다 가산금리가 높고 시중금리에 즉시 반응하는 마이너스통장 대출이 이에 해당한다. 개인의 신용도에 따라 대출금리가 5% 또는 10%일 수도 있다. 마이너스통장 대출이 있는데 저축이나 투자를 한다면 대출금리보다는 마이너스통장 대출의 청산이 복리의 수익을 주는 투자라고 여길 필요가 있다. 다만 비상 예비자금이 없다면 갑자기 목돈이 들어갈 때를 대비해 바로 청산하기보다는 일정액의 비상 예비자금을 만들 때까지 유지하면서 청산 계획을 세운다.

기간별·위험별·유형별
금융상품 투자지도

금융상품은 단기·중기·장기 등 투자목표 기간에 따라 목돈 모으기·목돈 굴리기 등 투자목적에 적합한 상품이 있고, 안전자산과 위험자산 등 투자성향에 따라 금리·환율·절세·원본 손실 여부 등에 효과적인 상품이 있다. 또한 투자기간에 따라 고위험·중위험·저위험 등 다양한 상품이 있으므로 투자성향, 투자목적, 투자기간 등을 고려해 고르면 된다.

도표 3-7 :: 투자기간과 위험도에 따른 금융상품 지도

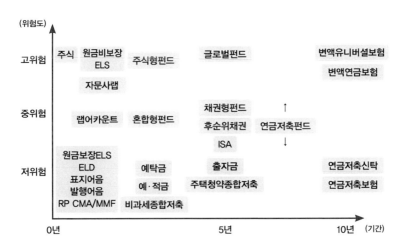

도표 3-8 :: 대표적인 투자유형별 금융상품

안전자산

금리	비과세	수시입출식	소득·세액공제	원금보장
은행예·적금 고정금리부채권 물가연동채권 후순위채권 금융채 회전식예금 표지어음 발행어음 CMA MMF RP 주택청약종합저축 연금저축신탁	출자금 정기예탁금 연금저축신탁·보험 저축성보험 개인연금보험 비과세종합저축 ISA	MMF CMA MMDA RP 수시입출식 예·적금	연금저축 신탁·보험 주택청약종합저축	예·적금 ELB ELD ELS DLS

위험자산

환율	금융투자	비과세	소득·세액공제
외화예금 골드바 금통장 금펀드 원재자펀드 역외펀드	주식 채권 펀드 ELS DLS	연금저축펀드 변액유니버셜보험 변액연금보험 국내펀드 ISA	연금저축펀드

의학의 발달로 인해 평균수명은 점차 늘어나고 있고, 100세 시대를 맞이해 은퇴 이후의 살아갈 기간은 30~40년에 달한다. 이제 취업 후 생활 기간과 은퇴 후 생활 기간은 거의 동일하다고 볼 수 있다. 통상 30대 중·후반부터 서서히 은퇴 준비를 한다고 볼 때 은퇴 준비 기간은 생각보다 길지 않다. 짧은 경제활동 기간 동안 막연하게 노후를 준비해서는 답이 없다.

자신의 노후자금이 얼마인지 알고 정해진 소득에서 매달 차곡차곡 저축해 풍족한 노후를 대비하는 방법과 한곳에 쏠린 자산을 균형 있게 만드는 노후설계가 필요하다. 금융소비자는 매달 안정적인 소득이 있고 건강할 때 질병을 대비할 필요가 있으며, 자녀의 교육자금을 미리 준비해야 한다. 또한 국민연금·퇴직연금·개인연금의 수령 방법을 노후 라이프사이클에 맞춰 삼층 보장해 현금 유동성을 갖춰야 하며, 예금·주식·펀드 등의 금융자산을 충분히 준비해야 한다.

4장

FINANCE

연금으로
안정적인
노후를
준비하라

노후자금을 어느 정도
만들어야 하나?

누구나 행복하고 풍족한 노후를 꿈꾼다. 지금 열심히 일하는 것도 어쩌면 풍족한 노후를 준비하기 위해서인지 모른다. 그렇다면 과연 노후자금이 얼마나 되어야 노후를 편안하게 보낼 수 있을까?

대부분의 사람들은 막연히 '노후자금이야 많으면 많을수록 좋지'라는 식으로 생각할 뿐 노후자금을 마련하기 위해 계획을 세우고 실천하는 사람은 거의 없다. 물론 돈이야 많을수록 좋고, 막연하게나마 능력이 되는 만큼 돈을 모으는 것도 한 방법이지만 계획 없이 돈을 모으기는 쉽지 않다. 20년 이상 제2의 인생을 살기 위해서는 어느 정도의 돈을 마련해야 하는지 알 필요가 있다.

은퇴 후 필요한 노후 생활비는 보통 은퇴 전 소득의 60~70%를 기준으로 한다. 이는 은퇴 전의 생활을 은퇴 후에도 비슷하게 유지할 수 있는 최소한의 수준이다. 이렇게 막연한 기준은 은퇴에 바로 직면한 사람에게는 유용할지 모르겠으나, 문제는 은퇴까지 수십 년 남은 20~40대에게는 너무 막연한 기준이라는 것이다.

이에 따라 막연하게 노후자금을 계획하고 실천하기보다는 검증되고 스스로 자가진단 할 수 있는 계산법이 필요하다. 글로벌 투자기관 JP모건의 '행복한 은퇴' 공식은 세대와 상관없이 얼마의 돈이 있어야 현재의 삶을 유지하면서 풍족한 노후의 삶을 보낼 수 있는지 알 수 있어 유용한 계산법이다.

행복한 은퇴 공식＝CI×[55−(A÷3)−(RA÷7)]＝노후자금

CI: 현재 연봉   A: 현재 나이   RA: 예상 은퇴 나이

예를 들어 연봉 4천만 원을 받고 부인과 두 자녀를 부양하는 35세 가장 A씨가 60세에 은퇴한다고 가정하자. 이럴 경우 A씨 부부가 은퇴 후 필요한 자금을 행복한 은퇴 공식에 의해 '4천만 원×[55−(35세 ÷3)−(60세÷7)]'로 계산하면 약 13억 9,048만 원이 필요하다. 다만 이 돈은 25년 후의 노후자금이므로 물가상승률 3%를 감안해 현재의 가치로 다시 계산하면 약 6억 6,410만 원이 된다.

• 미래가치를 구하는 일반식

$$FV = P \times (1+r)^t$$

FV: 미래가치   P: 현재가치   r: 이자율   t: 기간

• 현재가치를 구하는 일반식

$$P = PV = \frac{FV}{(1+r)^t} = FV \times \frac{1}{(1+r^t)}$$

PV: 현재가치   FV: t기간 후 미래가치   r: 할인율   t: 기간연수

A씨 부부는 현재 6억 6,410만 원이 있고 매년 물가상승률 정도의 수익으로 돈을 운용하면 은퇴 후에도 지금과 같은 생활수준을 유지하며 살 수 있다. 하지만 6억 6,410만 원에는 두 자녀의 몫이 있으므로 부부만이 노후의 삶을 함께 살아가는 금액으로 수정해야 한다.

따라서 A씨 부부의 두 자녀의 몫이 현재 연봉의 30%를 차지한다고 가정하면 자녀의 몫 1,200만 원을 제외하고 '약 9억 7,333만 원[=2,800만 원×{55-(35세÷3)-(60세÷7)}]'이 된다. 여기에 물가상승률 3%를 감안하면 현재의 돈으로 약 4억 6,487만 원의 가치다. 이는 A씨 부부가 지금 4억 6,487만 원이 있으면 매년 물가상승률 정도의 수익률만 올려도 25년 후에 현재의 삶을 그대로 누리고 살 수 있다는 것을 의미한다.

그러면 현재의 돈 4억 6,487만 원으로 넉넉한 노후의 삶을 살 수 있을지 다음의 예를 통해 살펴볼 필요가 있다.

B씨는 현재 60세로 막 은퇴했고, 노후자금으로 4억 6,487만 원을 마련했다고 가정하자. 매년 물가상승률과 투자수익률은 각각 3%와 6%다. 이러한 경우 B씨 부부는 매월 200만 원씩 생활비로 쓸 경우 27년 후인 87세에는 마이너스로 접어들게 된다. 반면에 월 300만 원을 쓸 경우에는 14년 후인 74세에는 돈이 없어 경제적인

도표 4-1 :: 노후자금 시뮬레이션

(단위: 만 원)

구분	월 200만 원		월 300만 원	
	원금	이자	원금	이자
60세	44,087	2,645	42,887	2,573
61세	44,260	2,656	41,752	2,505
62세	44,370	2,662	40,438	2,426
63세	44,409	2,665	38,931	2,336
64세	44,373	2,662	37,215	2,233
65세	44,253	2,665	35,274	2,116
70세	42,126	2,528	21,563	1,294
74세	38,015	2,281	4,472	268
75세	36,557	2,193	-	-
80세	25,949	1,557	-	-
85세	8,093	486	-	-
86세	3,403	204	-	-

• 물가상승률 3%, 투자수익률 6%, 연 생활비 제외

고통을 받을 수밖에 없다.

남성의 기대수명은 79.5세이고, 여성은 85.6세(세계보건가구 2016년 생 기준)이며, 대부분의 가정이 노후생활비로 200만 원을 선호한다는 점에서 JP모건의 행복한 은퇴 공식은 대체로 현실에 부합한다. 지금 당장 자신과 가정의 노후자금을 계산해보자. 그리고 그 자금을 만들 수 있는 계획을 수립하고 실천해야 한다.

다시 A씨의 사례로 돌아가보자. 35세의 A씨는 25년 후인 60세에 약 9억 7,333만 원의 자금이 있어야 두 자녀를 제외하고 부부가 현재

도표 4-2 :: 매월 저축을 통한 노후자금 만들기

(단위: 만 원)

구분	매월 229만 원 (3% 수익)	매월 151만 원 (6% 수익)	매월 113만 원 (8% 수익)
36세	2,830	1,921	1,464
37세	5,746	3,957	3,046
38세	8,749	6,115	4,754
39세	11,842	8,402	6,599
40세	15,027	10,827	8,592
45세	32,448	25,317	21,215
50세	52,643	44,707	39,764
55세	76,055	70,655	67,017
59세	97,442	97,602	97,776

• 목돈 모으기와 목돈 굴리기, 동일 수익률 적용
• 적립된 돈은 매년 복리로 수익 적용

와 같은 삶을 살 수 있다. 이는 투자수익률이 3%일 때는 매년 229만 원을 저축해야 만들 수 있는 자금이고, 6%와 8%일 때는 각각 151만 원과 113만 원씩 매월 저축해야 가능한 금액이다.

한정된 수입으로 자녀를 교육시키고 생활비를 지출하면서 노후를 준비하는 것은 매우 어렵다. 여기에 매년 8%의 수익률을 올리기는 매우 어려운 일이고, 만약 8%씩 달성했다 가정하더라도 매월 월급의 3분의 1을 노후자금에 투자하기란 쉽지 않다.

금융소비자는 발상의 전환을 해야 한다. 먼저 자신의 수입에 따라 필요한 노후자금이 얼마인지 파악하고 달성할 계획을 수립한다. 20~30대인 경우 수입의 20%를 30년간 투자해서 은퇴 후 30년을 준비하는 '20:30:30법칙'을, 40대인 경우 수입의 30%를 20년간 투자해서 은퇴 후 30년을 준비하는 '30:20:30법칙'을 지키도록 한다.

다만 이때 노후자금은 연금만이 아니라 주식, 채권, 펀드, 예·적금, 부동산 등 모든 자산을 노후자산이라 정할 필요가 있다. 대부분의 경우 노후자금이라 하면 단순하게 연금상품만 생각하기 쉬우나 은퇴 이후에는 모든 자산이 노후자금이기 때문이다.

한곳에 쏠린 자산 구성으로는
노후가 불안하다

우리나라의 가계자산은 부동산 등 비금융자산이 차지하는 비중이 현금·예금·주식·채권 등의 금융자산보다 4배 정도로 지나치게 높다. 2014년 7월 금융투자협회가 발표한 '주요국 가계금융자산 비교 조사'의 발표(도표 4-3)에 따르면 우리나라의 비금융자산 비중은 75.1%이고, 금융자산 비중은 평균 24.9%(2012년 기준)다. 반면에 미국의 금융자산 비중은 70.7%(2013년 기준)이고, 영국과 일본은 각각 49.6%(2012년 기준)와 60.1%(2012년 기준)다.

그렇다고 금융자산의 내용이 좋은 것도 아니다. 우리나라는 주식·채권 등 금융투자상품보다는 원금보장이 되는 현금·예금 등이나 현금 유동성이 부족한 보험·연금의 비중이 높다.

2013년 말 금융자산 구성(도표 4-4)은 현금·예금이 45.5%로 가장 높았고, 금융투자상품(25.0%), 보험·연금(28.9%), 기타(0.7%)가 뒤를 이

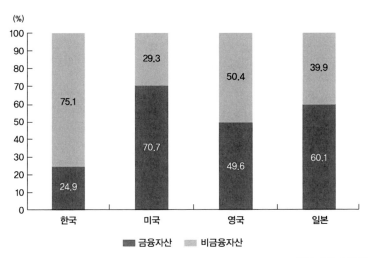

• 자료: 금융투자협회

었다. 다른 나라와 비교하면 일본의 경우 현금·예금(53.1%)의 비중이 우리나라와 같이 가장 높았으며, 미국은 금융투자상품(53.3%)이 영국은 보험·연금(56.3%)이 수위를 차지했다. 미국의 경우 금융시장 발달에 따라 주식·채권 등 증권에 투자하는 적극적인 투자문화의 영향이 크다. 일본의 경우는 양적완화정책으로 금융투자상품의 비중이 더 높아졌을 것으로 추정되나 장기간의 불황에 대한 트라우마 때문에 원금을 보존할 수 있는 현금·예금의 선호가 여전했다. 영국은 유럽국가 특유의 사회복지제도와 맞물린 결과다.

반드시 어느 나라의 가계자산 구성이 좋다고 할 수는 없다. 2008년 발생한 금융위기 때 금융투자 자산이 많은 미국도 줄어드는 자산으

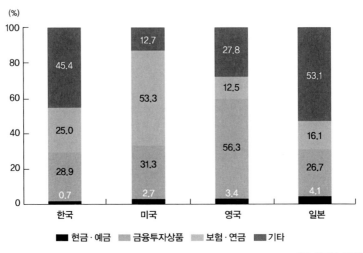

• 자료: 금융투자협회

로 고통을 받은 반면에 현금·예금의 비중이 높은 우리나라와 일본
은 상대적으로 고통지수가 낮았다. 반면 2013년부터 지속되고 있는
최장기간 미국 주식시장의 랠리는 금융투자상품의 비중이 높은 미
국 가계의 행복지수만큼 한국과 일본의 가계는 상대적 박탈감을 느
끼고 있다.

한편 비금융자산에 편중된 자산은 초고령화 진행 및 장기간 저금
리 기조 등에 대응하기 어렵다. 만약 일본처럼 부동산이 반토막나
서 비금융자산의 비중이 줄어들거나, 현금·예금의 비중이 높아 인
플레이션으로 자산감소가 이뤄진다면 풍족한 노후는 기대할 수 없
다. 특히 비금융자산의 과다는 노후의 경제적인 빈곤으로 연결된

다. 우리나라 노인 자살률은 경제협력개발기구OECD 회원국 중 1위이고, 65세 이상 노인 4명 중 1명이 '죽고 싶다'라는 생각을 해본 적이 있을 정도다.

통계청에 따르면 자살의 가장 큰 이유는 경제적 어려움이 41.4%로 가장 큰 원인이었고, 그다음으로는 건강문제로 40.3%다. 늙어서 병들어 고생하는 것과 경제적인 어려움이 전체 81.7%로, 금융자산의 부족이 노인들을 자살로 내몰고 있는 것이다.

부동산 비중이 높고 현금 유동성이 부족하면 은퇴 이후에도 경제적인 이유로 일할 수밖에 없다. 나이를 먹어감에 따라 늘어나는 의료비와 경제적인 곤란을 겪지 않기 위해 현금 유동성이 있는 금융자산을 갖추는 것에 중점을 두고 준비해야 한다.

뱅가드Vanguard의 창립자 존 보글John Bogle이 말한 다음의 성공 투자 노하우를 마음에 새겨둘 필요가 있다.

"젊어서부터 펀드에 투자하고, 은퇴할 무렵에 그 뚜껑을 열어보라. 그러면 부자가 되어 있는 자신을 발견할 것이다."

미래에 필요한 노후자금, 투자수익률로 극복한다

정해진 소득에서 노후자금을 만들기 위해 매달 차곡차곡 저축하며 풍족한 노후를 위해 대비하는 것은 저출산과 고령화 시대를 맞이하는 현대인의 필수 노후 재테크다. 하지만 매달 노후를 위해 투자하는 저축이나 투자가 노후에 풍족한 현금 유동성을 가져올지는 확신하기 어렵다.

취업포털 잡코리아의 2018년 자료에 따르면 20~30대 직장인들이 생각하는 노후에 필요한 월 생활비는 '198만 원'이다. 그리고 저축은 월평균 '80만 원'으로 조사되었다. 그리고 금융감독원의 국민연금과 연금저축을 모두 가입한 경우의 월평균 연금수령액은 61만 원에 불과하다. 노후자금으로 30년 동안 매월 80만 원씩을 저축하고, 연금수령액 61만 원으로 보완하면 1인 기준 최소 노후생활비 '104만 원'은 넘는 수준이다. 하지만 결혼하고 자녀를 부양하며 주택을 구입하면서 노후 준비를 한다고 볼 때, 저축액의 전부를 노후자금으로 가정한다는 것이 억지스러우므로 노후에 필요한 매월 생활비는 '198만 원'은커녕 최소 노후생활비인 '104만 원'조차 버거운 수준이다.

이에 따라 부족한 노후자금을 만들기 위해서는 연금저축액을 늘리는 것이 노후자금 부족을 해결하는 가장 좋은 방법이다. 하지만 제한된 소득과 교육비, 주택자금 등으로 예정된 지출이 발생하기 때문에 노후를 위해 투자액을 늘리기에는 한계가 있다. 저축액을 늘리기보다 먼저 투자수익률을 높이는 차선책을 고려하는 이유다.

이제 금융소비자는 노후준비에 대해 결정해야 한다. 20~30대 직장인들이 생각하는 노후에 필요한 매월 생활비 '198만 원'을 보장받으려면 저축액을 늘려 노후를 준비하고 자신의 투자성향에 따라 1%라도 투자수익률을 높여 넉넉한 현금 유동성을 만드는 지혜가 필요하다.

공무원 부럽지 않은
노후준비 노하우

공무원이 노후가 가까워질수록 부자가 부럽지 않은 이유는 일반 직업에 비해 긴 정년, 높은 비율의 유족연금, 매년 국가에서 지원받는 공무원연금이 있기 때문이다. 사실 교육 및 국립대학 공무원은 정년을 62~65세까지 보장받고 있고, 일반직 공무원은 60세 정년을 보장받고 있다. 또한 사망 시에는 남은 배우자에게 유족연금을 60% 지급하도록 하고 있다. 반면에 일반인은 사오정(45세가 정년), 오륙도(56세까지 직장에 있으면 도둑놈)라는 말에서 알 수 있듯이 나이가 들수록 안정된 정년은커녕 언제 직장을 갑자기 그만둬야 할지 몰라 좌불안석이다. 국가에서 보장해주는 국민연금 외에 기댈 곳이 없어 끊임없이 재취업을 해야 한다.

미래에셋은퇴연구소에서 50세 이후에 10년 이상 근무한 직장에서 퇴직한 만 50~69세 남녀 1,808명을 설문조사한 결과, 50대의 최초 퇴직 시점은 52.2세, 60대는 56.9세였다. 그리고 50대 이상 퇴직자 83.2%가 다시 일자리를 구했고 이들 가운데 49%는 1회 재취업을 했다. 나머지 51%는 두 차례 이상 재취업을 했다. 자녀가 아직 독립하지 않은 시기에 갑작스런 퇴직을 한 탓에 재취업 준비도 부족한 데다 가족을 부양해야 한다는 압박만큼 안정적인 수입을 기대할 수 없는 상태다. 그리고 그럭저럭 은퇴를 하더라도 은퇴 후가 안정적인 공무원에 비해 너무 열악하다.

일반인이 공무원 정도의 노후준비를 하고자 한다면 투자금액을

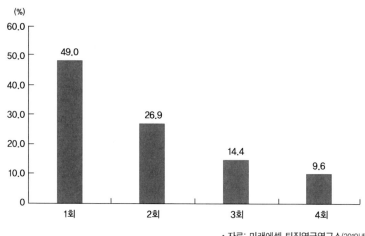

• 자료: 미래에셋 퇴직연금연구소(2019년)

늘릴 수밖에 없으며, 남은 가족의 경제적인 어려움을 해소하기 위한 별도의 준비가 필요하다. 다음에서 소개하는 노후대책 6가지를 반드시 실천해야 한다.

1. 현재 당면한 문제를 정확히 파악하라. 우선 가계의 수입과 지출이 적절한 균형을 이루었는지 파악해야 한다. 지출이 소득보다 많으면 아무리 좋은 계획을 세워도 실천할 방법이 없기 때문이다.
2. 보험으로 미래에 발생할지도 모를 위험에 대비하라. 자산이 적고 자녀의 나이가 적을수록 위험보장보험은 반드시 필요하다.
3. 노후준비를 연금보험상품에 국한하지 말아야 한다. 연금보험

상품 등 장기 상품은 수입의 20% 이내 수준에서 준비해 노후에 필요한 현금 유동성을 확보하면 된다. 따라서 거주의 공간인 주택과 월세 등의 임대소득이 발생하는 자산·국민연금·개인연금·예금·펀드 등 금융자산과 부동산을 모두 노후자금이라 계획하고 체계적으로 준비하도록 한다. 만약 노후에 현금 유동성이 부족하면 주택연금을 이용하는 방법도 있다.

4. 평생직장이 아닌 평생직업을 갖기 위해 노력해야 한다. 평생직업은 자신이 지닌 지식과 경험을 100% 활용할 수 있는 것으로 만들어야 성공할 확률이 높다. 자신이 맡은 분야에서 최고가 되어 평생직업을 갖는 것도 노후준비가 될 수 있다.

   또한 전문가의 도움을 받거나 인터넷을 이용해 다양한 직업에 종사하는 사람들의 커뮤니티에 가입해 해당 분야에서 성공한 사람이나 노년에도 일을 계속하는 사람들의 노하우를 전수받아 평생직업을 계획하는 것도 좋은 방법이다.

5. 미리 독립을 준비한다. 은퇴시기 훨씬 이전부터 자신이 축적한 지식과 경험을 발휘할 수 있는 업종으로 독립하라. 만약 부인이 전업주부라면 은퇴 전 부인이 먼저 사업을 운영해 안정시키고, 남편의 은퇴시기에 부부가 함께 운영하는 체제로 바꾸는 게 효과적이다.

6. 인플레이션을 고려한 투자를 한다. 은퇴 후 얼마나 많은 소득이 필요한지 계산해보면, 노후에는 세금과 연금 및 건강보험 등의 사회보험료와 교통비, 통신비 등은 줄어들지만 진료비와 약값은 더 늘어난다. 의학의 발전을 고려해 기대수명이 더 늘어날

수 있다는 점도 고려해야 한다.

이때 꼭 염두에 둬야 할 것이 인플레이션이다. 이를 무시한 채 무작정 돈을 모으면 수십 년이 흘러 노후자금을 써야 할 때 애써 모은 자산의 가치가 형편없이 추락할 수 있다.

국민연금은 효과적인
노후자금 마련 방법이다

우리나라는 고령화사회를 넘어 초고령화사회로 진입하고 있다. 기대수명은 매년 조금씩 늘어나서 평균 82.7세(통계청 2017년 생명표)로 점차 길어지고 있다. 그렇기 때문에 국민연금 고갈 시기가 대폭 앞당겨질 것이라는 소식에 놀라고 보험료와 소득대체율에 대한 국민연금 개편안이 나올 때마다 민감하게 반응한다.

2019년 국민연금 소득대체율(생애평균소득 대비 노후연금 비율)은 44.5% 이며 매년 0.5%씩 줄어들어 2028년에 40%가 된다. 2008년에 보험료로 소득의 9%를 내고, 소득대체율 50%로 연금을 받는 식에서 2028년 40%로 보험료에는 변동이 없으므로 덜 받는 구조다. 소득대체율이 40%라는 의미는 소득이 100만 원인 사람이 10년 가입하면 노후에 연금으로 40만 원을 받는다는 의미다.

하지만 현재의 국민연금은 아무리 수익률을 1%씩 높여서 고갈을 6년씩 연장하는 기적을 만들더라도 현재의 보험료와 소득대체율로는 고갈이 날 수밖에 없다. 소득대체율이 높아지면 보험료율은 당연

126

히 높아질 수밖에 없고, 설혹 2028년까지 40%로 소득대체율이 낮아지더라도 보험료율은 높아질 수밖에 없다. 보험료가 소득대체율에 따라 대폭 오를지 아니면 조금만 오를지의 문제이지, 오르는 것은 시간문제일 뿐이다.

40~50대는 남은 기간 지속적으로 불입해 소득대체율을 약간이라도 높여야 한다. 현재 국민연금 가입자의 평균 가입 추정치가 21.9년(2018년 기준)에 불과하므로 실질 소득대체율은 21.9%에 불과하다는 것을 인식하고 은퇴할 때까지 15~25년 정도 더 불입해 소득대체율을 최대한으로 높여야 한다.

20~30대도 국민연금 보험료가 내 호주머니에서 나간 만큼 소비를 줄일 수밖에 없겠지만 시중 어떤 금융상품보다 안정성과 수익성·보장성이 높은 투자처가 되도록 사회적 감시를 강화하고 꾸준한 납입을 통해 소득대체율을 유지해야 한다.

평균수명 이상이면 국민연금 연기연금을 활용한다

국민연금 연기연금은 노령연금 수급자의 소득과 상관없이 가정경제와 건강상태에 따라 연금 수급시기를 자유로이 정할 수 있다. 1년 늦출 때마다 급여액의 7.2%씩 추가해서 최장 5년 36.0%를 더 받을 수 있다. 1년 후 7.2%, 2년 후 14.4%, 3년 후 21.6%, 4년 후 28.8%, 5년 후 36.0%가 늘어나는 식이므로 은퇴시기에 여유가 있으면 늦출수록 혜택이 커지는 수령방식인 셈이다. 또한 50%, 60%, 70%, 80%, 90% 5가지 중 하나를 선택해 부분 연기를 할 수도 있다. 물론 수령하지 않은 연금은 연기연금과 같이 매년 7.2%씩 늘어난다.

한편 만 60세가 되기 전에 퇴직을 할 경우에 수급 개시 연령으로부터 최장 5년까지 앞당겨 받을 수 있다. 연금수령액이 5년 전 70%, 4년 전 76%, 3년 전 82%, 2년 전 88%, 1년 전 94% 등 1년 앞당겨 받을 때마다 연금수령액을 6%씩 줄이는 식이다. 다만 월평균 소득이 3년간 국민연금 전체 가입자의 월평균 소득보다 적은 경우에 신청할 수 있다.

그러면 국민연금 연기연금과 조기연금 중에 어느 것을 선택해야 연금수령자에게 유리할까? 예를 들어 65세에 100만 원씩 받기로 한 연금수령자가 5년 앞당겨서 60세에 조기연금을 받는다고 가정해보자. 5년간 매월 70만 원(100만 원×70%)씩 4,200만 원을 받았으나 5년 후인 65세부터는 정상적으로 받는 수령자보다 매년 360만 원이 적고 연금 인상률에도 차이가 나서 약 11년 정도 경과한 72세부터는 역전이 된다. 반면 5년을 늦춰 70세부터 받는다고 가정하면 12년 차인 82세부터 더 많은 연금을 수령할 수 있어 좋겠지만 그전에 사망할 수도 있다는 쓸데없는 걱정도 있다. 미래는 알 수 없으므로 빨리 받아도 손해인 것 같고 늦게 받아도 손해인 것 같아 '닭이 먼저냐 아니면 알이 먼저냐'의 문제다.

우리나라의 2019년 경험생명표에 따르면 남성의 평균수명은 83.5세, 여성은 88.5세라고 한다. 향후 의학과 생명공학의 발달로 인해 평균수명은 지속적으로 늘어날 것이다. 특히 여성의 경우 세칭 '호모 헌드레드homo hundred', 즉 100세 인간 시대가 빠르게 다가올 예정이다.

이제 가족력이나 개인의 건강상태 및 노후의 재정상태에 따라 연기연금을 활용할 필요가 있다. 특히 여성의 경우 남성보다 평균수명이 높으므로 경제적으로 별 문제가 없으면 되도록 늦춰 받는 방법을 고려할 필요가 있다.

이 외에 여성의 경우는 '임의 가입'을 고려해봐야 한다. 임의 가입이란 배우자가 국민연금에 가입한 전업주부나 27세 이하 학생, 군복무자 등은 국민연금 가입이 면제가 되었으나 자발적으로 국민연금에 가입하는 것을 말한다.

노후에 현금 유동성이 있으면서 사망할 때까지 확실하게 보장해주는 금융상품은 많지 않다. 특히 남성보다 평균수명이 긴 여성은 연금 수급시기를 늦출 때마다 보다 많은 연금액을 받을 수 있으므로 국민연금을 받는 남성 가입자보다 여성 가입자의 혜택이 더 크다.

보험사의 개인연금만을 고집하고 있어 현재 국민연금에 가입하고 있지 않은 여성들은 최소 보험료로 국민연금에 가입해 안정적인 노후를 준비할 수 있으므로 당장 가입할 필요가 있다.

알찬 노후설계 방법은
따로 있다

노후설계란 정해진 소득으로 현명하게 지출계획을 세워 노후자금을 마련하는 것이다. 자녀교육비, 주택마련자금 등 돈 들어갈 곳이 많다고 고민하지만 말고 수입과 지출내역을 정리해보자. 그런 다음 은퇴 후에도 계속 지출되는 내역과 그렇지 않은 내역을 구분해 노후생활비를 계산하면 노후자금으로 얼마를 마련해야 하는지 답이 나온다.

이제 다음 순서에 따라 본격적으로 노후설계를 해보자.

소비를 줄이고 전문가를 찾아라

아무리 계획을 잘 세웠더라도 소비가 소득보다 많으면 실천할 방법이 없다. 지출을 대폭 줄이기가 어렵다면 당장 실행에 옮길 수 있는 생활비 5% 줄이기 등을 통해 나온 금액으로 복리에 투자한다. 또한 확실한 노후설계 비법을 알고 싶다면 전문가에게 조언을 받을 필요가 있다. 자신의 문제는 자신이 더 잘 알겠지만 재무설계사 등 전문가가 가계상태를 객관적으로 진단하고 어느 부분의 지출을 줄이고 얼마를, 어디에, 어떻게 투자해야 하는지 해답을 내줄 수 있기에 시간도 줄어들고 효율적인 자금운영이 가능하다.

위험에 대비해 보험 가입은 필수다

가정의 자산이 적고 가족의 나이가 어릴수록 주 수입원인 가장이 사망하거나 질병 또는 사고를 당하면 남은 가족의 경제적인 어려움은 커진다. 아무리 여유가 없더라도 최소한의 위험에 대비하기 위해 보험에 가입해야 한다.

만기환급형보다는 순수보장형으로 보험에 가입해 준비하고, 상해 등 실질적인 위험에 대한 보장이 적으면 보험내역을 분석해 리모델링이 필요한지 파악한다. 같은 보험료로 최대한 많이 보장받는 방법을 찾아야 한다.

빚 청산이 먼저다

소득과 지출의 균형을 잡고 위험에 대한 준비가 어느 정도 이루어진 다음에는 본격적으로 부채를 청산해야 한다. 부채를 떠안은 상태에서 대출금리보다 낮은 이자율의 예금에 저축하는 것은 이중으로 손해를 보는 행위다. 또한 빚을 빨리 청산하겠다고 수익률만 따져 주식이나 주식형펀드에 몽땅 투자하는 것은 더욱 어리석은 행동이다.

금융투자상품은 언제든지 원금손실이 날 수 있는 위험이 존재한다. 부채가 많을 때는 비상예비자금 정도만 예·적금 위주로 저축하고, 빚 청산에 주력해야 한다.

목돈 만들기는 빠를수록 좋다

부채가 청산되면 본격적으로 은퇴를 위한 목돈 만들기에 들어간다. 부채와 목돈의 유무에 따라 노후생활이 좌우되기 때문이다. 먼저 은퇴 후 얼마나 많은 소득이 필요한지 계산하고, 다음으로 의학의 발전을 고려해 기대수명이 더 늘어날 수 있다는 점을 고려한다. 노후에는 세금과 연금 및 건강보험 등의 사회보험료와 교통비, 통신비는 줄어들지만 진료비와 약값은 더 늘어나게 되어 있다. 또한 수십 년이 흘러 노후자금을 써야 할 때 애써 모은 자산의 가치가 형편없이 추락하지 않도록 인플레이션을 감안해야 한다.

투자하기

목돈 만들기에 들어가는 시점부터 투자는 시작된다. 투자에 역량을 집중하되, 은퇴 후부터 죽을 때까지 일정한 소득을 얻을 수 있는 금융자산과 실물자산을 불려야 한다.

금융자산은 안정성향이면 '100-나이', 중립성향이면 '110-나이', 공격성향이면 '120-나이'의 법칙을 활용해 자산을 배분하고 분산투자한다.

이때 '100-나이'의 법칙은 30세일 경우 '100 - 30 = 70(%)'으로 해서 여유자금의 70%는 수익성 위주의 투자자산에 투자하고, 나머지는 안정성 위주의 저축자산에 투자한다.

연금에 가입해야 하는
5가지 이유

평균연령 100세 시대가 빠르게 다가오고 있다. 은퇴 연령을 55세 전후로 보면 무려 45년 정도를 소득 없이 살아야 한다. 반면에 경제적인 여유가 없으면 노후를 정신적·육체적으로 건강하고 풍족하게 살 수 없다.

그런데도 노후에 다달이 정신적으로나 육체적인 힘을 발휘해주는 연금상품의 가입을 꺼리는 경우가 종종 있다. 가장 큰 이유는 최소 10년 이상 가입을 유지해야 하기 때문이다. 당장의 생활비도 빠듯한 상황에 돈을 10년 이상 묶어 두는 것이 탐탁지 않을 것이다. 하지만 다음에 언급할 연금상품의 5가지 장점을 고려하면 연금상품은 가입 여부가 아니라 어느 정도의 기간까지 가입하느냐의 문제다.

근로소득자나 자영업자에게 추가 소득공제 혜택

은행의 연금저축신탁, 보험회사의 연금저축보험, 증권사의 연금 저축펀드 등 연금저축상품에 가입하면 연간 납입액의 100%를 최고 400만 원까지 세액공제를 해준다. 따라서 연금저축에 가입하는 것은 세테크 측면에서도 매력적이다.

금융소득종합과세 제외 혜택

모든 연금보험은 10년 이상 지나면 중도해약이나 연금수령 시 이자소득에 대해 비과세되므로 금융소득 종합과세에서 제외된다. 금융자산이 많은 자산가의 경우 자산의 일정 비율을 세제 비적격 연금보험에 배분함으로써 세후 수익증대를 꾀할 수 있다.

원금 혹은 원리금 보장 혜택

상품에 따라 원금 혹은 원리금 보장 혜택이 있는 상품이 많다. 변액연금보험의 경우 펀드에 투자해 고수익을 기대하며, 중도해지만 하지 않으면 손실이 나더라도 연금 개시시점까지 납입한 주계약 보험료에 대해 원금 보장을 해준다. 다만 변액유니버셜보험의 경우에는 원금을 보장해주지 않으므로 연금상품 가입 시 이 점을 고려해야한다.

노후를 위한 배수의 진 효과

연금상품은 중도해지하면 사업비와 위험보장료 등으로 손실을 볼수밖에 없다. 또한 비과세와 소득공제의 혜택도 사라진다. 이러한 사항은 중도해지를 억제하는 효과가 있으므로 결국 목적하는 바와 같이 만기까지 도달하게 해서 노후자금으로 활용될 가능성이 크다.

장기적인 자산운용의 묘

특수한 상황을 제외하고 단기 금리보다는 장기 금리가 높다. 따라서 연금상품 운영 시에 이 점을 살려서 운용할 수 있다. 또한 연금의 특성상 자산을 보수적으로 운용함으로써 안정성이 상대적으로 높아지는 경향이 있다.

개인연금으로 노후를
준비해야 하는 3가지 이유

우리나라는 OECD 국가 중 가장 빠르게 늙어가고 있는 만큼 노후에 대한 걱정이 크다. 우리나라의 국민연금은 자신이 늙었을 때 연금기금이 바닥나서 쥐꼬리만 한 연금액이 나올지도 모른다는 불안감을 준다. 개인연금은 30대에는 주택마련에 따른 부채상환으로 미루고, 40~50대에는 늘어나는 자녀의 교육비 때문에 소홀하게 된다.

우리나라 은퇴 인구 중 절반 이상이 은퇴 후에도 일을 즐기지 못하고 살기 위한 근로를 희망하고 있다.

『탈무드』의 명언 중 "어리석은 자의 노년은 겨울이지만 현자賢者의 노년은 황금기다"라는 말처럼 은퇴 후 늙어서 경제적인 곤란 때

도표 4-6 :: 금융상품별 원금 도달 시간

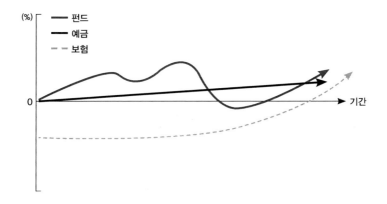

문에 일을 하지 않고, 넉넉하고 활기찬 노후를 보내려면 한 살이라
도 젊을 때 노후를 준비해야 한다.

금융소비자는 세금공제를 위해 준비하는 연금저축상품과 공시 이
율에 연동하는 일반 연금보험 및 주식, 채권 등에 투자해 투자실적
에 따라 배당하는 변액보험 등을 분산, 활용하거나 절세효과 및 나
이, 투자성향 등에 맞춰 준비할 필요가 있다.

노후를 위한 연금보험, 수익률을 따지지 마라

보험사의 연금보험과 같은 장기상품에 가입할 때 은행의 저축이
나 투신사의 펀드에 비해 적립금이 너무나 적다며 꺼리는 사람이 많
다. 연금보험은 일반 금융상품과 달리 계약체결에서부터 유지, 관리
에 이르기까지 적지 않은 인력을 투입한다. 이 과정에 필요한 비용
을 사업비라고 하는데, 보험료에서 이 비용이 빠지므로 초기에 적립

되는 금액이 상대적으로 적다.

하지만 연금보험은 적립 기간 동안 돈을 모을 수 있고, 만기 후 연금을 받을 때까지 보험회사가 돈을 굴려주며, 계약 때 정한 나이가 되면 적립금에 따라 일정한 연금을 받을 수 있으므로 노후에 꼭 필요하다. 10년 이상 유지하면 비과세가 되는 것은 물론 적립금이 복리로 늘어나 예·적금보다 더 큰 혜택을 누릴 수 있다. 이는 그동안 보험료에서 빠진 사업비를 보충하고도 남는다. 따라서 노후를 위해 장기로 투자할 생각이라면 초기에 빠지는 사업비를 아까워 할 것이 아니라 연금보험에 적극적으로 투자할 필요가 있다.

연금저축상품보다 보험사의 개인연금보험이 유리하다

매년 연말정산이 끝나면 소득공제 후 환급된 돈을 받아 들고 흐뭇한 미소를 짓는 사람이 있는가 하면, 간혹 환급은커녕 오히려 세금으로 돈을 더 낸 쓸쓸한 기억을 가진 사람도 있다. 20~30대 중 소득이 많거나 소득이 최고점을 향해 가는 40~50대는 반드시 절세를 위한 소득·세액공제상품에 가입할 필요가 있다. 여기에 노후까지 보장해주는 상품이라면 더없이 권장할 만하다.

이렇게 절세효과도 있고 노후도 준비할 수 있는 연금저축상품에는 은행의 연금저축신탁, 증권사의 연금저축펀드 등이 있다. 한편 연금저축상품은 납입기간에는 소득세를 덜 내는 효과가 있지만 연금을 수령하는 시기가 되면 연간 연금소득액이 1,200만 원 이하인 경우 가입자의 연령에 따라 소득 및 세액공제를 받은 금액과 운용수익을 합한 금액에 55~69세(5.5%), 70~79세(4.4%), 80세 이상(3.3%) 등

3.3%~5.5%의 연금소득세가 과세된다. 연금수령액이 연간 1,200만 원이 넘으면 종합소득세를 내야 하므로 개개인에 따라 유리하지 않을 수 있으니 잘 확인해보고 가입해야 한다.

한편 보험사의 개인연금보험은 10년 이상 불입하면 비과세가 되어 금융소득종합과세에 적용되지 않으면서 연금소득세를 내지 않으므로 연금저축보다 훨씬 유리하다.

개인연금상품은 수령 방법에 따라 나이별로 준비해야 한다

개인연금상품 중 일반 연금보험과 변액연금보험은 연금 개시 이후 연금수령을 가입시점의 경험생명표로 계산하고, 변액유니버셜보험은 연금을 수령할 시점의 경험생명표로 산정한다. 경험생명표란 '보험가입자의 연령이나 질병, 사망 등의 생애주기 통계표'로, 보험회사는 이 통계를 기초로 해서 보험료와 연금수령액을 결정한다.

이에 따라 개인연금상품은 연금수령을 어떻게 산정하느냐에 따라 나이대별로 구분해 준비해야 한다. 20~30대는 노후의 삶을 살기까지 상당한 기간이 남아 있다. 그러니 평균수명의 증가로 인한 연금액수가 줄어드는 것을 우려하기보다는 수익성 상품으로의 장기투자와 복리 효과로 연금총액을 키워 나갈 수 있는 변액유니버셜보험이 적당하다. 40대는 약간의 실적배당도 기대하면서 가입시점의 평균수명으로 연금이 수령되는 변액연금보험이 유리하다. 반면에 50대는 투자보다는 예정이율에 의해 안정적으로 연금을 보장해주며, 가입시점의 평균수명으로 연금이 수령되는 일반 연금보험이 적합하다.

다만 20~30대의 경우에도 보수적인 투자성향이거나 가입시점의 경험생명표를 적용받고자 한다면 변액유니버셜보험보다 일반 연금보험이나 변액연금보험으로 준비해야 한다.

마지막으로 60대 이상은 연금수령액이 적다고 판단되면 평균수명이 더욱 늘어난다는 가정하에 즉시연금으로 연금수령액을 높이는 방법도 현명한 노후 재테크다.

주택연금으로
노후를 대비할 수 있을까?

부동산 중에서도 주택은 주인이 들어가 사는데도 값이 잘 떨어지지 않고, 오히려 매년 부동산 정부대책이 나올 정도로 오르므로 안전한 투자대상이라고 할 수 있다. 하지만 우리나라가 선진국에 진입할수록 부동산 거품은 자연스럽게 빠질 것으로 예상되며, 핵가족으로 인한 1인 가구 주택 수가 아무리 많이 증가한다고 해도 수요가 공급을 앞지를 수는 없기 때문에 미래는 불확실하다.

그래도 주택은 거주의 공간으로 소유해야 한다. 전설적인 펀드매니저 피터 린치Peter Lynch가 "주식에 투자하더라도 내 집은 마련하고 시작하라"고 말했듯이 주택이 있으면 2년마다 돌아오는 이사 또는 전셋값 상승에 따른 목돈이 들 필요가 없고, 집 안을 자유롭게 인테리어 할 수 있으며, 애완견을 기르는 등 다양한 여가생활도 할 수 있다. 또한 집이 있으면 집 자체가 어느 정도 안전자산의 역할을 하기

도표 4-7 :: 주택연금 월 지급액

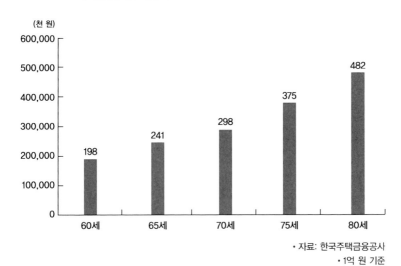

(천 원)

- 자료: 한국주택금융공사
- 1억 원 기준

때문에 다른 금융자산을 더욱 늘릴 수 있는 기반을 제공한다. 더구나 노후에 현금 유동성이 부족하면 주택연금을 활용해 경제적인 도움을 받을 수 있으니 내 집 마련은 필수라 할 수 있다.

주택연금은 집을 소유하고 있지만 일정한 소득이 없고 노후준비가 되어 있지 않은 은퇴자에게 주거와 안정적인 생활을 동시에 제공하는 유용한 제도다. 부부 중 1명이 만 60세 이상이고, 9억 원 이하의 주택을 소유하고 있으면 담보가 있더라도 누구나 신청할 수 있다.

주택연금의 월 지급액(도표 4-7)은 집값이 비싸고 가입연령이 높을수록 많이 받을 수 있다. 지급방식은 종신과 종신혼합을 선택할 수 있으므로 가계구조에 따라 다양하게 연금을 신청할 수 있다. 예를 들

어 나이가 70세이고 집값이 1억 원일 경우 종신연금지급 월 수령액
이 29만 8천 원이므로 5억 원이라고 가정했을 때, 그 5배인 149만을
매월 종신까지 받을 수 있다. 보다 자세한 사항은 한국주택금융공사
(www.hf.go.kr)에서 확인할 수 있다.

연금수령,
노후 라이프사이클에 맞춰라

　　　　　금융소비자는 행복하고 풍족한 노후를 위해 열심히 일
하고, 정해진 소득에서 노후자금을 만들기 위해 매달 차곡차곡 저축
한다. 특히 노후 현금 유동성에 기하고자 연금보험상품에 대부분 투
자하고 있다. 하지만 연금보험상품이 과연 자신의 노후를 보장할지
는 확신할 수 없다.

불확신을 확신으로 바꾸기 위해서는 노후연금수령 방법에 대한
고민이 필요하다. 대부분 금융소비자는 노후연금상품을 준비하는
데 있어 막연하게 현재의 수입을 기준으로 해서 돈만 불입하고 있을
뿐, 노후에 어떻게 연금을 수령해야 안정된 삶을 살 수 있는지에 대
해서는 간과하고 있다.

국민연금과 퇴직연금, 개인연금 등 수령 시기가 각기 다른 연금상
품을 자신의 은퇴시기에 맞추면 노후의 현금 유동성은 걱정할 필요
가 없다. 이른바 삼층 보장으로 은퇴 이후의 현금 유동성을 확보해
노후를 풍족하게 하는 방법이다.

도표 4-8 : : 라이프사이클에 따른 연금 준비

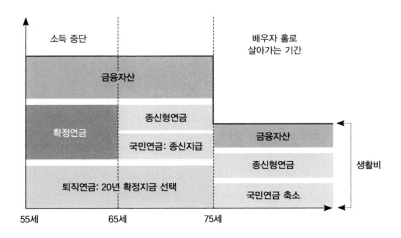

먼저 평균 은퇴연령인 55~75세까지 20년을 중점적으로 보장한다. 국민연금은 2013년부터 5년마다 수령 시기를 조정해 2033년부터는 65세부터 수령하게 되어 있다. 연금저축(10년)과 퇴직연금(20년)의 확정연금을 고려했기 때문이다. 이에 따라 55~65세까지는 연금저축과 퇴직연금의 확정연금으로 해결한다. 연금저축 수령액이 끝나는 65세부터는 국민연금과 개인연금의 수령액을 종신 때까지 받아 노후를 대비한다.

여기에 배우자 사망 시 국민연금이 3분의 1로 축소되는 것을 감안할 필요가 있다. 통상 75세 이후는 배우자인 남성이 사망하고 여성이 홀로 10여 년 이상을 살아가야 하는 기간이기 때문이다. 55세 은퇴 이후 전 기간 동안 부족한 노후자금은 은퇴 이전에 모아둔 금융 자산으로 보완한다.

금융소비자는 노후 라이프사이클에 따라 자신의 자산에 맞는 연금수령 방법을 택해 노후에 제2의 월급이 떨어지지 않게 해야 한다. 남성을 기준으로 했을 때 평균 취업연령은 약 28세로, 약 57세의 은퇴 시기까지 평균 약 30년간 경제활동을 한 뒤 은퇴생활을 하게 된다. 은퇴생활은 여성 기대수명인 85.6세(2016년 세계보건기구)를 기준으로 할 때 약 29년이다. 취업 후 생활 기간과 은퇴 후 생활 기간이 비슷하나 대부분 주택을 마련하고 어느 정도 숨을 돌릴 때부터 본격적인 은퇴준비를 시작한다. 그러니 준비할 수 있는 기간과 준비된 자금으로 황금노년기를 보내기에는 부족할 수밖에 없다.

여기에 늦은 결혼으로 은퇴 후에 닥치는 자녀의 교육자금과 결혼자금은 노후를 불안하게 한다. 이는 남성의 경우 평균 33.2세에 결혼(통계청 2018년 기준)하므로 35세에 첫째가 출생하고 38세에 둘째가 태어날 경우 평균 퇴직연령인 58세에 막내의 대학입학, 66세에 자녀의 결혼을 준비해야 하기 때문이다. 은퇴 이후에 자녀의 나이를 고려한 노후준비가 되어 있지 않으면 자녀의 대학자금과 결혼비용으로 준비된 노후자금을 사용할 수밖에 없고 65세 이후 대폭 늘어나는 의료비는 노후자산을 축낼 수 있다.

경제적 활동시기에 은퇴 이후 제각기 다른 연금수령 시기를 고려해 연금을 준비하고 만약 다가올지 모르는 경제적인 어려움을 예방해야 한다. 보험사마다 차이가 있지만 대부분은 수령시점에 종신연금형·확정연금형·상속연금형·실적배당형·부부형 등 다양하게 결정할 수 있으니 연금수령을 신청할 때는 그 당시의 자산 상태와 가족, 건강 등을 감안해 연금수령 방법을 선택할 필요가 있다. 다만 퇴직연금은 가입시점에 은행이나 증권사를 통하면 확정연금으로 할 수 있고 보험사를 통하면 종신연금도 가능하다.

장기간 저금리가 지속되고 인플레이션 압력이 점증하면 적금 예찬론자조차 더 높은 수익을 찾아 나서게 된다. 그러나 적금은 매달 꾸준히 돈을 모을 수 있는 습관을 만들어 주고, 예금은 금융지식이 다소 부족하더라도 누구나 할 수 있는 안전한 자산배분 전략의 으뜸이다. 예금과 적금은 약간의 금융지식과 발품만 있으면 오히려 2~3년 이상 실적이 부진한 몇몇 펀드보다 훨씬 괜찮은 투자방법이 될 수 있다. 특히 은행 간 이자지급 방식과 은행의 숨어 있는 혜택을 꿰뚫고 경기를 읽을 수 있으면 자산을 손쉽게 안정적으로 늘려갈 수도 있다.

연 이자 1~2% 정도로 획기적으로 미래가 달라질 수는 없겠지만 장기적·안정적으로 자산을 불려주어 삶을 행복하게 만들 수 있다. 은행의 공동예금·특판예금 등을 활용하고 안전한 저축은행을 골라 1~2% 이상의 이익을 누려야 한다. 또한 예금처럼 안전하지만 더 높은 수익을 추구하는 파생상품 등을 이용해 자산의 추를 흑자로 옮겨야 한다.

FINANCE

| 5장 |

안전하게
자산을
불려주는
예·적금과
파생상품

저축도 기술이
필요하다

『탈무드』에서는 "월급이 적을 때는 저축하는 습관을 길러라. 그렇지 않으면 수입이 늘어도 저축할 수 없다"라며 적금의 중요성에 대해 말한다. 적금은 푼돈을 모아 목돈을 만들 수 있게 하는 예금이므로 저축을 하는 것은 돈을 버는 것과 같다.

저축은 돈을 찾는 방식에 따라 크게 2종류로 나눌 수 있다. 첫 번째는 금융소비자가 사용할 돈을 요구할 때 언제든지 찾을 수 있는 '요구불예금'이고, 두 번째는 약정한 기간이 지나야 돈을 찾을 수 있는 '저축성예금'이다.

요구불예금은 저축이라기보다는 잠시 보관한다는 기능이 크므로 은행에서는 낮은 금리를 적용하고 금융소비자도 적은 이자를 감수한다. 입출금이 자유로운 보통예금, 당좌예금 등이 여기에 해당된다.

반면에 저축성예금은 은행이 약정한 일정 기간(만기) 동안에는 돈을 미리 준비할 필요가 없고, 대출 등을 통해 수익을 올릴 수 있어 금융소비자에게 상대적으로 높은 금리를 제공한다. 저축성예금으로는 목돈 모으기를 할 수 있는 '적금'과 목돈을 굴리는 '예금'이 있다.

적금은 만기까지 일정한 금액을 매달 통장에 넣는 '정기적금'과 금액이나 날짜를 정하지 않고 돈이 생길 때마다 조금씩 저축하는 '자유적금'이 있다. 다만 정기적금의 경우 만기가 정해져 있어 요구불예금과 같이 미리 돈을 준비해 금융소비자에게 줄 필요가 없다. 이 때문에 높은 이자를 제공하고 만기가 되기 전에 '중도해지'를 하면 중도해지 수수료를 제외한 이자와 원금을 준다.

예금의 종류에는 목돈을 한꺼번에 통장에 넣고 약정한 만기까지 은행에 맡겨두는 '정기예금'과 계좌의 입출금이 자유롭고 각종 이체와 결제가 가능하며 확정금리가 적용되는 고금리 저축성예금인 '수시입출금식예금MMDA; Money Market Deposit Account'이 있다. 다만 수시입출금식예금은 예치 기간보다 금액이 클수록 높은 금리를 제공하기 때문에 단기간 목돈을 운용할 때 이용해야 하며, 정기예금은 정기적금과 같이 '중도해지'를 하면 중도해지 수수료를 내야 하는 것에 유념해야 한다.

한편 금융소비자의 욕구와 금융시장의 발전에 따라 다양한 '자유저축예금'이 제공되기도 한다. 자유저축예금은 입출금이 자유롭다는 요구불예금과 장기 예치할 경우 금리혜택을 주는 저축성예금의 장점을 모은 상품이다. 즉 3개월, 6개월 등으로 예치할 경우 기간복리로 이자를 주고, 금융소비자가 요구하면 언제든지 돈을 받을 수 있다.

적금은 만기가 되면 예금이 되고, 예금은 월수입의 한계를 뛰어넘

도표 5-1 :: 저축의 구조

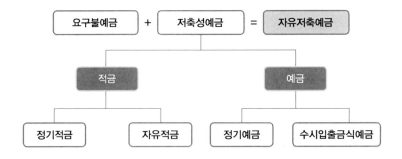

을 수 있는 종잣돈으로 힘을 발휘한다. 예·적금에 가입하고자 하는 금융소비자들은 다음의 4가지 사항을 유의해 가입하도록 한다.

금리에 따라 저축한다

저축은행은 시중은행보다 1~2% 정도 금리가 높다. 또한 시중은행, 저축은행 간에도 우대금리, 마케팅 등으로 금리가 약간씩 차이가 난다. 전국은행연합회나 상호저축은행중앙회 또는 각 시중은행과 저축은행의 홈페이지에서 금리를 비교해보자. 다만 저축은행의 경우 반드시 재무건전성을 확인하고 준비할 필요가 있으며, 적금의 경우 시중은행과 저축은행의 금리 차이가 월단리 연복리로 이자방식에 따라 별 차이가 없으면 되도록 시중은행에 가입한다.

만기를 채운다

"만기적금 한 번 타보지 못한 사람과는 결혼도 하지 말라"라는 말도 있듯이 만기를 채우지 못하고 중도에 해지하면 약정된 이자를 받지 못할뿐더러 목돈을 만들고 불릴 기회도 사라지게 된다. 또한 알뜰한 저축습관의 결핍으로 자산을 제대로 형성할 수 없게 된다.

정기적금의 월적립금은 만기까지 가능한 금액만큼만 해야 한다. 하지만 3명 중 1명의 가입자가 중도에 해지하는 게 통계이므로 무리하게 저축을 하려고 하면 만기까지 저축하기는 쉽지 않다.

또한 정기적금의 만기가 얼마 안 남았는데 해지해야 할 경우가 생기면 만기 앞당김 해지를 사용해서 이자 손해가 없는 정상적인 해지를 해야 한다. 다만 만기 앞당김 해지는 만기 1개월 이내에서만 가능한 제도다.

기간을 나눠 가입한다

은행 정기 예·적금은 만기에 따라 이자가 달라지고 가입시점의 시장금리 수준에 따라 적용되는 금리가 천차만별이다. 효율적인 자금관리와 수익을 추구하고자 한다면 하나의 만기보다 여러 개의 만기 구조를 가져야 한다. 이는 만기전략에 따라 만기 시 더 높은 금리를 주는 예금으로 갈아탈 수 있고, 경제·금융환경에 따라 금융투자상품에 투자해 높은 수익을 추구할 수 있기 때문이다.

비과세상품을 고려한다

금융소비자 입장에서는 아쉬울 따름이지만 비과세 금융상품은 점점 없어지는 추세다. 따라서 몇 개 남지 않은 비과세상품(도표 5-2)의 가입대상이 된다면 가장 우선적으로 준비할 필요가 있다. 요즘과 같은 저금리 시대에는 비과세상품과 세금우대저축처럼 한 푼이라도

도표 5-2 :: 대표적인 비과세상품 현황

상품명	취급기관	가입대상	가입 기간	비과세 한도	비고
비과세 종합통장	전 금융 기관	• 만 64세 이상 • 장애인, 기초생활 대상자, 독립유공자 및 가족 등	-	• 전 금융기관 합산 5천만 원	• 기존 상품 변경 가능 • 2019년 일몰 예정
출자금	상호신용 금고	• 회원, 준회원 계원	-	• 1천만 원	• 예금자보호 안 됨
예탁금				• 3천만 원	• 농·수·축협 및 새마을금고 중복 지원 금지
농어가 목돈마련 저축	지역 농·수·축협	• 2ha 이하 토지 보유 농민 • 20t 이하 선박 보유 어민 • 어선원 등	3~ 5년	• 일반 농어민 월 12만 원 • 저소득 농어민 월 20만 원	-
장기저축성 보험	-	-	10년 이상	• 한도 없음	-
개인종합 자산관리 계좌(ISA)	전 금융 기관	• 근로소득자, 사업소득자 당해·직전 3개 연도 중 근로소득 신고자	3~ 5년	• 인출 시 순소득 기준 200만 원 까지 (200만 원 초과는 9.9% 분리과세)	• 연 2천만 원 가능 (최대 1억 원) • 신탁형과 일임형 중 선택 운용 • 예금, 펀드, 파생결합증권 등 운용 가능

이자를 더 받을 수 있고 세제 혜택을 받는 금융상품을 준비하는 것도 지혜다.

정기예금 운용 노하우는
따로 있다

에이브러햄 링컨Abraham Lincoln은 "나는 천천히 걷지만 절대로 뒤로 걷지 않는다I walk slowly, but I never walk backward"라는 명언을 남겼다. 이 명언은 금리를 추구하는 상품에 꼭 들어맞는다. 원금 손실이 없으므로 뒤로 갈 일이 없고, 적든 많든 정해진 이자를 주기 때문에 천천히 걸어가기만 하면 자산의 규모는 서서히 증가한다.

반면에 정기 예·적금 등 금리형상품은 금융위기 이후 실질금리가 마이너스를 지속하면서 눈에 보이지 않는 자산감소를 염려하는 금융소비자에게 외면받고 있다. 과연 정기 예·적금이 실제로 자산의 감소를 가져오는지 알아보자.

정기예금 특성에 대해 파악하라

정기예금은 가입대상이나 저축한도 등에 특별한 제한이 없고, 별다른 금융지식이 없어도 누구나 할 수 있으므로 대부분 묻지도 따지지도 않고 준비하고 있다. 하지만 정기예금은 저축하는 기간에 따라 혹은 가입시점의 금리에 따라 이자가 달라진다. 또한 우대금리를 적용하거나 개인 신용도에 따라 달라지기도 한다.

여기에 은행 마케팅에 의해 한시적으로 판매하는 특판예금은 약간이나마 높은 이자를 받을 기회를 제공한다. 만약 예기치 않은 사항으로 해약을 할지도 모르는 상황을 감안해 정해진 횟수만큼 분할 해지가 가능하거나, 중도에 해지하더라도 약정이율을 지급하기도 한다. 또한 인플레이션을 이기기 위해서라도 대충하면 안 되는 것이 정기예금이다.

금리가 오르거나 오를 시기에는 단기간으로 준비한다

정기예금은 현재의 금리 수준에서 해지를 하지 않는다는 조건으로 예치하는 기간에 따라 약정이율을 지급받는 구조다. 그래서 금리가 오르는 시기나 오를 시기에 2~3년 이상 만기로 준비를 하면 은행만 좋은 일을 시키는 셈이다.

이러한 시기에는 약정이율을 보증하는 분할해지나 중도해지 가능 정기예금으로 준비한다. 또는 1년 미만의 단기 정기예금, 1·3·6개월 단위의 회전식예금, RP형 CMA, 스마트예금, 공동예금 및 저축은행의 표지어음, 증권사의 발행어음 등으로 단기간 운용하다 금리가 인상되면 기간을 길게 하는 지혜가 필요하다.

특판예금 등을 이용할 필요가 있다

시중 유동성이 넘쳐 증권, 은행 등 금융사 간 경쟁이 심해지면 마케팅 차원에서 특판예금이 자주 발행된다. 또한 정기예금과 적금의 경우 만기가 몰려 있는 경우가 많으므로 이러한 시기에는 금융사 간 경쟁으로 특판예금이 나올 수밖에 없다. 단 1%라도 상대적인 고금리 이자를 받고자 한다면 특판예금에 주목해야 한다.

특히 금리상승기에는 회전식예금 등 단기성 상품으로 저축을 하면서 특판예금으로 갈아타는 지혜가 필요하다. 하지만 금리가 약간 높으면 '기회비용'을 고려한 현명한 선택을 해야 한다. 눈앞의 높은 금리만 보고 특판예금에 가입했는데 금리상승기에 시장금리가 큰 폭으로 오른다면 낭패를 볼 수도 있기 때문이다.

시중은행과 저축은행의 이자 차이를 이용한다

지방은행과 저축은행은 시중은행보다 상대적인 고금리 예금을 제공하고 있다. 특히 예금은 예금자보호법에 의해 예금자보호가 되며, 저축은행이 시중은행보다 1~2%의 이자를 더 준다는 점에 주목해야 한다.

다만 저축은행이 파산 등으로 예금지급이 정지되면 최초의 약정금리보다 낮은 예금보험공사의 이율을 적용받게 된다. 그리고 지급받기 전에 돈이 필요하게 되면 예금자보호가 되는 한도 내에서 대출을 받아야 하는 불편함이 있다. 따라서 저축은행의 안전성이 의심된다면 월이자 지급식을 선택한다.

옵션형 정기예금 등을 이용한다

저축을 착실하게 하고 있어도 갑자기 돈이 필요하게 되면 제일 먼저 해지하는 것이 원금 손실이 전혀 없는 정기예금과 적금이다. 하지만 중도에 해지하면 약정금리보다 낮은 중도해지 이율을 적용받아 불이익을 볼 수 있다. 이런 경우를 대비해 정해진 횟수만큼 분할 해지가 가능하거나, 중도에 해지하더라도 약정이율을 지급하는 옵션형 정기예금을 고려한다.

숨어 있는 혜택을 찾는다

금융기관에서 지급받는 이자로 생활하게 되는 노령층이나 장애인의 경우에는 비과세종합저축에 가입하는 것이 좋다. 인터넷 전용 상품으로 가입할 때는 거래의 편리성과 함께 우대금리의 혜택이 많은 비대면 인터넷예금이나 온라인전용 공동예금, 스마트예금을 이용한다.

정기적금은 정기예금의 디딤돌로 삼는다

정기적금은 확정금리상품으로 금리가 하락할 것으로 예상되는 금리하락기에 유리한 상품이며, 푼돈을 모아 목돈을 마련하는 데 가장 적합한 저축이다. 특히 정기적으로 납입해 만기일에 원금과 이자를 지급받을 수 있으므로 정기예금으로 이어지는 디딤돌이 된다.

만약 적금을 불입하는 가운데 중도해지 사유가 발생하면 약정이율보다 낮은 경과 기간에 따른 중도해지이율이 적용되므로 만기가 얼마 남지 않았으면 적금담보대출을 이용한다. 이때 대출이율은 대개 적금이율+1.5%p 내외의 가산금리가 적용된다. 또한 수시입출금통장이나 급여이체통장 등에서 자동이체되도록 하거나, 인터넷을 이용하면 우대금리 등의 혜택이 있는 것도 감안한다.

확정금리상품은 앞으로 추가로 금리가 하락할 것으로 예상되면 기간을 길게 하고, 상승할 것으로 전망되면 짧게 하는 지혜가 필요하다.

월복리 적금의
매력과 진실

　　돈의 힘을 아는 금융소비자는 이자에 이자가 붙는 복리에 관심이 많다. 특히 저금리 기조가 지속될수록 한 푼이라도 이자를 더 주는 복리의 매력은 더욱 커지고 있다.

　　은행권도 이러한 금융소비자의 욕구에 부응하고자 월복리 적금을 경쟁적으로 도입하고 있다. 월복리 적금과 월복리 예금은 물론 매월 이자가 올라가는 계단식 금리구조의 '월복리 정기예금' 등으로 진화하고 있다. 이러한 월복리 예·적금은 저금리 상황의 지속과 예·적금 유치가 치열해질수록 경쟁적으로 업그레이드 되는 월복리 상품으로 등장할 것이다.

　　금융소비자는 '복리'라는 마케팅에 현혹되지 말고 그 '효과'에 대해 알아야 한다. 시중은행의 월복리상품은 대부분 연복리가 고정이므로 월단리 연복리를 적용하는 일반 적금이나 연복리를 주는 상품의 우대금리 정도밖에 금리효과가 없다.

　　예를 들어 기존 월단리 연복리 적금과 신규 월복리 적금을 비교해보자. 〈도표 5-3〉에서 보듯 금리 연 4.5%, 매월 10만 원을 저축한다고 가정하면 월복리라고 해도 연금리가 고정되어 있으므로 기존의 월단리 연복리 적금과 1년 차는 0.03%에 불과하고, 2년 차와 3년 차에도 각각 0.12%, 0.28%로 큰 차이는 없다. 다만 기간이 길수록 복리의 효과가 커진다는 점만 확인될 뿐이다.

156

도표 5-3 :: 기존 월단리 적금과 신규 월복리 적금 비교

(단위: 원, %)

구분	이자(원)			실질금리(%)		
	월단리상품	월복리상품	차이	월단리상품	월복리상품	차이
1년 적금	264,712	268,387	3,675	2.21	2.24	0.03
2년 적금	1,018,125	1,048,009	29,884	4.24	4.37	0.12
3년 적금	2,260,237	2,362,354	102,117	6.27	6.56	0.28

• 금리 연 4.5%, 매월 10만 원 적금

적금 이자는 이자율이 아니라
지급방식에 의해 결정된다

아직도 적금 가입 후 만기가 되면 적금 가입 시 명시된 이율과 실제 이자가 달라 의아해하는 금융소비자가 적지 않다. 이 문제를 해결하기 위해서는 적금의 이율뿐만 아니라 이자지급 방식에 대해서도 숙지할 필요가 있다.

이자지급 방식에는 월단리·월복리·연복리 등이 있으며, 일반적인 적금에는 월단리와 연복리가 적용된다. 월단리란 매월 불입하는 원금에 대해서만 이자율과 기간을 곱해서 이자를 계산하는 방식이다. 즉 '매월 불입금에 대해 12개월 단위로 적립 월수에 따라 지급하는 이자'다. 한편 연복리도 12개월, 24개월 등 1년 단위로 매월 납입한 원금에 대해서만 매월 이자가 계산된다. 12개월 동안 납입한 금액을 앞으로 1년간 거치할 경우에만 지급되는 것이다. 따라서 1년 이하의 적금에는 해당되지 않는다. 이때 이자는 12개월, 24개월간

도표 5-4 :: 적금의 이자산정 구조

경과기간	이자지급 방법	이자
1개월 차	10만 원×5%×(12/12개월)	5천 원
2개월 차	10만 원×5%×(11/12개월)	4,583원
· · ·	· · ·	· · ·
12개월 차	10만 원×5%×(1/12개월)	417원
13개월 차	10만 원×5%×(12/12개월)	5천 원
14개월 차	10만 원×5%×(11/12개월)	4,583원
· · ·	· · ·	· · ·
24개월 차	10만 원×5%×(1/12개월)	417원
단리이자	24개월 월단리 합계	6만 5천 원
복리이자	12개월 원금 120만 원에 대한 이자	6만 원
이자합계		12만 5천 원
실제 1년 이자율		2.7%
실제 2년 이자율		5.2%

• 만약 비과세가 아니라 일반 상품이면 세금은 이자금액에 대해 15.4%가 원천징수 되고, 세금우대상품의 경우는 9.5%가 원천징수 된다.

불입한 원금에 한해 적용되므로 이자에 이자가 붙는 복리상품으로 보기는 어렵다.

〈도표 5-4〉에서 보듯 5% 이자가 붙는 비과세 적금을 매월 10만 원씩 24개월 납입하는 경우를 예로 들어보자. 매월 불입하는 돈은 단리로 이자를 계산하고, 12개월 동안 불입한 원금에 대해서만 복리를 적용한다. 그 결과 2년치 이자가 총 12만 5천 원이라는 계산이

158

나온다. 이는 비과세상품일 경우의 이자수익이다. 일반 적금은 이자수익의 15.4%, 세금우대상품은 9.5%를 세금으로 내야 한다. 따라서 실제 수령하는 이자수익은 일반 적금인 경우 10만 5,750원, 세금우대 적금은 11만 3,125원으로 더욱 줄어든다.

같은 조건으로 12개월 동안 적금을 붓는다면 이자수익이 얼마나 될까? 이미 설명했듯이 은행권의 복리는 1년간 납입한 금액을 1년 동안 거치한다는 전제 아래 지급하므로 이자수익은 3만 2,500원에 불과하며 실제 이자율은 2.7%에 그친다.

요컨대 자산을 불리기 위해 저축을 선택할 때는 이자율만 따질 것이 아니라 지급방식까지 꼼꼼히 따져봐야 한다. 특히 저축 기간이 길어지는 경우에는 반드시 복리효과를 챙겨야 인플레이션 이상의 자산을 만들어 갈 수 있다.

안심하고 저축은행을 통해 예·적금하는 방법

프로젝트 파이낸싱 대출이 부실하다고 하면 위기가 고조되고, 특정 저축은행이 영업정지를 받았다는 뉴스가 나오면 저축은행을 이용하는 금융소비자는 불안해한다. 이에 비교적 재무구조가 우량한 저축은행들이 높은 금리의 특판예금과 후순위채권으로 유혹해도 시큰둥하게 반응한다. 저축은행의 부실화로 안전이 우려되기 때문이다.

금융소비자는 제1금융권인 시중은행에 돈을 맡기자니 물가상승과 화폐가치의 하락을 감안해 돈이 줄어들고 있다는 피해의식이 커지고, 그렇다고 저축은행에 맡기자니 불안해한다. 그래도 저축은행은 시중은행보다 금리가 1~2% 정도 높으므로 실질금리 마이너스 시대를 이기고자 하는 금융소비자에게 매력적으로 다가올 수밖에 없다. 따라서 다양한 대안을 찾을 필요가 있다.

예금자보호제도의 1인당 한도를 지킨다

예금자보호제도는 저축은행이 영업정지나 파산 등으로 고객의 자산을 돌려주지 못할 때 예금보험공사 등이 대신해 원금과 이자를 지급해주는 제도다. 저축은행이 파산할 경우 예금자는 예금자보호제도를 통해 예금자보호 한도까지 원리금을 보호받을 수 있다. 하지만 만기 이전의 이자는 예금보험공사가 정한 소정의 이자가 적용되므로 금리 손해를 보게 되며, 예금 전액을 돌려받으려면 짧으면 2~3개월이고 길면 6개월까지 기다려야 하는 마음고생과 불편함을 겪어야 한다. 예금자보호 한도를 초과하는 예금자는 예금보험공사 내 예금보험위원회가 정하는 소액의 개산지급금 외에는 보상받을 길이 없으므로 경제적인 손실을 피할 수 없다.

예금주를 분산한다

예금자보호제도의 1인당 보호한도를 초과해 저축은행에 예치하고자 하는 예금자는 통상 가족명의로 분산하는 경우가 많다. 이때 예금자는 가족명의의 통장이므로 이자는 한 개의 통장으로 하는 경우가 많다. 하지만 예금자보호제도는 예금주를 기준으로 합산해 1인당 보호한도를 적용하기 때문에 가족명의로 분산했더라도 이자를 한 통장에서 받는다면 예금자보호 한도를 초과하는 예치금은 보호받을 수 없게 된다. 또한 여러 통장의 돈을 가족 중 특정한 한 사람만 받을 수 있도록 지급제한을 둘 경우도 1인 예금주로 보기 때문에 예금자 보호를 받을 수 없다.

자기자본비율과 고정이하여신비율로 건전성을 체크한다

저축은행의 건전성을 보는 지표로 국제결제은행 기준 '자기자본비율'과 '고정이하여신비율'이 있다. 자기자본비율은 '저축은행이 자기자본으로 위험자산을 얼마나 감당할 만한가를 나타내는 지표'이고, 고정이하여신비율은 '대출자산 중 회수에 문제가 있는 부실자산이 차지하는 비율'을 말한다. 따라서 자기자본비율은 높을수록 좋고, 고정이하여신비율은 낮을수록 좋다.

이 외에 손익계산서, 대차대조표 등 재무제표와 총자산순이익률, 연체율 및 무수익여신 등 각종 경영지표를 확인하고 우량 저축은행을 선택하되, 공시된 자료는 6월 결산에 맞춘 것이므로 전년 대비 재정건전성이 향상되었는지 확인할 필요가 있다.

경영공시를 파악한다

저축은행중앙회의 홈페이지를 방문하면 경영공시 등의 정보를 수시로 열람할 수 있다. 만약 홈페이지의 경영공시가 부실하거나 불건전하면 되도록 피하는 것이 좋다.

주택청약종합저축을
새롭게 보자

　　나이와 자산 유무에 상관없이 누구나 가입할 수 있는 주택청약종합저축은 가입자 수가 약 2,300만 명이 넘는 것에서 알 수 있듯이 최고의 인기 금융상품이다. 이렇게 주택청약종합저축에 돈과 사람이 몰리는 이유는 소득공제 혜택과 더불어 주택을 청약할 수 있는 자격을 부여했기 때문이다.

　주택청약종합저축의 금리는 가입 후 1년까지 1%, 이후 2년까지 1.5%, 2년 이후부터는 1.8%지만, 연 240만 원 한도에서 불입금의 40%인 96만 원까지 소득공제해 주는 것을 감안하면 그리 낮은 금리가 아니다. 여기에 1,500만 원까지 일시금으로 예치할 수 있으므로 저금리 시대의 예금으로서도 부족하지 않다. 다만 소득공제는 전체 급여 액수가 7천만 원 이하인 근로자로서 무주택 세대주여야 한다.

　주택청약종합저축은 희소가치성이 부족하므로 당장 큰 매력이 없더라도 가입 기간과 불입금이 청약을 좌우하는 것을 감안해 효용가치가 있을 때까지 최소 2만 원 이상 꾸준히 불입할 필요가 있다. 특히 임대주택의 특별공급분은 주택청약종합저축 가입 후 6개월이 경과되면 당첨될 수 있으므로 예비부부나 신혼부부는 반드시 준비하도록 하자.

　또한 새로 태어나는 아이나 있거나 자녀가 어리다면 이들이 주택을 마련하기까지 수십 년이 남아 있으므로 주택 마련과 교육자금 마련이라는 2가지 목적으로 준비해 둘 필요가 있다. 왜냐하면 주택청약의 당첨은 가입 기간과 납입액수 순서로 선정되며, 자녀가 대학에 갈 무렵이면 교육자금으로도 쓸 수 있기 때문이다. 다만 미성년자는 2년간 납입한 후 1순위 조건을 갖췄더라도 성년인 만 19세 이상이 되지 않으면 청약이 불가능하다. 하지만 납입횟수와 납입금액이 높을수록 유리하기 때문에 어릴 때부터 가입하는 것이 좋다. 다만 미성년 자녀는 최대 24회(공동주택 청약 시)까지만 납입횟수가 인정된다.

주택청약종합저축은 눈앞의 이익보다는 미래에 대한 투자다. 당장 집을 사기 어렵다고 준비하지 않으면 정작 필요할 때 아쉬울 수 있다. 또한 주택 소유와 나이 등에 제한이 없고, 청약 시에는 국민 및 민영주택 등 희망주택 규모 선택이 자유롭기 때문에 매월 2만 원에서 50만 원까지 5천 원 단위로 자유롭게 납입하도록 한다.

개인종합자산관리계좌로
절세효과를 노려라

2016년 출시할 당시에 누구에게나 만능 통장이라고 불렸던 개인종합자산관리계좌ISA: Individual Savings Account, 이하 ISA통장가 지금은 누구에게는 만능 통장이고 누구에게는 불능 통장이 되었다. 국가에서 제공하는 절세효과를 극대화시키지 못하면 '빛 좋은 개살구'처럼 안정과 수익은 없기 때문이다.

ISA통장은 기대에 못 미친 세제 혜택과 수익률, 까다로운 가입 조건, 상품 편입, 자산 재조정(리밸런싱) 등 관리하기 어려운 금융상품이다. 하지만 ISA통장은 점차 사라지는 추세 속에 있는 몇 안 되는 비과세 금융상품이고, 추가적으로 분리과세 혜택도 볼 수 있는 유용한 금융상품이다.

예를 들어 〈도표 5-5〉에 의하면 서민형 ISA의 순이익이 400만 원일 경우 전부 비과세가 되어 61만 6천 원의 세금 감면 효과가 있다. 순이익 1천만 원 일 경우는 400만 원은 비과세이고, 400만 원을 초과한 나머지 600만 원은 분리과세 9.9%를 적용 받아 59만 4천 원의 세금을 내서 94만 6천 원의 절세 효과가 있다. 비과세 한도는 고정이므로 순이익이 커지면 커질수록 분리과세 혜택도 커지는 효과가 있다. 즉 만기 시점에 일괄 과세하고 매년 2천만 원 한도로 최대 1억 원까지 투자가 가능하므로 상품 운영에 따라 비과세 순이익 외에 분리과세 순이익이라는 덤 효과를 볼 수 있다.

이에 따라 비과세 혜택만 아니라 분리과세 효과까지 온전하게 얻기 위해서는 스스로 관리하기 어렵다고 하는 ISA통장이 무엇인지 알아야 한다.

ISA통장은 하나의 계좌에 예금성 상품(예·적금, 예탁금, 환매조건부채권 등)과 투자성 상품(국내외 주식형/혼합형/채권형 등 다양한 공모펀드, 상장지수펀드, 리츠, 파생결합증권 등) 등 다양한 금융상품을 계좌 안에서 자유롭게 구성해 투자하면 발생한 순이익에 세제 혜택을 준다. 즉 ISA통장은 가입 자격, 3~5년에 이르는 의무 가입에 대한 부담, 납입원금 내에서 가능한 중도인출 등 까다로운 가입조건이 충족되면 연간 납입한도를 설정하고 그 안에서 발생한 소득에 대해 세제 지원을 받는다.

하지만 ISA통장은 1인 1계좌만 허용되고 계좌 내에서 예금성 상

도표 5-5 :: 순이익에 따른 절세 효과

순이익	현행세금 (A, 15.4%) (개별상품별 투자)	ISA계좌에서의 세금 (B, 9.9%)	차이(A-B) (세금감면 효과)
400만 원	61만 6천 원	0원(전부 비과세)	61만 6천 원
1천만 원	154만 원	59만 4천 원 - 순이익 400만 원(비과세) - 순이익 600만 원(분리과세)	94만 6천 원
1,500만 원	231만 원	108만 9천 원 - 순이익 400만 원(비과세) - 순이익 1,100만 원(분리과세)	122만 1천 원
2천만 원	308만 원	158만 4천 원 - 순이익 400만 원(비과세) - 순이익 1,600만 원(분리과세)	149만 6천 원

• 과세: 15.4%
• 분리과세: 9.9%

품과 투자성 상품 등 다양한 금융상품을 통합적으로 운영해야 하므로 금융소비자가 스스로 체계적 자산관리를 하기는 쉽지 않다. 자신의 투자성향과 투자목표 등에 따라 신탁형과 일임형 중에 하나를 선택하고 포트폴리오를 통해 체계적인 자산관리를 해야 한다. 신탁형은 가입자가 ISA통장에 담을 금융상품을 직접 선택하고 만든 개별 맞춤형 포트폴리오에 가입자가 금융기관에 지시해 상품을 편입하고 교체하는 유형이고, 일임형은 가입자가 금융기관이 제시하는 모델 포트폴리오 중 하나를 선택해 투자하는 방식이다.

금융소비자는 매번 재투자와 종목 대응이 힘들면 전문가의 모델 포트폴리오에 투자하는 일임형 ISA로 하고, 그렇지 않으면 구체적

구분	서민형	청년형·농어민	일반형
가입자격	• 총 급여 5천만 원 이하 근로자 • 종합소득 3,500만 원 이하 사업자	• 서민형 미충족자 중 청년근로자 (15~29세) • 농어민	• 서민형, 청년형 등 요건 미충족자
비과세한도	순이익 400만 원	순이익 400만 원	순이익 200만 원
의무유지기간	3년	3년	5년
연간납입한도	연간 2천만 원(최대 1억 원까지)		

• 금융소득과세 대상자는 제외

운용지시를 하는 등 직접 관리를 할 수 있는 신탁형 ISA로 한다.

상품 운용이 복잡할수록 금융전문가의 도움 없이 목표하는 수익을 내기는 어렵다. 대체로 일임형 ISA가 운용수수료가 있더라도 수익과 비용 및 금융전문가의 투자 판단을 감안하면 유용하다. 금융소비자가 국내외 자본시장의 변화에 따라 다양한 금융상품을 직접 선택하고 지속적으로 리밸런싱을 하는 등 관리하고 운용하기 어렵기 때문이다.

그래도 신탁형 ISA를 운용하고자 하는 금융소비자는 ISA에 예금성 상품을 토대로 하고 이를 보완하도록 한다. 특히 예금성 상품 중 편입해야 하는 펀드는 배당과 이익에 집중하는 상품을 고르고, 해외 주식형펀드 또는 글로벌 채권형펀드 등에 한정하도록 한다. ISA통장은 절세효과의 극대화에 있으므로 국내 주식형펀드 등 매매차익이 비과세인 금융상품은 제외해야 하기 때문이다. 또한 대체 투자로

도표 5-7 :: 신탁형 ISA와 일임형 ISA 차이

구분	신탁형 ISA	일임형 ISA
특징	구체적 운용지시 → 투자자별 맞춤형 상품	구체적 운용지시 없이도 가입 가능 → 전문가에 의해 설계된 상품
모델포트폴리오 제시	금지 (개별 포트폴리오 자문은 가능)	허용
편입상품 교체	투자자 지시 필수	일임업자에 위임 가능
운용수수료	없음	있음

리츠나 상장 부동산 등에서 대상이 되는 펀드를 찾아 편입하는 수고, ELS 등은 3~6개월 조기상환 주기 때마다 재가입하는 번거로움을 감수해야 한다.

어린이 전용 금융상품을
준비한다

일부 부모들은 자녀가 어릴 때부터 저축이나 투자를 통해 돈이 움직이는 원칙을 깨닫길 바란다. 그들은 자녀에게 저금통에 매일 모은 동전이나 용돈이 어느 정도 쌓이면 은행에 가서 저축을 하거나 증권사에 가서 펀드에 투자하라고 가르친다.

부모의 이러한 경제교육은 자녀에게 어릴 때부터 저축과 투자의 차이에 의해 푼돈이 목돈이 되는 과정을 가르칠 수 있고, 복잡한 경제문제도 자녀 스스로 생각할 수 있게 해주는 좋은 방법이다. 여기에 자녀가 장차 성인이 되었을 때 건전한 가계를 꾸리고, 부자가 될수 있는 좋은 금융습관을 어려서부터 체득시킬 수 있으므로 평생토록 돈에 대한 바른 자세를 유지할 수 있게 해준다. 이는 부모가 자녀에게 물려주는 인생 최고의 선물 중 하나다.

또한 부모에게도 장기적으로 혜택을 준다. 자녀가 대학을 가는 시기는 대부분 부모의 은퇴시기와 겹친다. 대학자금을 마련하는 것도 힘겨운데 과도한 사교육비가 부부의 노후자금보다 우선한다면 풍족한 노후는커녕 최소한의 여유 있는 생활을 포기하는 것과 마찬가지다. 자녀의 교육자금은 자녀를 위한 금융상품에 가입해 최소한의 금액으로 하루라도 빨리 준비해야 한다.

자녀를 위한 금융상품에 가입할 때는 수익률 외에도 자녀에게 어떤 혜택이 돌아가는지 꼼꼼하게 살펴봐야 한다. 어린이를 위한 금융상품 중 가장 손쉽게 가입할 수 있는 것이 어린이 예·적금이다. 자녀의 이름으로 통장을 만들어주면 아이의 경제 감각을 키울 수 있는 것은 물론, 교육자금을 대출받거나 무료보험, 중도인출 등의 혜택이 주어진다. 또한 모두 무료로 상해보험에 가입이 가능하다.

은행의 예·적금 금리에 만족하지 못하고 자녀의 돈을 장기적으로 활용하고자 하는 부모는 우량 운용사에서 현재 판매 중인 대표 어린이펀드를 선택하면 된다. 어린이펀드는 잘 활용하면 불입금액 기준 2천만 원까지 과세 없이 증여가 가능하며, 경제교육 프로그램이나 보험혜택 등 어린이를 위한 다양한 부가서비스가 제공되므로 많은 학부모들로부터 각광을 받고 있다. 다만 어린이펀드는 어린이를 위

168

한 다양한 부가서비스를 제외하면 일반 주식형펀드와 큰 차이가 없으므로 위험관리를 우선적으로 고려해야 한다.

이와 같이 은행권의 어린이 예·적금은 이자율이 낮아 복리효과가 없고, 증권사의 어린이펀드는 주식시장이나 채권시장의 상황에 따라 원금손실의 위험요소가 존재한다. 따라서 자녀가 초등학교 고학년 이상이면 투자성향에 따라 어린이 예·적금이나 어린이펀드를 준비하고, 초등학교 저학년 이하면 보험사의 어린이 저축보험이나 어린이 변액유니버셜보험을 운용하는 것도 현명한 방법이다.

일반적으로 많은 가정에서 자녀를 위해 모아둔 돈이 목돈이 되면 주택구입과 확장, 생활비 등의 명목으로 너무도 쉽게 목돈을 사용한다. 하지만 교육비 외에 다른 용도로 써서는 안 된다. 급하게 돈을 전용하면 훗날 노후 준비시기와 겹쳐서 몇 배의 대가를 치를 수밖에 없기 때문이다. 이제부터라도 자녀의 교육비가 얼마나 필요할지 미리 파악하고 준비해 정말 필요한 시점에 자녀의 꿈을 이루도록 도와주는 지혜를 발휘해야 한다.

예금처럼 안전한 파생상품으로 예금보다 더 높은 수익을 추구한다

은행의 예금처럼 손실에 대한 위험이 없어 보수적인 예금운용자도 선호할 수밖에 없는 금융투자상품이 있다. 바로 은행에서 판매하는 ELBEquity linked Bond, 주가연계채권와 ELDEquity Linked

Deposit, 주가연계예금, 그리고 증권사가 취급하는 ELSEquity Linked Security, 주
가연계증권, DLSDerivatives Linked Security, 파생결합증권 등 이름이 비슷비슷해
서 투자자들을 헷갈리게 하는 파생상품이다. 다만 ELD는 예금자보
호법에 따라 예금자보호가 되나, ELB와 ELS, DLS는 예금자보호법
의 대상은 아니어도 발행사의 신용으로 원금이 100% 보장되는 차
이가 있다.

진화하는 원금보장 ELS를 고려한다

저금리가 지속될수록 예·적금 등으로 은행금리에 만족하지 못하
는 금융소비자들은 주식시장을 기웃거릴 수밖에 없다. 하지만 주
식·펀드 등 금융투자상품은 수익을 크게 기대하는 만큼 원금손실의
부담도 커지므로 투자경험이 부족한 금융소비자는 마냥 투자의 대
열에 편승할 수 없다.

은행금리에 만족하지 못하거나 투자경험이 부족한 안전 지향 금
융소비자는 상대적으로 '고금리 가능성'을 기대할 수 있고 은행에서
판매하는 ELB나 ELD에 주목할 필요가 있다.

ELB는 말 그대로 우량채권이나 국고채 등 채권의 가격에 연동해
수익률이 결정되도록 만들어진, 은행에서 취급하는 100% 원금보장
형 파생상품이다. 다만 중도해지 시 손실이 발생하며 ELS와 달리 기
초자산이 안전자산인 채권이므로 ELS보다 상대적으로 위험은 적은
대신 수익이 낮고 투자기간은 긴 경향이 있다. 1~3년의 중장기투자
가 가능한 금융소비자에게 적합하다.

ELD는 은행예금 등 확정금리상품의 금리 경쟁력이 떨어지는 것

에 대한 대안으로 나온 상품이다. 원금보존과 5천만 원까지 예금자 보호는 물론 초과수익을 얻는 것이 가능하다. 예금자보호가 되는 이유는 고객의 투자금은 모두 정기예금에 넣고 여기서 발생하는 이자만 온갖 파생상품에 투자하는 등 주가지수의 변동에 연계해서 결정되는 예금이기 때문이다.

ELS는 주가지수나 개별 주식의 가격에 연동해 수익률이 결정되도록 만들어진 상품이다. 초기에는 코스피200 등 주가지수에 연계되던 것이 점차 개별 종목에도 연계되며 매주 출시되고 있다. 특히 개별 종목에 연계되어 있는 ELS는 높은 수익을 추구할 수 있어 만기구조에 따라 매우 다양하게 진화한다. 다만 개별 종목에 연계되어 있는 ELS는 원금비보장상품이다. ELS는 엄연한 파생상품이고, 원금손실 여부에 따라 크게 분류하면 원금보장형과 원금비보장형으로 나눌 수 있다.

투자경험과 지식이 부족해 직접 투자는 자신이 없으나 낮은 은행 금리에 만족하지 못하는 금융소비자는 개별 종목에 연계된 원금 비보장형 ELS보다 100% 원금보장형 ELS에 투자를 고려해 보자.

그렇다고 100% 원금보장형 ELS가 수익성이 떨어지는 것은 아니다. 투자자의 돈을 유치하고자 하는 증권사 간의 경쟁이 발생하면 녹아웃knock-out 시 일정한 금리를 보장해주는 상품이 수시로 등장하고 있기 때문이다. 녹아웃은 권투 경기에서 '열을 셀 때까지 일어나지 못하면 진다'라는 규칙을 정해놓은 것처럼 사전에 정한 기준에 도달하면 수익률이 확정되도록 한 규정이다.

100% 원금보장이 되면서 연 15%의 수익률을 기대하는 녹아웃

도표 5-8 :: ELS 수익 구조

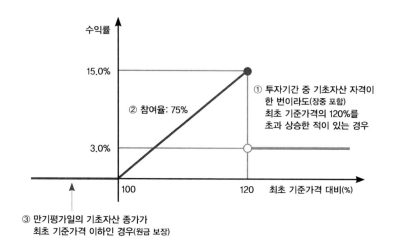

③ 만기평가일의 기초자산 종가가
　최초 기준가격 이하인 경우(원금 보장)

형 ELS를 예로 들어보겠다. 수익구조는 〈도표 5-8〉의 ①처럼 투자기간 중 기초 자산가격이 장중 포함 한 번이라도 최초 기준가격보다 120%를 초과 상승한 적이 있는 경우 녹아웃이 되어 이자 3%를 붙여 103%를 지급하는 방식이다. 하지만 ②처럼 ①의 조건을 충족하지 못했을 경우에는 만기평가일에 코스피200지수 종가가 최초 기준가격보다 얼마나 올랐는지 산정해 종가의 75%를 계산해서 최대 수익률 15% 이내에서 지급한다. 즉 '원금+원금×(가격 상승률 ×75%)'를 만기에 지급한다. 물론 최종 종가가 최초 기준가격 이하라면 ③처럼 만기일에 원금만 돌려준다. 최소한 원금의 100%에서 115%를 1년 안에 기대할 수 있다.

이러한 원금보장 ELS는 주식시장이나 증권사 간의 경쟁에 따라

도표 5-9 :: 원금보장형 ELS 유형

구분	유형	만기	특징
원금 보장	녹아웃형 (knock-out)	1년 미만	주종이며 투자기간 중 한 번이라도 미리 정해놓은 주가 수준에 도달하면 확정수익을 주는 구조
	불스프레드형 (bull spread)		만기시점의 주가 상승에 비례해 수익을 주는 구조로 최대 상승 한도는 가입 시 결정
	디지털형 (digital)		미리 정해놓은 주가 수준 이상이면 일정 수익을 지급하는 구조
	리버스컨버터블형 (R/C)		미리 정한 하락폭 이하로 주가가 하락하지만 않으면 약정한 고수익을 주는 구조
	양방향 녹아웃형		투자기간 중 한 번이라도 미리 정해놓은 주가 수준에 도달하면 확정수익을 주는 구조로 주가가 상승하든 하락하든 수익이 발생할 수 있는 구조

다양한 상품이 출시되고 있다. 수익구간도 0~20%대까지 범위가 넓고, 경제와 금융시장 환경에 따라 불스프레드형, 디지털형, 리버스컨버터블형, 양방향 녹아웃형 등 다양하다.

디지털형은 수익구조가 0 또는 1로 나뉘어 일정한 조건을 만족하면 수익이 확정된다. 정해진 숫자가 나오면 당첨되는 복권처럼 일정한 조건을 만족하면 수익을 지급한다. 리버스컨버터블형은 지수가 하락했을 때 손실이 나는 구조인 반면, 불스프레드형은 지수가 하락해도 원금이 보존된다.

이제 금융소비자는 금융지식을 높여 ELS로 목표수익률과 위험 수준을 정하고, 상품의 구조를 따져가면서 안정성 있게 고금리 가능성을 기대할 필요가 있다.

도표 5-10 :: 원금비보장형 ELS

구분	유형	만기	특징
원금 비보장	주식형	1년 이상	주가하락 시 일정 수준까지 원금을 보장받으면서 주가상승분의 수익을 주는 상품으로 중도환매가 자유로운 구조
	조기상환형		복수의 개별 종목 주가가 모두 일정한 주가 수준 이상일 경우, 정해진 기간별로 조기상환되면 수익을 주는 상품으로 고수익을 기대할 수 있는 구조

다만 ELS를 처음 접하는 경우 원금 100% 보장형인지 아니면 원금비보장형인지 확인하지 않고 창구에서 권하는 대로 원금비보장형에 가입했다가 낭패를 보는 사례도 있다.

따라서 상품설명서를 자세히 살펴보고 자신의 투자성향과 투자목적, 투자기간 등에 따라 자신에게 맞는 ELS를 선택하고 투자해야 한다. 은행만 이용하고 있다면 비슷한 상품으로 ELB나 ELD를 이용하면 된다.

ELS 투자원칙

1. 자신의 투자 여건(투자기간, 기대수익률, 원금손실 감수 여부)을 고려해 상품을 선택하라.
2. 투자 초보자는 원금이 확실히 보장되는 상품을 골라라.
3. 주가상승을 확신한다면 공격형 상품을 선택하는 것이 좋다.
4. 개별 종목 주식형일 경우에는 실적이 뒷받침되는 우량종목인지 확인하라.

5. 금융회사별로 일정한 모집 기간이 있기 때문에 가입하려면 미리 모집기간을 확인하는 것이 좋다.

6. 100% 원금보장형이 아닌 경우 주가에 따라 원금손실이 날 수 있다는 점을 유의하라.

7. 만기까지는 돈이 묶이고, 중도환매하면 많은 수수료를 내야 한다는 점에 주의하라.

상품 가입 전 확인사항

1. 상품이 원금보장형인가, 원금비보장형인가? 원금비보장형일 경우 어떤 조건에서 손실이 나는가?

2. 상품은 증권인가, 예금인가, 펀드인가? 예금은 은행에 책임이 있어 예금자보호법 대상이다. 증권의 상환은 증권사가, 펀드의 상환은 운용사가 책임진다. 예금이 가장 안전하나 기대수익이 적다.

3. 상품의 기초자산과 수익구조는 어떠한가?

4. 목표수익률의 달성 가능성은 얼마나 되는가?

5. 상품의 환매수수료와 상환조건은 어떠한가? 만기 전(중도상환 결정일)에 해지하면 환매금액의 2~8%를 수수료로 물어 원금손실이 발생할 수 있다.

ELS에 이은 DLS

똑똑해진 금융소비자는 금·원유·구리·농산물 등 원자재 가격이 오른다고 예상되면 원자재펀드나 선물에 투자한다. 하지만 국내외 금융·경제환경에 따른 손실에 대한 위험부담이 만만치 않고 급등락을 거듭하는 원자재 가격은 더욱 감당하기에 버겁다. 무언가 위험분산을 위한 투자처가 필요하다고 생각한다. 원금보장이 되면서 일정한 수익을 추구할 수 있는 상품이 절실하다.

이러한 투자자라면 DLSDerivatives Linked Security, 파생결합증권에 대한 투자를 고려해볼 만하다. DLS란 주식이나 주가지수의 가격만을 기초자산으로 삼는 ELS와 상품구조가 비슷하다. 그러나 DLS는 설탕·밀·옥수수 등 농산물상품은 물론 상품가격, 경제상황에 따라 금, 천연가스, 국제유가, 발틱운임지수 등과 수익구조에 따라 한계 없이 다양하게 출시된다.

원금보장 DLS는 안정적인 포트폴리오를 원하거나 보수적인 투자자에게 적합하다. 다만 ELS와 같이 전적으로 발행사의 책임이므로 신용등급이 높은 발행사를 선정해야 한다. 그리고 기초자산에 익숙하지 않은 금융소비자는 원금보장이 된다는 장점만을 믿고 투자하기보다는 해당 발행사의 리서치 정보 제공을 꼼꼼히 살펴보고 기초자산의 전망을 예측하는 노력이 필요하다. 또한 ELS와 마찬가지로 만기 이전에 중도상환을 신청하면 상품 구조상 만기 때 찾는 것보다 손해를 볼 수 있다는 것을 알아두자. 원금보장형이라도 중도상환을 신청하면 증권사마다 다소 차이는 있으나 발행 후 6개월까지는 평가금액의 90% 이상, 6개월 이후엔 평가금액의 95% 이상을 지급하기 때문이다.

남들이 좋다는 말에 따라 덥석 펀드에 가입하던 시대는 지났다. 펀드는 자산을 불려주는 만사형통 수단이 아니다. 하지만 금융소비자에게 펀드만큼 보편적이고 자산 증식에 효과적인 것은 없다. 이제 단순하게 남들이 좋다는 펀드에 투자하기보다는 투자수익률을 높일 수 있도록 기본적인 투자공부와 금융지식 쌓기를 게을리하지 않으면서, 경제와 금융환경에 적합한 펀드를 골라 성공 확률을 높여야 한다.

펀드는 시간을 밑거름으로 성장하는 금융투자상품이다. 경기에 따라 투자와 수익을 내는 기간을 인내하면서 손실과 이익이 날 때 발 빠르게 대처하고, 다양한 투자전략을 세우고, 위험을 관리하며, 돈을 묻어두고 기다려야 비로소 성과라는 열매를 맛볼 수 있다.

FINANCE

6장

펀드투자, 알아야 성공한다

주식보다
펀드투자가 좋은 이유

　　주위를 돌아보면 주식에 투자하는 사람들을 심심치 않게 볼 수 있다. 펀드투자는 주식투자보다 상대적으로 수익도 적고 수수료도 만만찮아 보인다. 차라리 주식에 직접 투자를 하면 더 많은 수익을 올릴 수 있을 것만 같다. 하지만 현실은 그렇게 녹록하지 않다.

　　주식투자는 주가 추이에 신경을 곤두세우게 되기 때문에 업무에 소홀해지고, "본전치기만 하면 그만두겠다"는 투자자를 주변에서 자주 볼 수 있을 정도로 수익을 내기가 어렵다. 이는 "선무당이 사람 잡는다"고 대부분의 투자자가 이익이 발생하면 자기 과신과 공돈 효과에 의해 더 큰 투자를 감행해 모든 이익과 원금을 날리는 경우가 많기 때문이다. 손실을 보면 본전 찾기 효과에 의해 섣부른 금융지식을 동원해 물타기 또는 손절매 등을 해서 손실의 규모를 더욱 키

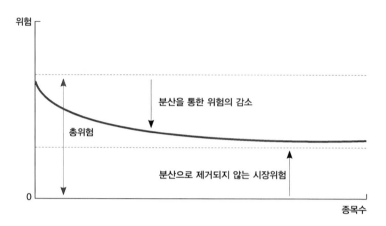

우게 된다.

반면에 펀드투자는 금융전문가인 펀드매니저가 각 금융전문가에 의해 작성된 정보나 미래 전망을 토대로 한 다수의 주식과 채권으로 포트폴리오를 구성해 투자를 하기 때문에 분산을 통해 위험을 줄이면서 주식에 비해 상대적으로 안정적인 기대수익을 추구한다. 다만 펀드는 50개 내외 주식수로 포트폴리오가 구성되어 있으므로 개별 주식의 위험이 거의 없으나, 주식과 마찬가지로 시장위험은 아무리 분산투자를 하더라도 제거되지 않는다. 하지만 업무에 충실하면서 중장기적으로 기대수익을 추구한다는 점에서 수수료 부담과 기회비용을 감안하더라도 괜찮은 투자대상이다.

그러면 어떤 펀드에 투자해야 할까? 좋은 펀드만을 골라 투자한다고 가정하면 중단기투자에는 대형주펀드가 유리하고, 장기투자에는 지수를 추종하는 인덱스펀드가 좋다. 인덱스펀드를 운용하는 뱅가드그룹의 1994~2004년 통계에 의하면 S&P500지수보다 더 높은 수익을 보인 대형주펀드는 1년 26%, 3년 24%, 5년 37%, 10년 14%, 20년 10%로 시간이 갈수록 적어졌다는 조사에서 알 수 있듯이 인덱스펀드가 더 효율적이다.

펀드에 중장기투자를 하고 싶은 금융소비자는 금융지식이 부족해 좋은 펀드를 선택할 능력이 떨어져 인덱스펀드를 고려한다. 하지만 계속 금융지식을 습득해 시장위험을 줄이고 보다 높은 기대수익을 추구하겠다는 마음이 있다면 상장지수펀드와 유형이 다른 대형주펀드를 포트폴리오로 구성한다. 그다음 "계란을 한 바구니에 담지 말라"는 증시 격언에 따라 분산투자하는 것이 올바른 투자방법이다.

과거를 알면
성공 확률이 커진다

상대주의 역사학자 에드워드 카Edward Carr는 "역사란 현재와 과거 사이의 끊임없는 대화이고, 역사는 반복된다"라고 주장했다. 주식시장도 상승과 하강의 사이클을 반복하고, 과거와 현재가 대화를 하면서 끊임없이 발전한다. 과거를 알면 미래를 현명하게 대처할 수 있다. 투자에 있어 과거의 강세장과 약세장의 역사는 미래의 투자를 위한 좋은 아이디어다.

2008년 금융위기 이후 강세장을 거쳐 5년 이상의 기나긴 박스권 장세를 지나 코스피지수는 2018년 1월에 역사적인 고점 2,607.10p

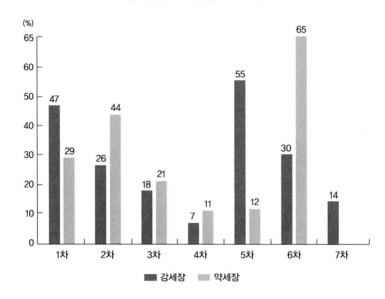

도표 6-2 :: 대세 사이클별 강세장과 약세장의 지속기간

에 도달했다. 그리고 다시 2,000p 초반대에서 박스권을 형성하고 있다. 약세장이 계속될지 아니면 다시 강세장이 지속될지는 아무도 모른다. 다만 강세장과 약세장의 지속 기간은 한 번 발생하면 길게 이어지며, 역사는 강세장과 약세장을 반복한다는 사실만 확인될 뿐이다.

주식시장은 오랜 기간 강세의 흐름이 이어졌던 1980년대 후반의 1차 강세장, IMF가 겹치면서 비교적 조정 기간이 길었던 2차 약세장, 서브프라임발 금융위기 이후 긴 6차 강세장과 아주 긴 약세장과 조정기간을 거쳐 역사적인 고점이라는 7차 강세장을 맞이했다. 강세장과 약세장이 결코 짧지 않다는 점에서 과거와 현재가 끊임없이

도표 6-3 :: 약세장의 전체 코스피 하락폭과 단기 집중 하락 구간의 하락폭

| 구분 | 전체 하락폭 및 기간 | | 특정 국면 주가 하락폭 및 기간 | | B/A |
	코스피 하락폭 (A)	기간	코스피 하락폭 (B)	기간	
1차 약세장	548p (1,007~459p)	1989년 4월 ~1992년 8월	548p (984~566p)	1989년 10월 ~1992년 9월	76.2%
2차 약세장	858p (1,138~280p)	1994년 11월 ~1998년 6월	325p (974~649p)	1996년 5월 ~1997년 3월	37.8%
3차 약세장	591p (1,059~468p)	2000년 1월 ~2001년 9월	559p (1,059~500p)	2000년 1월 ~2000년 12월	94.5%
4차 약세장	422p (937~515p)	2002년 5월 ~2003년 3월	422p (937~515p)	2002년 5월 ~2003년 3월	100%
5차 약세장	126p (1,064~938p)	2007년 11월 ~2008년 10월	126p (1,064~938p)	2007년 11월 ~2008년 10월	100%
6차 약세장	612p (2,160~1,644p)	2011년 8월 ~2016년 12월	612p (2,160~1,644p)	2011년 8월 ~2016년 12월	100%

대화를 하며 "산이 높으면 골이 깊다"라는 증시 격언이 철저하게 작용하고 있음을 알 수 있다.

금융소비자는 강세장보다 약세장에 주목해야 한다. 약세장을 알면 강세장에서 자신의 돈을 크게 불려갈 수 있고, 자신의 돈을 지켜가면서 돈이 일할 기회를 잡을 수 있기 때문이다.

약세장의 진행 기간은 국면별로 상이했다. 4차 약세장이 11개월로 가장 짧았고, 6차 약세장은 65개월로 가장 길었다. 서브프라임발 금융위기로 발생한 5차 약세장도 저점까지 하락하는 기간이 12개월에 불과하다. 이를 보면 과거 6차례의 약세장에서 주가하락은 IMF 체제로 돌입한 2차를 제외하고는 대체로 12개월 이내로 집중되었

다. 다만 서브프라임발 금융위기로 발생한 5차는 IMF 체제로 돌입한 2차처럼 금융소비자에게 지수 하락폭만큼이나 깊은 심리적 트라우마를 안겨줬다. 반면에 회복기간이 상대적으로 짧아 6차 약세장이라는 5년여의 긴 박스권 장세를 거칠 수밖에 없었다.

주가하락은 특정 기간에 집중된다. 약세장은 IMF나 서브프라임발 금융위기처럼 국지적이거나 예상하지 못한 위기 외에는 대부분 12개월 미만이었다. 특히 지수가 크게 급락하는 시기는 단지 몇 개월일 뿐이다. 실제로 주가는 기업의 실적에 대한 낙관론이 팽배할 때 크게 떨어지고, 투자심리가 공포에 휩싸일 때 짧은 기간 동안 가파르게 하락한다. 금융소비자가 통상 2~3년간 펀드투자를 한다고 가정할 때 아무리 고점에 시작해서 상투를 잡았다 하더라도 하락기는 상대적으로 짧으므로 긴 박스기간만 버티면 비교적 빠른 기간에 회복할 수 있다.

워런 버핏의 "우리가 역사를 통해 배울 수 있는 교훈을 사람들은 역사를 통해 배우지 못한다는 점이다"라는 명언을 상기하며 역사를 통해 투자의 성공 확률을 키워나가야 한다.

펀드투자는
하향식 예측이 유리하다

일부 금융소비자 중 주가를 주당순이익으로 나눈 투자지표인 '주가수익비율PER'이나 주가를 주당순자산으로 나눈 '주가순

자산비율PBR'이 낮은 종목에 투자하면 절대 손해를 보지 않고 수익을 챙길 수 있다고 맹신하는 사람이 많다. 그래서 기업실적이 괜찮고, PER과 PBR이 저평가되어 있으면 무난하다고 판단해 투자한다. 다음 단계인 동종업계 대비 PER과 PBR을 비교하거나 해당 종목의 산업구조와 거시경제지표 등의 확인은 등한시한 채 말이다. 미래성장률과 안정성을 감안해 투자한다기보다는 단순하게 종목을 선택할 뿐이다.

이렇게 기업, 산업, 경제순으로 분석하는 방법은 '상향식 예측bottom-up approach'이라 해서 주식투자를 할 때 종목선택 기법으로 주로 사용한다. 반면에 펀드는 경제를 보고 산업을 살핀 후 기업을 분석하는 '하향식 예측top-down approach'을 주로 사용한다.

투자에 있어 어떤 방식이 우월하다고는 말할 수 없다. 상향식 예측방식은 종목 선택에 유리하므로 단기적인 투자에 적용할 만하고, 하향식 예측방식은 거시적에서 미시적으로 분석해 투자하므로 중장기적으로 이용할 만하다. 가장 좋은 방법은 상향식 예측과 하향식 예측을 투자금융상품이나 종목의 성격에 따라 적절하게 사용하는 것이다.

요즘과 같이 펀드를 통한 투자가 보편화되어 있는 시대에는 상향식 예측보다는 하향식 예측으로 경제지표를 잘 알고 있으면서, 경제 상황에 따라 금융상품이나 실물자산에 투자를 하면 궁극적으로 자산을 늘릴 기회가 많다. 펀드는 대부분 하향식 예측으로 종목 선정을 하며, 펀드의 종목 선택은 금융전문가인 펀드매니저의 몫이다. 금융소비자는 좋은 펀드만 선택해 투자하고, 하향식 예측을 하면서 적당한 시기에 환매를 하면 된다.

그렇지만 경제성장률, 국제수지, 금리, 환율, 원자재 등 경기변동에 따라 자산을 운용하는 것이 쉽지 않은 것은 사실이다. 경제와 주식시장에 영향을 미치는 경제지표는 참으로 다양하고 많기 때문이다. 금리, 환율, 물가, 원자재 가격 등의 등락에 의해 주식시장은 상승 혹은 하락하지만 반드시 금리가 인상되었다고 주식시장이 하락한다는 공식은 적용되지 않는다. 하나의 지표가 다른 요소들과 상호작용하면서 국제수지가 늘었는지 줄었는지, 경기가 회복기인지 침체기인지 등에 따라 시장의 반응을 만들어내기 때문이다.

물론 각각의 지표들이 주식시장에 미치는 일정한 패턴이 있다. 때문에 직간접적으로 주식이나 펀드에 투자하는 사람들이라면 이런 경제지표가 자신이 투자한 펀드나 주식에 어떤 영향을 미치는지 알아보고 대응해야 한다.

단순하게 금리, 환율, 원자재, 국제수지, 경기변동 등에 따라 개별적인 주식시장의 움직임을 알더라도 지금 예·적금을 해야 할지, 외화예금을 해야 할지, 아니면 주식이나 채권 또는 펀드에 투자할지를 알 수 있으므로 하향식 예측에 게으름을 피우지 말아야 한다. 시장은 상승과 하락을 반복하면서 기업의 실적에 따라 순방향으로 발전해간다. 금융소비자는 상향식 예측과 하향식 예측을 경기순환과 투자집단에 따라 달리 적용하면서 자산을 늘려갈 필요가 있다.

좋은 펀드를 고르는
7가지 방법

　　　　　일부 금융소비자는 펀드투자도 주식 종목에 투자하듯이 단기적으로 접근한다. 또한 지나치게 과거 수익률에만 매달려 펀드를 선택하는 잘못을 범하기도 한다. 과거에 좋았던 펀드가 앞으로 좋을 확률은 3분의 1에 불과한데도 불구하고, 금융소비자는 아직도 펀드의 과거 수익률을 판단 근거로 삼기도 한다. 이는 모두 각종 인터넷 사이트, 언론, 동호회 등을 통해 홍수처럼 쏟아져 나오는 펀드정보를 꼼꼼히 비교하지 않고 받아들인 결과다.

　금융소비자가 펀드정보를 제대로 비교해 좋은 펀드를 고를 수 있는 대표적인 방법으로는 금융투자협회와 펀드평가사를 통하는 방법이 있다.

　금융투자협회(www.kofia.or.kr)는 다양한 펀드정보의 산실이다. 금융투자협회의 전자공시서비스에 접속하면 펀드운용실적, 펀드 기준가 등락, 보수 및 비용 등 모든 펀드를 비교 및 평가할 수 있고, 수시공시를 통해 펀드매니저나 애널리스트 변경 등의 내용도 확인할 수 있다.

　또한 포털사이트의 금융섹션이나 펀드평가사 사이트를 통해서도 현재 운용 중인 모든 펀드정보의 다양한 분석과 평가 자료는 물론 생소한 해외정보도 접할 수 있다.

　이 외에 각 증권사의 펀드쇼핑몰에 들어가면 상품에 대한 정보와 투자원칙, 장기적인 투자전략 등 다양한 펀드정보를 얻을 수 있으며, 포털사이트에서는 펀드 투자정보를 공유하는 다양한 펀드카페나 개성 있고 전문적인 개인 블로그를 통해서도 투자정보를 얻을 수 있다.

그렇기 때문에 다양한 정보를 비교하고 검토할 수 있는 안목이 필요하다. 다음의 좋은 펀드를 고르는 7가지 기준을 알아두어 성공확률을 더욱 높여보자.

운용능력과 시스템이 우수한 운용사를 선택한다

우리나라의 자산운용사는 165개 이상이나 된다. 이들 운용사에서 운용하는 펀드는 펀드시장 규모에 비해 지나치게 많아 미국의 펀드 수보다 많다. 겉만 번지르르하고 수익성과는 적은 빛 좋은 개살구인 자투리 펀드도 많다. 펀드수익률은 운용사의 운용능력에 따라 결정된다. 좋은 운용사를 선택한다는 것은 그만큼 안정적인 수익을 올릴 수 있는 밑거름이다. 금융소비자가 좋은 운용사를 선택하는 기준은 다음과 같다.

첫째, 운용사마다 강점을 가진 펀드군이 있다. MMF·주식형·채권형·혼합형 등을 평가해 강점이 있는 운용사를 선택한다.

둘째, 펀드평가 시 상위에 위치한 대표 펀드가 많은 운용사를 선택한다. 운용사의 대표 펀드는 해당 운용사에서 가장 우수한 펀드매니저가 맡아 운용한다. 그러므로 상위를 차지하고 있는 대표 펀드가 많다는 것은 그만큼 운용사의 운용능력이 뛰어나다고 할 수 있다.

셋째, 상위 펀드 중 오래된 펀드를 많이 운용하는 운용사를 선택한다. 펀드는 매달 수십 개씩 쏟아져 나온다. 펀드는 1~2년 이상 투자해야 하는 중단기 금융투자상품이다. 장기적으로 살아남고, 운용 수익이 높은 펀드를 많이 가진 운용사를 선택하면 장기적으로 높은 투자성과를 운용사와 함께할 수 있다.

넷째, 운용철학이 있는 운용사를 선택한다. 운용철학 없이 단순하게 펀드를 만들어 제공하는 운용사는 눈앞의 성과에 집착해 오리지널펀드 대신 복제펀드로 승부를 건다. 모든 펀드가 장기간 운용되면 자투리 펀드로 바뀌게 된다. 운용사를 장기 평가(3년 기준으로 평가), 중기 평가(1~2년 기준으로 평가), 단기 평가(1년 미만 기준으로 평가) 기준으로 차례대로 조회하면서 지속적으로 높은 평가를 받는 펀드를 많이 운용하는 회사를 선정한다.

우량운용사의 운용 규모가 큰 대표적인 펀드를 선택한다

펀드를 선택할 때 이왕이면 운용 규모가 크고, 운용사의 대표적인 펀드를 선택하는 것이 유리하다. 펀드의 규모가 크면 그만큼 분산투자가 잘되어 상대적으로 위험이 낮아진다. 각 운용사의 대표 펀드가 좋다는 것은 해당 펀드가 그 운용사의 얼굴이니만큼 수익률에 사활을 걸어야 해당 상품의 후속작인 2호, 3호, 4호 등을 출시할 수 있으며 자투리 펀드를 팔 수도 있기 때문이다. 따라서 대표 펀드는 해당 운용사에서 규모도 제일 크고, 가장 우수한 펀드매니저를 투입하므로 수익률이 좋을 수밖에 없다.

오래된 펀드보다 일정 규모의 신규펀드를 선택한다

펀드는 설정일로부터 3년 이내일 때가 가장 수익률이 좋다. 자투리

도표 6-4 :: 펀드 경과 기간과 수익률

경과 기간	1년 미만	1~3년	3~5년	5년 이상
3개월	11.6%	5.2%	1.8%	-2.4%
6개월	13.4%	11.7%	2.5%	-5.1%
9개월	5.9%	11.7%	13.8%	-3.2%
12개월	-	6.8%	9.5%	-7.4%
2년	-	0.9%	10%	0.7%
3년	-	-	7.2%	-2.3%
4년	-	-	6.4%	-1.9%
5년	-	-	-	-5.8%

• 자료: 금융투자협회

펀드는 피하고, 우량 자산운용사의 대표적인 신규펀드를 택해야 한다. 예를 들어 금융투자협회는 상위 10개 자산운용사가 설정한 10대 주식형펀드를 대상으로 총 100개의 경과 기간별 상대수익률(벤치마크 대비 수익률)을 비교해 어느 정도 투자의 방향을 알려주고 있다.

〈도표 6-4〉에 의하면 주식형펀드는 설정 후 6~9개월의 수익률이 최고가 되며 이후에는 하향세로 접어든다는 것을 알 수 있다. 다만 3~5년 기간의 펀드의 경우 이후에도 꾸준하게 수익이 발생한다는 것에 주목해야 한다. 이는 "펀드는 오래 묵힌 장맛과 같이 오래 투자할수록 좋다"고 주장하는 이유와 같다. 반면에 펀드는 5년이 경과하면 급격하게 수익률이 하락한다. 5년 이상이 되었을 때 수익률이 좋지 않았다는 것은 한 펀드에 오래 투자한다는 것이 반드시 좋은 결과를 가져오지는 않는다는 것을 보여준다.

향후 주식형펀드에 투자할 때는 이왕이면 우량 자산운용사의 대표 펀드로 하되 설정 후 5년이 지나고 규모가 큰 펀드보다는 1~2년 내외의 규모가 적당한 젊은 펀드에 최소 2~3년 정도 투자할 필요가 있다.

수수료로 보면 후취형 펀드가 유리하다

펀드 관련 비용은 낮을수록 좋다. 특히 장기투자에 있어 펀드판매 보수가 크면 부담이 될 수밖에 없다. 펀드 보수 체계에 따라 금융소비자의 장기 수익은 달라지게 된다.

전반적인 펀드 판매보수는 선취형 A클래스와 후취형 C클래스의 판매보수로 귀결되었고, 선취형 A클래스의 선취수수료는 1% 내외의 1회성 선취판매 수수료로 변화가 없다. 이럴 경우 선취형 A클래스와 후취형 C클래스가 역전되는 시기는 대체로 3년으로 보면 된다. 금융소비자가 수수료 지급방식에 의해 펀드에 가입하고자 하면 3년을 기준으로 해야 한다.

이에 따라 금융소비자는 빠르게 변모하는 국내외 금융환경을 감안할 때 되도록이면 후취형 C클래스를 이용해 3년 이내 중단기투자를 하는 것이 유리하다. 특히 1년 이내의 단기투자가 목적이라면 무조건 후취형 C클래스로 하고, 선취형 A클래스는 피하는 것이 좋다. 선취형 A클래스는 2~3년 이상 장기투자에 유리하다. C1, C2 등으로 표기되는 CDSC(Contingent Deferred Sales Charge, 체감식판매보수)클래스는 매년 판매보수가 줄어드는 장점이 있으나 초기 판매수수료가 크므로 제외한다. 다만 펀드수익률로 보면 대부분 선취형 A클래스 펀드

도표 6-5 :: 펀드수수료 체계

구분	내용
A	가입 시 선취수수료(총 운용보수 포함), 수수료 부과 후 운용하고 연간 보수가 낮다.
B	환매 시 후취수수료(총 운용보수 포함), 운용 후 수수료 부과하고 연간 보수가 낮다.
C	선·후취 판매수수료 모두 없음. 총 운용보수만 부과하고 연간 보수가 높다.
D	선·후취 판매수수료(총 운용보수 포함) 모두 받는 A와 B의 절충형
E	인터넷을 통해 가입이 가능한 온라인 전용 펀드
F	펀드 및 기관투자자 전용으로 재간접 펀드
G	창구 전용 펀드
H	주택 관련 펀드
I	고액 거래자 전용 펀드
P	연금저축계좌 전용 펀드
W	랩어카운트 전용 펀드
J	집합투자업자가 직접 판매하는 펀드
S	펀드 슈퍼마켓 전용 펀드
T	소득공제 장기 펀드

가 후취형 C클래스 펀드보다 수익률이 좋은 경우가 많고 환매 수수료가 없으므로, 가입하고자 하는 해당 펀드를 상호 비교해보는 지혜가 필요하다. 마지막으로 가입할 펀드가 정해졌으면 펀드판매 창구에서 '투자권유불원서'를 작성하는 금융소비자는 G클래스에 가입하거나 펀드 이름에 'E'나 'S'가 포함되어 있는 온라인이나 펀드슈퍼마켓 전용 클래스를 선택해 비용을 아낀다.

여러 판매회사에서 파는 펀드가 좋다

펀드는 은행, 증권사, 자산운용사, 보험사 등 많은 창구에서 판매하고 있어 여러 판매회사에서 동시에 판매하는 펀드가 좋다. 하나의 펀드를 여러 판매회사에서 동시에 판매한다는 것은 해당 펀드를 판매하는 여러 회사의 전문가들이 상품성을 인정하고 그 펀드가 객관적으로 검증되었다는 것이다. 또한 유입되는 자금도 판매 창구만큼 많아지므로 수익성의 개선 여지가 커 좋은 성과를 기대할 수 있다.

펀드매니저 교체가 없는 펀드가 좋다

펀드 규모가 커도 펀드매니저의 잦은 교체는 운용의 일관성이 유지되기 어렵기 때문에 장기적으로 수익률이 낮아질 수 있다. 특히 자투리 펀드는 신입 펀드매니저의 연습용으로 사용될 확률이 많기 때문에 유의해야 한다. 그러므로 자산운용사와 금융투자협회 전자공시서비스를 통해 펀드매니저의 경력과 이력, 운용하는 펀드의 기록과 운용스타일에 대해서도 파악하도록 한다. 이때 가급적이면 규모가 큰 펀드를 오랜 기간 동안 운용한 펀드매니저가 운용하는 펀드를 선택하는 것이 좋다.

BM수익률과 BM민감도(β)를 고려한다

벤치마크BM: Bench Mark란 펀드가 가지고 있는 자산운용목표를 나타내는 것으로 펀드를 운용할 때 그 운용성과를 비교하는 기준을 의미한다. 주식형펀드의 경우에는 종합주가지수나 코스피200지수를, MMF는 콜금리나 양도성 예금증서금리를, 채권형펀드는 3년 만기

국채나 1년 만기 통화안정채권의 금리를 벤치마크 한다고 보면 된다.

펀드는 유형별로 다양하고 같은 유형에 수많은 상품이 있으므로 단순하게 펀드의 수익률만 높다고 가입하면 안 된다. 처음 가입 시에는 우수한 BM수익률을 보고 그 이상의 수익을 가져갈 수 있는 펀드로 선택해야 한다. 가입 후 운용 시에는 BM수익률이 같은 유형의 다른 펀드보다 형편없다면 과감히 환매해 우수한 펀드로 옮기는 것이 현명한 투자방법이다.

이와 같이 하나의 펀드를 가입하더라도 같은 유형의 펀드 중에서 BM수익률을 초과하는 펀드에 가입해야 장기적으로 높은 수익을 얻을 수 있다. 또한 펀드에 가입할 때는 3개월, 6개월 등 짧은 기간 동안의 단순한 수익률보다는 1~2년 이상 꾸준하게 BM수익률을 초과하는 수익률을 냈는지를 점검해야 한다.

여기에 위험지표인 BM민감도(β)를 고려하면 시장에 맞게 펀드를 선택할 수 있다. β베타는 공격 또는 방어의 지표로, β가 1보다 크면 시장보다 수익률 변동성이 크다는 뜻이다. 따라서 상승장이 예상되고, 시장 초과 수익률을 기대하는 공격적 금융소비자라면 β가 1보다 큰 펀드가 유리하다.

반대로 하락장이 예상되어 방어적 투자를 하려면 β가 1보다 작은 펀드를 선택하는 것이 좋다. 예를 들면 펀드 규모로 볼 때 대형주펀드는 β가 높고, 중소형주펀드는 상대적으로 β가 낮다. 또한 투자철학 관점에서 볼 때 성장주펀드는 β가 높고, 가치주펀드는 상대적으로 β가 낮다.

그렇다고 β가 낮은 가치주펀드가 수익률이 꼭 낮은 것만은 아니다. 가치주펀드는 하락장에서 저평가된 종목을 싸게 매입하는 특성을 갖고 있는 만큼 투자기간을 길게 잡으면 오히려 β가 높은 성장주 펀드보다 나은 성과를 내는 경우도 많기 때문이다.

결국 금융소비자는 기준이 되는 BM수익률보다 낮은 수익률의 펀드는 되도록 선택하지 않는 지혜가 필요하다. 그리고 주식시장의 큰 흐름을 미리 예측하는 것이 큰 성과를 낼 수 있는 토대가 된다는 것을 깨닫고 자신의 투자성향과 투자기간, 투자목적 등에 따라 알맞은 β의 펀드를 선택해야 한다.

이 외에 펀드수익률의 변동성을 측정한 값으로 투자자산의 위험 정도를 나타내는 척도로 사용되는 표준편차, 시장이나 펀드의 가격이 변하는 상황에서 펀드가 얼마나 많은 수익을 낼 수 있는지를 나타내는 샤프지수, 펀드가 얼마나 분산투자를 잘했는지를 판단하는 트레이너지수, 종목 선정이나 자산배분, 매매타이밍 포착 능력 등 펀드매니저의 종목 선정 능력을 알아보는 알파 등의 위험지표를 고려해 해당 펀드에 가입하면 더욱 확실한 투자를 할 수 있다. 이때 표준편차 값이 크면 수익률 변동이 심해 위험하고, 샤프지수·트레이너지수·알파 등의 값이 높을수록 우수하다는 의미로 이해한다.

펀드, 알고 투자하면
재미있다

펀드는 전문지식과 경험을 가진 펀드매니저가 개인을

대신해 주식·채권과 같은 유가증권과 금·원유·원자재·부동산·선박 등과 같은 실물자산에 투자해 체계적으로 운용하고, 그 운용실적에 따라 이익과 손실을 개인에게 돌려주는 금융투자상품이다.

그렇다 보니 일부 금융소비자들은 펀드가 무엇인지 모른 채 금융전문가인 펀드매니저의 말만 믿고 판매창구에서 권유하는 펀드에 덜컥 가입하거나, 매체를 통해 잘 알려져 있는 상품에 가입하곤 한다. 하지만 국내 펀드는 무려 1만 개에 육박하며 자산운용사가 제대로 관리 못하는 자투리 펀드도 전체 펀드 중 60%를 차지한다.

이제는 남이 권하고 남들이 좋다니까 무턱대고 펀드에 가입하는 행태는 중지할 때가 되었다. 자신의 투자성향·투자기간·투자목적 등에 따라 해당 펀드를 스스로 선택하고, 부족한 부분은 금융전문가의 조언을 통해 보완해야 한다. 먼저 펀드가 어떤 구조로 되어 있는지 알아보자.

상품명만 봐도 원하는 펀드에 투자할 수 있다

국내에 판매되고 있는 대부분의 펀드는 다양하게 분류한 펀드 내용이 이름에 들어 있다. 투자자는 펀드에 가입할 때 자신의 투자 성향과 투자기간에 따라 상품의 투자설명서를 꼼꼼하게 살펴보고 적합한 상품을 준비해 운용해야 한다.

하나UBS클래스원특별자산투자신탁 2 ClassC2, 한국투자삼성그룹적립식증권투자신탁1(주식)(C5) 등 처음 펀드를 접하는 일반인이나 어느 정도 펀드에 투자했다는 투자자도 상품명만 보고서는 그것이 어떠한 상품인지 모르는 경우가 많다. 하지만 펀드명을 보고 해

도표 6-6 :: 펀드명에 따른 펀드의 성격

미래에셋	아시아 퍼시픽	소비성장	자	투자신탁	1	주식	A-e
↑	↑	↑	↑	↑	↑	↑	↑
운용사	투자지역	투자업종	모집형태	법적속성	모집순서	투자대상	판매 수수료

당 상품이 어떤 성격을 가진 펀드인지 알고 투자하면 펀드투자가 좀 더 쉬워진다. '미래에셋 아시아퍼시픽 소비성장증권 자투자신탁1(주식) 종류A-e'를 예로 설명하면 '미래에셋'은 펀드를 운용하는 운용사를 말하며, '아시아퍼시픽'은 투자지역을, '소비성장'은 소비 관련 주라는 투자업종을 의미한다. 또한 '자'는 패밀리펀드의 일부로 펀드를 직접 운용하지 않고 모펀드의 수익증권에 편입하고 실제 운용은 모펀드가 운용한다는 펀드형태를 말한다. '투자신탁'은 신탁형으로 만들어졌다는 법적 속성을 의미하며, '1'은 1호, 2호, 3호 등 규모가 커지면서 여러 개로 늘어난 펀드 중 첫 번째로 만들어진 펀드를 뜻한다. 그리고 '주식'은 주식, 채권, 혼합 등 투자대상 중에서 주식에 투자한다는 의미고, '종류 A'는 판매수수료 납입시점을, 'e'는 온라인 전용을 뜻한다.

따라서 이 펀드는 국내를 비롯한 아시아 태평양 국가의 소비재 지수나 소비재를 생산·유통하는 회사의 주식에 투자하는 모펀드에 투자하는 종류형 첫 번째 자펀드로, 판매수수료를 미리 내는 온라인 전용의 선취형펀드임을 알 수 있다. 이처럼 모든 펀드의 특징은 이름에 대략 표시되므로 자신의 투자성향과 투자목적, 투자기간 등에 따라 손쉽게 펀드를 선택할 수 있다.

환매 가능 여부에 따라 다르다

환매 가능 여부에 따라 나누면 개방형 펀드와 폐쇄형 펀드가 있다. 개방형 펀드는 만기 이전 투자기간 중에 언제든지 추가 불입 및 환매할 수 있으며, 대부분의 국내·해외펀드가 여기에 해당된다. 반면에 폐쇄형 펀드는 모집 후 만기가 끝날 때까지 가입 및 환매가 제한되며, 부동산, 실물자산, 사회간접자본 펀드 등이 여기에 해당된다. 단, 개방형 펀드일지라도 만기 전에 환매하면 환매수수료를 내야 한다는 사실을 잊지 말자.

비용에 따라 다르다

펀드의 비용은 펀드운용에 따른 순자산(원금+수익) 총액에 부과되는 보수와 판매·환매수수료로 이루어져 있다. 이는 수수료를 내는 시점에 따라 크게 미리 판매수수료를 내는 선취형 A와 나중에 내는 후취형 C로 나뉜다.

선취형 A는 가입하자마자 판매수수료를 내므로 투자기간 중에는 보수만 내고, 환매수수료는 없다. 반면에 후취형 C는 판매수수료를 환매할 때 내야 하며, 만기 이전에 환매를 하게 되면 환매수수료가 있다. 예를 들면 선취형인 한국투자네비게이터증권투자신탁1(주식)(A)는 판매수수료로 1%를 원금에서 미리 떼고 투자하며, 이 자금을 운용하면서 원금과 수익에서 보수로 1.6%를 공제하고, 환매수수료는 없다. 반면에 후취형인 한국투자네비게이터증권투자신탁(주식)1-C는 판매수수료를 떼지 않고 원금 전부를 펀드에 투자하며, 이 자금을 운용하면서 원금과 수익에서 보수로 2.2%를 공제하고, 90일 미만에 환매를 하면 이익금의 70%를 청구한다.

펀드 가입 초기에는 판매수수료를 먼저 제하고 나머지 돈을 투자하는 선취형 A보다 원금 전부를 투자하는 후취형 C가 유리하다. 하지만 투자기간이 길어지면 원금과 수익이 많아지므로, 보수가 저렴하고 환매수수료가 없는 선취형 A가 좋다.

투자대상에 따라 다르다

펀드를 투자대상으로 나누면 주식에 60% 이상 투자하는 주식형펀드, 채권과 채권파생상품에 60% 이상 투자하는 채권형펀드, 자산의 60% 미만을 주식에 투자하는 주식혼합형펀드, 주식에 투자하는

도표 6-7 :: 위험과 수익 매트릭스

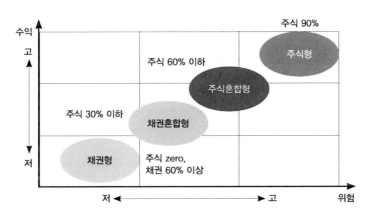

비중이 30% 미만인 채권혼합형펀드가 있다. 〈도표 6-7〉의 위험과 수익 매트릭스를 보면 채권형펀드가 위험도나 기대수익이 가장 낮고, 다음으로 채권혼합형, 주식혼합형, 주식형순으로 위험도와 기대수익이 높아진다.

불입방법에 따라 다르다

불입방식에 따라서는 은행 적금처럼 매달 일정 금액을 투자하는 적립식펀드, 가입할 때 목돈을 한꺼번에 투자하고 추가납입을 할 수 없는 거치식펀드, 목돈을 한꺼번에 투자하고 수시로 추가납입을 할 수 있는 임의식펀드로 나뉜다.

이 밖에 파생상품을 적극 활용해 투자 위험도를 크게 낮춰 원금을 보존하는 데 힘쓰는 주가지수연계증권 ELS와 에너지·광물·소비재 등 특정 업종에 집중 투자하는 섹터펀드, 부동산 관련 대출 등을 통해 수익을 창출하는 부동산펀드 등이 있다.

도표 6-8 :: 펀드의 유형과 특징

유형		특징	투자포인트	위험도
주식형	일반 성장형 펀드	주식에 투자하는 비율이 70% 이상으로 주가상승 확률이 큰 기업에 투자	과거 수익률과 변동성, 운용사의 투자 성향 등을 확인해 자신에게 맞는 펀드를 골라야 함	고
	테마 성장형 펀드	주식에 투자하는 비율이 70% 이상으로 특정 기업, 그룹, 업종테마에 집중적으로 투자	기업, 그룹 테마의 장기 성장성과 안정성을 점검하고 과거수익률과 변동성, 운용사의 투자성향 등을 확인해 자신에게 맞는 펀드를 골라야 함	고

유형		특징	투자포인트	위험도
주식형	가치형 펀드	내재가치에 비해 주가가 저평가된 기업에 투자	중소형과 대형을 구분해 최소 2~3년을 내다보고 과거 수익률과 변동성, 운용 사의투자성향, 설정액 등을 확인하고 장기투자해야 함	고
	배당주 펀드	수익성과가 높고 배당금을 많이 주는 기업에 투자	배당금을 나눠준 다음에 주가가 떨어져(배당락) 펀드 값이 쌀 때 가입해 장기투자해야 함	고
	섹터 펀드	특정 업종에 중심적으로 투자	과거수익률보다 에너지, 소비재, 인프라,부동산 등 업종의 장단기 전망을 고려해 투자해야 함	고
	인덱스 펀드	시장의 장기적 성장추세를 전제로 추종지수인 코스피, 코스피200 등에 연동되어 초과수익이 가능토록 투자	과거 수익률이 얼마나 높았는지 코스피 등 지수와 얼마나 근접하게 움직 였는지가 더 중요함	고
	해외 펀드	해외기업에 투자	과거 수익률보다 분산투자 정도가 더 중요함	고
채권형	MMF	단기 금융상품에 투자	익일 환매대금 지급	저
	국공채 펀드	국가, 지방자치단체 등이 발행하는 채권에 투자	은행금리 이상 수익이 가능한지 확인	저
	회사채 펀드	신용등급이 높은 기업의 채권에 투자	안정성을 확보한 만큼 은행금리 이상 수익이 가능한지와 편입채권의 신용등급 확인	중
	하이 일드 펀드	수익률은 매우 높지만 신용도가 낮아 정크본드(투자 부적격 BB+ 이하)라고 불리는 고수익, 고위험 채권과 기업어음에 투자	공모주 청약 시 우선배정권을 펀드에 주기 때문에 추가적인 수익률을 기대할 수 있고, 원금의 일정한 범위 내에서 손실이 발생할 경우에는 투신사 또는 판매사가 보전해주는 장점이 있다.	중
혼합형		채권혼합형 펀드, 주식혼합형 펀드	주식과 채권에 투자하는 비중 확인	중

주식형펀드로
장기투자한다는 것은?

1960년대 하버드 대학의 에드워드 밴필드Edward Banfield 박사는 50여 년간의 연구결과를 통해 성공, 행복, 성격을 결정짓는 핵심요인은 시간전망time perspective이며, '장기 시간 비용'을 가질수록 경제적 성공 가능성이 높아진다는 결론을 내렸다. 이는 투자하는 기간이 길면 길수록 성공 확률이 높아진다는 것을 반증한다.

지금은 역사의 장으로 사라졌지만 우리나라 펀드 시대의 문을 활짝 펼친 미래에셋자산의 디스커버리주식형 펀드는 지난 2001년 2월 14일 설정된 이후 6여 년이 지난 2007년까지 누적수익률이 700%를 넘었다. 하지만 2008년 글로벌 금융위기를 거치면서 그해에는 -39.31%의 저조한 수익률로 원성의 대상이 되었다. 그러나 그다음 해 2009년 56.93%, 2010년 14.86%의 양호한 수익을 거두며 화려하게 재기에 성공해 2010년 기준으로 설정 이후 누적수익률 800%를 돌파했다.

물론 '-50+100법칙'에 의해 2011년 1월 3일 기준 3년 누적수익률은 11.36%에 불과하고, 5년 수익률은 82.60%다. 5년 수익률 82.60%는 매년 12.8%의 수익이 복리로 발생해야 하는 수치로 저금리와 금융위기를 감안하면 대단한 성과다. 이는 앞에서 말한 밴필드 박사의 연구를 사실적으로 증명하고 있다.

미국은 펀드투자를 시작한 지 훨씬 오래되었으므로 디스커버리주식형펀드를 능가하는 자료가 풍부하다. 예를 들어 월가의 살아 있는 전설로 불리는 피터 린치가 1977년부터 1990년까지 운용한 피델리티 운용의 '마젤란 펀드'는 미국인 2명 중 1명이 가지고 있을 정도의 국민펀드였으며, 누적수익률 2,700%라는 경이적인 기록을 남겼다. 또한 14년 내내 연 수익률이 한 번도 마이너스로 내려간 적이 없었다. 이는 연평균 수익률로 계산하면 매년 29%씩 14년간 꾸준하게 운용해야만 나오는 수치다.

디스커버리주식형 펀드나 마젤란 펀드에 투자한 금융소비자는 돈을 벌 수밖에 없다. 하지만 현실은 그리 녹록치 않았다. 마젤란 펀드에 투자했던 사람 중 절반이 원금손실을 경험했기 때문이다. 금융소비자는 수시로 찾아오는 패닉증시에 공포를 느끼거나 타이밍 투자의 자기 과신에 의해 1년도 채 되지 않아 환매를 하고 가입 반복을 거듭하면서 손실을 키웠다. 디스커버리주식형 펀드도 기록으로 발표된 적은 없지만, 2007년 누적수익률 700%를 달성했을 때 6명만이 그 혜택을 봤으므로 대부분은 가입과 환매를 거듭하며 손실만 입은 마젤란 펀드 가입자와 비슷할 것이다.

이와 같이 대부분의 금융소비자는 패닉증시에 투자심리가 공포에 휩싸이므로 단일펀드로 장기간 수익을 내기란 힘든 일이다. 또한 자신이 가입한 펀드가 디스커버리주식형 펀드나 마젤란 펀드처럼 높은 수익 성과를 보장해주지도 않는다. 적절한 시점에 부분 환매를 통하든 아니면 전부 환매를 통해 갈아타기를 할 수밖에 없다. 사실 한 펀드에 장기투자하는 것보다 어느 정도 기간이 된 펀드가 수익이 더 좋으므로 발 빠르게 갈아타는 것이 현명한 투자방법이다. 주식형 펀드는 설정 후 6~9개월 수익률이 최고가 되며, 5년이 경과될 때까지 꾸준하게 수익이 발생한다. 반면에 5년이 경과하면 대부분 급격하게 수익률이 하락한다는 것을 참고할 필요가 있다.

펀드투자는 헤드라이트
양쪽이 모두 필요하다

한밤중 중앙선 없는 길에 헤드라이트가 하나뿐인 자동차를 몰고 가다가 나머지 한쪽도 고장이 나면 반대쪽에서 차가 마주오지 않더라도 공포를 느끼게 된다. 펀드투자도 마찬가지다.

예를 들어 위험이 클수록 수익도 크다는 확신하에 고수익을 기대하고 중국 본토에 전부 투자했는데 인플레이션 압력이 커지면서 금리인상 등 긴축정책이 이뤄지고, 경제는 경착륙이 전망되면 고민에 빠질 수밖에 없다. 이때 발 빠르게 빠져나와 손실을 최소화하고 전망이 좋은 원자재펀드로 갈아타 손실을 만회하고 싶을 것이다. 하지만 한편으로는 경제가 연착륙할 것 같아 갈아타기도 주저하게 된다. 펀드가 마치 버리기도 그렇고 먹기도 그런 계륵과 같아진다. 이렇게 계륵과 같은 해외펀드는 해당 국가 상황에 따라 수시로 나타날 수 있다.

한밤중 한쪽 헤드라이트만 갖고 운전할 때 왼쪽의 것을 오른쪽으로, 오른쪽의 것을 왼쪽으로 바꿔도 여전히 헤드라이트는 한쪽만이므로 위험하기는 마찬가지다. 이런 상황을 겪지 않으려면 펀드투자에서 한쪽의 헤드라이트는 국내펀드, 다른 쪽은 해외펀드로 투자한

다음 양쪽을 밝게 비추면서 운전하는 방법이 있다. 하나의 펀드가 전망이 나빠지면 헤드라이트 위치를 바꿔도 소용없듯이 갈아타기보다는 보완하는 포트폴리오 투자가 현명한 방법이다. 포트폴리오 투자는 2가지로 나눌 수 있는데, 수익보다는 안정성에 맞춰 현금·채권·주식 등 종목에 투자하는 것과 투자시기를 나누어 단기·중기·장기 등 시간에 분산하는 것이 있다.

하지만 너무 안정성만 추구해 골고루 분산투자하면 수익성이 떨어지게 되므로 투자성이 높은 상품과 안전한 상품을 적절하게 나누어 투자하는 것이 바람직하다. 펀드투자를 하는 방법을 5단계로 나누어 알아보자.

1단계: 투자성향을 파악하라

아무리 훌륭한 투자비법이라 해도 자신의 투자성향과 맞지 않으면 수익이 날 때까지 진득하게 기다리지 못한다. 따라서 펀드 포트폴리오를 구성하는 첫 단추는 자신의 투자성향을 파악하는 것이다.

2단계: 투자목적과 투자기간을 정하라

투자성향을 확인한 후에는 투자목적이 무엇인지 분명히 해야 한다. 은퇴자금, 자녀결혼 비용 등 투자의 목적을 구체적으로 세워야 실수를 줄이고 가장 알맞은 펀드를 고를 수 있다.

펀드를 선택할 때 투자기간도 염두에 둬야 한다. 2년 후에 써야 할 돈으로 연금저축펀드 등에 가입한다면 중도에 환매할 때 그동안 받은 세금공제는 환수되며, 적지 않은 수수료를 물어 손해 볼 수 있다.

도표 6-9 :: 러셀투자법

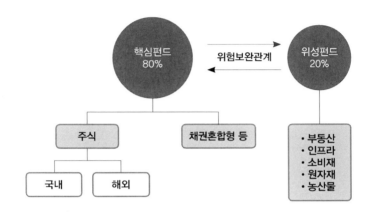

3단계: 투자성향에 맞게 자산을 배분하라

투자목적과 투자기간을 결정한 후에는 자산을 배분해 들어간다. 자산배분은 국내펀드를 기본으로 하고 해외펀드를 보완재로 하되, 되도록이면 균형을 맞춘다. 국내펀드는 일반성장형을 기본으로 하되 가치형·배당형·테마형으로 보완한다.

해외펀드에는 투자범위와 위험도가 낮은 순으로 세계 여러 국가나 지역에 골고루 투자하는 '글로벌투자형', 아시아나 중남미 등 특정 지역의 여러 국가에 투자하는 '지역투자형', 중국이나 인도 등 특정 국가에 투자하는 '국가투자형', 금융·소비·원자재·부동산·농산물 등 특정 업종에 집중 투자하는 '섹터형' 등이 있다. 그러므로 글로벌형을 기본으로 하되 지역투자형·국가투자형·섹터형으로 보완한다. 즉 〈도표 6-9〉의 '러셀투자법'에 따라 핵심펀드에 80%를 투자하고, 위성펀드에 20%를 투자하는 '파레토 법칙'을 지킨다.

4단계: 나에게 꼭 맞는 펀드 포트폴리오를 구성하라

자산배분이 끝났으면 우수한 자산운용사의 대표펀드, 운용 규모가 큰 펀드, 펀드매니저가 자주 교체되지 않으면서 수수료는 낮고, 은행이나 증권사 등 여러 곳에서 판매하는 펀드로 선택하면 된다. 여러 곳에서 파는 상품은 이미 그 펀드가 검증되었다는 점도 있고, 만약의 경우 판매사가 마음에 들지 않을 때 펀드 이동을 할 수 있다는 장점도 있다.

수익률이나 BM지수는 물론 위험을 가늠하는 각종 지표는 금융투자협회의 통합공시시스템이나 펀드평가사의 홈페이지, 포털 사이트의 금융섹션 등에 가면 기준에 맞는 펀드를 비교 검색할 수 있다. 이때 펀드의 순자산 규모와 투자기간에 따라 운용사와 펀드수익률 등의 순위가 바뀌므로 운용사 순자산은 1조 원 이상, 펀드 순자산은 500억 원 이상, 투자기간은 1년 이상 등으로 명확한 조건을 넣어 여러 상품을 비교하면서 우수한 펀드를 고를 필요가 있다.

5단계: 자산을 재조정하라

한 번 구성한 포트폴리오를 영원히 지켜야 하는 것은 아니다. 오히려 시장 상황에 맞게 포트폴리오를 조정해야 자산도 지키고 더 많은 수익을 얻을 수 있다.

펀드는 장기 상품인 만큼 6개월에 한 번씩 투자비중을 조정하는 것이 필요하다. 적립식펀드에 가입한 사람이라도 1년에 한 차례는 불입 금액을 조정하면서 포트폴리오를 유지한다.

적립식펀드가
만사형통은 아니다

투자는 궁극적으로 기다리는 사람이 이기는 게임이다. 또한 투자는 부자가 절대적으로 유리하다. 왜냐하면 부자는 더 이상 돈을 벌 필요가 없기 때문에 기다릴 수 있고, 궁극적으로 더 많은 돈을 벌게 되기 때문이다. 그렇다면 기다리기에는 돈이 부족한 금융소비자는 어떻게 꾸준하게 투자해서 수익을 가져갈 수 있을까?

경기와 금융환경 등 온갖 이슈에 따라 변동성이 큰 주식시장에서 금융소비자가 주식과 펀드 등의 금융투자상품에 투자해서 돈을 벌기는 쉽지 않다. 따라서 이러한 큰 시장에 '정액분할매수 효과'나 '가치분할매수 효과'를 기대하고 적립식펀드에 꾸준히 투자해 경기가 좋아졌을 때 소기의 기대수익을 가져가야 한다.

그렇다고 적립식투자가 무조건 좋은 수익률까지 보장해주는 만사형통의 투자수단은 아니다. 적립식투자는 목돈이 없거나 목돈을 마련할 수 없을 때 유효한 수단이고, 거치식보다 상대적으로 안전하다는 장점만 있을 뿐이다. 이에 금융소비자는 목돈을 만들기 위해서는 적립식투자를 해야 하고, 어느 정도 목돈이 생기면 수익률을 높일 수 있는 방법을 알아봐야 한다.

예를 들어 목돈을 펀드에 투자한다고 가정하면 1천 원에 1천 좌를 샀을 경우 100만 원을 투자하게 된다. 다음 〈도표 6-10〉에서 A는 상승 시 환매 후, 하락 시 재투자했을 경우고, B는 상승과 하락을 반복했을 경우 전 고점 이후 환매를 하고 다시 재투자했을 경우다.

C는 하락 시 환매 후, 상승 시 재투자를 반복했을 경우이며, D는 묵묵하게 장기투자한 경우다.

이 중 가장 효과적인 투자방법은 의심할 여지가 없이 A다. 하지만 대부분의 개인투자자는 A와 같이 하고자 하나 대부분 B와 C처럼 한다. 간혹 일반인 중에 자신이 보유한 종목을 A와 같이 투자해서 수익을 얻는 경우도 있다. 하지만 이는 행운일 뿐이다. 행운은 2번까지는 올 수 있으나 3번 이상 연속적으로 오지 않는다. 주식시장은 움직이는 생물이고, 일반인이 매번 시장을 정확하게 맞출 수 없기 때문이다. 따라서 일반인이 A를 추구할수록 기준가가 지속적으로 오르는 행운이 없다면 중장기적으로 반드시 손실을 입게 된다.

그래서 그중 괜찮은 방법으로 장기투자인 D를 손꼽는다. 물론 A도 병행하면서 D를 추구하는 것이 가장 효과적인 투자방법이라는 것은 부인할 수 없다. 따라서 펀드투자에 있어 효과적인 방법은 80:20 파레토 법칙에 의해 투자자금의 80% 이상은 D처럼 투자하고, 나머지 20%는 포트폴리오 조정이라는 방법을 통해 A처럼 운용해야 한다.

결국 D와 같은 장기투자보다 더 높은 수익률을 얻기 위해서는 A처럼 중도에 환매하고 재투자하는 방법이 가장 효과적이지만, 생업에 종사하면서 수시로 하락과 상승하는 시기를 예측하며 적절한 타이밍에 효과적으로 투자하기는 어렵다. 대부분 금융소비자는 주식시장이 상승할 때는 추격매수하고, 하락할 때는 공포에 지레 겁을 내 매도하게 되므로 손실을 키우기 때문이다.

손실을 보지 않고 목표하는 기간에 기대수익을 보고 목돈을 만들

도표 6-10 :: 목돈을 펀드에 투자했을 때 사례

순위	기준가	1,000	800	1,000	1,500	2,000	1,500	2,000	3,000
A(1)	투자 방법	매수	-	-	-	환매	매수	-	환매
	평가 금액	100만 원	-	-	-	200만 원	200만 원	-	400만 원
B(3)	투자 방법	매수	-	-	-	-	환매	매수	환매
	평가 금액	100만 원	-	-	-	-	150만 원	150만 원	225만 원
C(4)	투자 방법	매수	환매	매수	-	-	환매	매수	환매
	평가 금액	100만 원	80만 원	80만 원	-	-	120만 원	120만 원	180만 원
D(2)	투자 방법	매수	-	-	-	-	-	-	환매
	평가 금액	100만 원	-	-	-	-	-	-	300만 원

고자 한다면 기본적인 투자공부와 금융지식 쌓기를 게을리하지 않으면서 적립식으로 경기가 성숙기에 접어들 때까지 꾸준히 투자해야 한다. 또한 목돈이 되는 적립식펀드나 별도의 목돈이 있다면 해당 시점에 전망이 좋은 펀드들에 50%, 30%, 20%순으로 자금을 투입하고, 경기에 따라 주식·채권·현금 등의 비중을 조절해가면서 꾸준히 투자를 해야 한다.

적립식펀드,
장기투자 해야 할까?

주식시장이 가파르게 성장하거나 경기둔화의 신호가 보이면 적립식펀드 장기투자자들은 역逆코스트 에버리지 효과를 두려워한다.

적립식펀드는 매달 일정 금액을 펀드에 투자하는 것으로 시장의 등락이나 투자심리에 휘말리지 않으면서 체계적인 분할매수전략을 구사하는 정액분할매수 효과를 투자전략으로 한다. 사실 이 투자전략은 지난 글로벌 금융위기 극복과정에서 그 효과가 입증되었고, 저금리 시대에는 상대적으로 고수익을 추구하면서 안정적으로 돈을 불려나갈 수 있으므로 목돈을 모으려고 하는 금융소비자에게 선호되었다. 하지만 주가가 경기보다 앞서 나가고 있으면 언젠가 주가는 하락할 수밖에 없고, 적립식펀드 투자자는 계속 비싼 가격에 살 수밖에 없으므로 역코스트 에버리지 효과로 손실을 볼 수 있다.

예를 들어 〈도표 6-11〉에서 보듯 매달 10만 원인 펀드를 불입하고 기준가 1,500원이 상승 후 하락 반전해 1,500원으로 갈 경우 적립식펀드는 -6.0%의 손실이 발생하고, 거치식펀드는 겨우 원금만 건지는 수준이다. 이는 역코스트 에버리지 효과의 대표적인 예로 주가상승기에 적립식펀드에 가입해 주가하락기에 환매하면 손실을 볼 수밖에 없다는 예시다. 또한 적립식펀드는 무조건 주기적으로 사야 하고 매도시점에 대한 기준이 없으므로, 펀드투자자가 경제와 금융환경에 따라 대응하지 못하면 자칫 손실을 볼 수 있는 금융투자상품이다.

적립식펀드로 장기투자를 하는 투자자가 역코스트 에버리지 효과로 인해 손실을 보지 않으려면 경기에 따라 부분 환매해 주식시장 조정 시 추가 투자를 하거나, 모르쇠로 일관해 경기가 성장기에 접어들 때까지 투자해야 한다. 오르면 내리고, 내리면 오르는 것이 주식시장이며, 세칭 경제전문가도 경기 진단이 틀리는 경우가 비일비재하므로 개인이 경기에 따라 투자를 하는 것보다 꾸준하게 투자하는 것이 기대수익을 높일 수 있는 방법이다.

적립식펀드 장기투자는 위험관리 차원에서 주식시장의 변화에 따라 해당 펀드가 목표수익에 도달하면 이익실현 후 펀드를 재구성(리밸런싱)해야 금융위기 때처럼 원치 않은 장기투자를 방지할 수 있고 보다 안정적인 수익을 얻을 수 있다.

예를 들어 오래된 적립식펀드가 2년 이상 운용되면 원금과 수익금이 쌓여 목돈이 된다. 그렇지만 2년 후에도 계속 납부하는 월적립금은 그동안 쌓인 돈에 비해 매우 적은 금액이므로 적립식펀드의 정액분할매수 효과는 사라진다. 적립식펀드에 2년 이상 투자하면 그동안 쌓인 돈은 거치식(임의식)펀드처럼 운영된다.

따라서 적립식펀드에 투자한 기간이 크면 시장 상황에 따라 일부는 부분 환매해서 해당 펀드가 하락했을 때 수익성 제고 자금으로 활용하는 현금 유동성을 키워야 한다. 아니면 전부 환매해 그 시점의 시장 상황에 맞는 상품으로 새로운 포트폴리오 투자를 해야 한다. 한 번에 많은 돈을 투자하는 거치식(임의식)펀드는 정액분할매수 효과를 기대할 수 없고 원금을 손해볼 위험이 크므로 역코스트 에버

도표 6-11 :: 역코스트 에버리지 효과가 발생하는 경우

(단위: 원, %)

구분	기준가	투자액	좌수	평가액	수익률
적립식 펀드	1,500	100,000	66,667	100,000	0.0%
	1,600	100,000	62,500	206,667	3.3%
	1,700	100,000	58,824	319,538	6.5%
	1,700	100,000	58,824	419,583	4.9%
	1,600	100,000	62,500	494,902	-1.0%
	1,500	100,000	66,667	563,971	-6.0%
거치식 펀드	1,500			600,000	0.0%
	1,600			640,000	6.7%
	1,700	600,000	400,000	680,000	13.3%
	1,700			680,000	13.3%
	1,600			640,000	6.7%
	1,500			600,000	0.0%

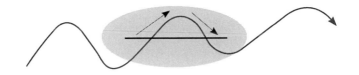

리지를 회피하기 위한 조치다.

포트폴리오 조정은 6개월에 한 번 하거나, 적어도 1년에 한 번은 조정한다는 기준을 세우고, 경제와 경제 환경의 변화에 따라 자산 간 투자비중을 조절해 안정적으로 자산을 늘려가야 한다.

주식형펀드가 이익이 날 경우와
손실이 날 경우

　　대부분의 금융소비자는 투자한 펀드에 이익이 발생한 것을 확인하면 좀 더 오래 놓아두고 싶어 하며 추가 투자를 하고 싶어 한다. 반면에 일부 금융소비자는 상승 추세임에도 불구하고 하락에 대한 두려움으로 앞으로의 전망은 살펴보지 않고 급하게 환매를 하고 또 다른 금융상품을 찾아다닌다. 어느 것이 올바른 방법일까? 수익이 있을 때 섣부르게 추가로 투자하거나 급하게 환매하는 것은 올바른 투자방법이 아니다. 금융소비자는 수익이 발생하면 기쁨을 잠시 뒤로 미루고, 수익이 난 이유와 앞으로의 전망과 투자목적, 투자방법에 대해 신중히 점검해야 한다.

　주식형펀드에 수익이 발생하는 경우에는 먼저 수익이 발생한 이유를 차근차근 따져보는 것이 중요하다. 비록 수익은 발생했지만 투자설명서나 운용계획 등을 통해 약속한 운용원칙에 의해 생긴 것이 아니라, 단순히 주식시장이 좋아서 또는 다른 일시적이고 특별한 이유로 수익이 발생되었다면 그 수익은 앞으로도 이어진다고 보기 힘들기 때문에 환매를 진지하게 고려해야 한다.

　특히 1천억 원 미만인 중소형 펀드의 경우 지나치게 테크닉 위주로 운용해 발생한 일시적인 수익이라면 펀드의 규모가 늘거나 테크닉과 시장에 약간의 불일치가 생길 때, 해당 펀드는 오히려 유동성에 묶여 급속하게 수익성이 악화될 수 있다는 것에 주목해야 한다.

　또한 펀드의 절대 규모가 지나치게 감소하지는 않았는지 수시로 체크할 필요가 있다. 펀드의 규모가 지나치게 작아지면 충분히 분산투자를 할 수 없어 위험에 많이 노출되고 당초 운용계획대로 투자하기 어려워진다. 이런 펀드는 수익과 상관없이 전부 환매를 진지하게 고려해야 한다.

이 외에 자금의 사용 용도가 결정되어 있어 빠른 시일 내에 써야하는 자금이라면 하루 이틀의 수익에 연연해하지 말고 환매해 현금화해야 한다. 주신株神도 알 수 없는 주식시장에서 수익을 극대화시키고자 애쓰기보다는 변동성의 위험에서 벗어날 수 있는 방법을 먼저 생각해야 한다.

펀드는 매매차익을 실현해야 내 돈이지 장부상에 있는 평가액은 그저 종이쪽지에 불과하다. 만약 경제에 비해 주식시장이 앞서 나가고 있다면 일부는 차익실현과 위험관리를 할 필요가 있다. 그러고 나서 느긋하게 기다리면 수익성을 더욱 개선할 기회가 온다. 혹 재투자할 기회가 오지 않더라도 남아 있는 펀드의 수익은 더욱 나아질 것이며, 환매한 자금은 CMA 등에 머물더라도 어느 정도의 수익은 발생하므로 꿩 먹고 알 먹는 일석이조다. 그러다 모든 위험이 제거되고 시장이 장기적으로 안정적인 성장을 할 것으로 전망되면 그때 남은 자금을 투자해도 충분히 수익을 추구할 수 있다.

펀드는 시장 상황에 따라 많은 영향을 받기 때문에 적극적인 관리가 필요한 상품이다. 그렇기 때문에 시장 상황에 맞춰 펀드 유형에 따라 그 관리방법이 달라져야 한다. 특히 주식형펀드의 경우 무조건 오래 기다리기만 해서는 안 된다. 만약 투자하고 있는 펀드가 수익이 났더라도 BM수익률에 비해 실적이 저조하거나 투자자들이 계속 빠져나가는 상품이라면 운용이 제대로 안 될 수도 있으므로 각별히 신경을 써야 한다.

금융소비자는 종합주가지수가 너무 올랐다고 무조건 환매하거나, 낮아졌다고 추가 매수하기보다는 자신이 보유하고 있는 펀드가 시장에 얼마나 충실하며 장기적으로 전망이 있는지를 먼저 파악해 비중을 조정하는 지혜가 필요하다. 또한 투자심리를 항상 평온하게 유지할 수 있도록 비상 투자자금을 유지해야 한다.

환헤지펀드 vs. 비환헤지펀드

통상 미국 달러화와 금 가격은 반비례하고, 원유 등 원자재 가격은 비례한다. 이는 세계 경제를 좌지우지하는 미국 경제와 정책에 따라 달러화 가치가 변동하고, 금이나 원자재 등의 가격도 상관관계를 보이기 때문이다. 하지만 서브프라임발 금융위기를 전후해서 이러한 공식은 더 이상 유효하지 않다.

금융위기 이후 달러화 가치가 양적완화 등 약달러 정책에 의해 약세에도 서부텍사스원유WTI는 경기회복의 기대심리로 상승하고, 금 가격은 안전자산 선호와 중국과 인도를 비롯한 신흥국가의 경제발전에 따른 금 수요 및 국제자본의 투기로 인해 상승했다. 따라서 더 이상 금 가격과 국제유가가 반비례하고 달러화 가치에 의해 금 가격과 국제유가 등 원자재 가격이 변동한다는 공식을 적용할 필요가 없다.

금융소비자는 달러화의 가치에 주목해야 한다. 달러화 가치는 중국의 위안화와 유로 등으로 인해 기축통화의 위치가 흔들리고, 예전의 영광을 찾기 어려울 것으로 예측된 적도 있었다. 워런 버핏도 2002년부터 줄곧 "장기적으로 미국 달러화가 약세를 보일 것이라는 확신을 갖고 있다"라고 말하면서 미국 외 지역, 즉 장기적으로 달러화 가치보다 우위를 보이는 중국 등의 국가 주식에 줄곧 투자하고 있다. 하지만 남유럽 재정위기, 브렉시트, 미국의 기준금리 인상, 미·중 무역전쟁 등을 거치며 오히려 달러화 가치는 높아지고 있다. 우리나라는 여기에 덧붙여 지정학적 위험이 상존하고 있어 금융소비자는 달러화의 가치를 강세 또는 약세라는 이분법으로 해석하기보다는 안전자산으로 접근하고 환헤지 여부를 고려해야 하는 어려움이 있다.

여기에서 해외펀드에 투자하는 금융소비자는 딜레마에 빠질 수밖에 없다. 해외펀드는 국내 해외펀드와 역외펀드로 나누어진다. 역외펀드는 룩셈부르크와 같은 조세 피난처tax heaven에 회사를 설립하고, 국내 고객들로부터 돈을 모아 달러나 유로화 등 통화로 운용하는 해외펀드다. 통화 흐름은 금융소비자의 입장에서 보면 국내 해외펀드와 역외펀드 모두 '원화 → 달러 → 원화'로 같으나, 운용 주체의 입장에서 보면 확연하게 다르다. 즉 국내 해외펀드는 자산운용사가 국내 금융소비자로부터 돈을 모아 달러로 바꾸고 해당 지역 통화로 투자한 후 다시 달러로 바꿔 원화로 지급한다(원화 → 달러·유로 → 각국 통화 → 달러·유로 → 원화).

달러화가 예전의 위상을 되찾지 못하고 원화가 변동성이 크다는 점을 고려하면 금융소비자는 원/달러 환율이 더 이상 떨어지지 않는다고 전망될 때 역외펀드에 가입해야 한다. 원/달러 환율의 지속적인 하락이 예상될 때는 원화절상으로 환차손을 볼 수 있으므로 역외펀드에 가입할 때는 환헤지를 고려하거나 환헤지가 되어 있는 국내 해외펀드를 선택해야 한다.

다만 역외펀드를 고려할 때 환헤지는 환차익과 환차손을 방지할 수 있으나 상황에 따라 손실을 더욱 키울 수 있다는 것을 반드시 고려해야 한다. 예를 들면 2008년 1월 2일 937원이던 환율이 10월 8일 1,396원까지 약 49% 폭등하자 환헤지를 하지 않은 투자자들은 49%의 환차익을 보았고, 선물환거래로 환헤지를 한 투자자는 큰 손실을 보았다. 문제는 환차익·환차손이 아니라 환헤지한 선물 환거래다.

역외펀드에 1만 달러를 투자하고 1달러당 1천 원에 선물환매도 계약을 체결해 원/달러 환율이 1,400원, 펀드수익률이 -40%라고 가정해보면 계좌평가금액은 선물환매도 청산 시 손익 '-400만 원[=1만 달러×(1천 원-1,400원)]', 역외펀드 청산 시 손익 '+240만 원[=6천 달러×(1,400원-1천 원)]', 여기에 환손익으로 160만 원과 펀드투자로 '400만 원(=1천만 원×-40%)'을 처리해 '440만 원(=1천만 원-160만 원-400만 원)'이 나온다.

이는 선물환 포지션에서 1만 달러를 1천 원에 매도하기로 했고, 평가일 원/달러 환율이 1,400원이므로 평가일의 계좌평가금액은 -400만 원의 손실이 발생하게 된다. 또한 평가일의 펀드평가액은 6천 달러고, 이를 원/달러 환율로 계산한 원화 기준 평가금액은 +840만 원이다. 따라서 선물환평가금액과 펀드평가금액의 합계액

도표 6-12 :: 해외펀드 환헤지 과정

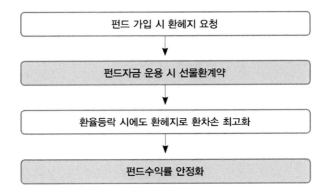

```
┌─────────────────────────────────────┐
│       펀드 가입 시 환헤지 요청          │
└─────────────────────────────────────┘
                  ↓
┌─────────────────────────────────────┐
│     펀드자금 운용 시 선물환계약          │
└─────────────────────────────────────┘
                  ↓
┌─────────────────────────────────────┐
│    환율등락 시에도 환헤지로 환차손 최고화   │
└─────────────────────────────────────┘
                  ↓
┌─────────────────────────────────────┐
│         펀드수익률 안정화               │
└─────────────────────────────────────┘
```

은 440만 원이 된다. 다행히 원금 이상 플러스(+)를 유지하고 있다. 하지만 환율이 추가적으로 상승하고 주가가 하락할 경우에는 계좌평가금액이 원금 이하(-)가 될 수 있다.

이는 역외펀드에 1만 달러를 투자하고 1만 달러에 대해 1달러당 1천 원에 선물환매도 계약을 체결했는데, 이후 정산시점에서 펀드 수익률이 -60%이며 현물환율이 1,700원일 때 발생하는 경우로 이해하면 된다. 이때의 계좌평가금액은 환손익으로 선물환매도 청산 시 손익 '-700만 원[=1만 달러×(1천 원-1,700원)]', 역외펀드 청산 시 손익 '+280만 원[=4천 달러×(1,700원-1천 원)]'을 계산해서 -420만 원이 발생한다. 또한 역외펀드 손익으로 -600만 원이 나오므로 평가금액은 20만 원(=1천만 원-420만 원-600만 원)의 손실이 발생한다. 오히려 돈을 배상해야 하는 상황이 된다.

금융소비자가 환차손을 방지하고자 선물환계약을 한 다음, 원/달러 환율이 급등해 환차익을 볼 수 있는 기회를 놓친 것도 억울한데 오히려 펀드 담보가치를 넘는 손실이 선물환 포지션에서 발생함으로써 원금 전체를 손해 보고도 추가 납입을 해야 하는 상황이 발생하는 것이다.

국내 해외펀드보다 더 높은 수익을 추구하며 역외펀드에 투자하고자 하는 금융소비자는 금융지식을 쌓아 환차손이 예상되더라도 선물환거래는 하지 말아야 한다. 대신 세계 경제와 금융환경을 주시하고 주가상승과 환차손, 주가하락과 환차익 등 다양한 변수를 예측해 투자하는 지혜가 필요하다. 국내 해외펀드에 투자하고자 하는 금융소비자는 대부분 환헤지가 되어 있으므로 세계 경제와 금융환경을 주시하고, 주가상승과 주가하락만 점검하면 된다.

장기투자에 강한 다섯 펀드

장기투자는 42.195km를 완주하기 위한 마라톤 경주와 같다. 마라토너는 완주를 위해 처음에는 천천히 또는 느리게 달리지만 오르막을 만나면 몸을 앞으로 굽히며 보폭을 좁게 하고, 내리막에서는 보폭을 크게 하고 발걸음 횟수를 늘려 코스 변화에 대응하는 등 목표를 향해 갈수록 힘을 발휘한다. 펀드를 통한 장기투자도 처음에는 서서히 나아가고 뒤로 갈수록 강하게 달리는 마라톤처럼 온갖 역경을 거치며 완주할 수 있어야 한다.

시장에 순응하는 인덱스펀드

인덱스펀드는 시장 평균수익률 달성을 목적으로 주가지수, 즉 주식시장 자체에 투자하는 펀드를 말한다. 그런데 증권거래소에 상장된 주식이 너무나 많기 때문에 모든 지수에 투자하기란 현실적으로 무리다.

그러므로 안정적이고 수익이 날 확률이 높은 투자범위를 정해 펀드상품을 구성한다. 예를 들면 주식수가 많고 가격이 높은 상위 200개 회사의 주식가격을 숫자로 만든 코스피200이나 코스닥 중 주요 50개 종목 지수인 코스닥50, 기업 지배 구조가 좋은 종목의 지수인 KOGI, 배당을 많이 주는 종목의 지수인 KODI 등이 있다.

따라서 금융소비자는 결과적으로 인덱스펀드가 시장수익률을 달성했는지만 살펴볼 것이 아니라, 펀드성과를 달성해온 과정이 어떠했는지를 중요하게 살펴봐야 한다. 즉 인덱스펀드에서는 일별 시장수익률 간의 차이인 일별 '추적오차'의 안정성이 중요한 의미를 지닌다고 볼 수 있다. 이러한 추적오차의 등락이 크게 나타나는 것이 액티브펀드의 속성이라 볼 수 있으므로 일별 추적오차의 등락이 적은 펀드로 해야 한다.

하지만 인덱스펀드는 기본 전략인 지수 추종 전략에서 추종 대상인 지수가 대부분 시가총액 가중방식(포트폴리오의 구성 비중을 개별 종목의 시가총액비율로 정함)으로 구성되나, 그 지수가 투자가치적인 측면에서 적절한 것인지는 의심해볼 필요가 있다.

그렇다 보니 하락장에서는 인덱스펀드가 액티브펀드보다 불리하다. 인덱스펀드는 항상 펀드 자산 100%에 가깝게 주식을 들고 가기 때문에 주식 비중을 비교적 유연하게 조절할 수 있는 액티브펀드와 비교해 하락장에서 크게 불리하다고 생각할 수 있다. 이는 전제 조건이 성립되면 틀린 이야기가 아니다. 전제 조건은 바로 액티브펀드 매니저들에게 향후 시장의 방향에 대한 예측력이 존재하고 그 시점까지 맞힐 수 있는 능력이 있어야 한다는 것이다.

하지만 실제 여러 논문을 통해 검증된 결과의 통계를 보면 액티브 펀드매니저들에게 향후 시장의 방향에 대한 예측력이 있다고 말하기는 어렵다. 다만 펀드매니저들은 저평가 기업을 골라내는 능력이 금융소비자보다 뛰어날 뿐이다. 따라서 중요한 전제 조건이 성립되긴 어려우므로 액티브펀드매니저들이 시장 상황에 따른 대응을 잘해서 주식을 100% 들고 가는 인덱스펀드보다 좋은 성과를 낼 수 있다고 보긴 어렵다. 오히려 뒤늦은 대응으로 이미 하락을 마쳐 갈 시점에 주식 비중을 대폭 줄이고, 상승을 마쳐 갈 시점에 주식 비중을 대폭 늘려 결국 시장수익률을 따라잡지 못하는 실수가 빈번하다.

1995~2004년 미국의 대표 인덱스펀드인 뱅가드 S&P500과 대표 액티브펀드인 피델리티 마젤란펀드의 10년간 성과를 비교한 〈도표 6-13〉을 보면 인덱스펀드가 액티브펀드보다 누적수익률이 47.26% 더 높다. 참고로 피델리티 마젤란펀드는 1977~1990년까지 13년간 누적수익률 2,700%라는 경이적인 기록을 남긴 펀드이고, 13년 동안 단 한 해도 마이너스 수익률을 기록한 적이 없다.

피터 린치가 운용한 마젤란펀드는 1977~1990년까지 국민펀드였으나, 피터 린치가 물러난 후인 1995~2004년의 펀드성과는 인덱스펀드보다 낮았다. 이는 마젤란펀드와 같은 예외적인 액티브펀드를

224

도표 6-13 :: 대표적인 인덱스펀드와 액티브펀드 비교

구분	인덱스펀드 뱅가드 S&P500	액티브펀드 피델리티 마젤란	차이
2004년	10.74%	7.49%	3.25%
2003년	28.50%	24.82%	3.68%
2002년	-22.15%	-23.66%	1.51%
2001년	-12.02%	-11.65%	-0.37%
2000년	-9.06%	-9.29%	0.23%
1999년	21.07%	24.05%	-2.98%
1998년	28.62%	33.63%	-5.01%
1997년	33.19%	26.59%	6.60%
1996년	22.88%	11.69%	11.19%
1995년	37.45%	36.82%	0.63%
누적수익률	210.49%	163.23%	47.26%

제외하면 대부분의 액티브펀드가 장기적으로 인덱스펀드보다 꾸준히 수익을 내기 어렵다는 반증이기도 하다.

그 예로 1970~1999년까지 미국 주식형펀드의 운용성과(도표 6-14)를 보면 전체 조사 대상 355개의 주식형펀드 중 20년 동안 시장수익률에 비해 좋은 성과를 보인 펀드는 9개에 불과했고, 대부분은 사라지거나 마이너스 수익률을 보였다. 결국 액티브펀드로 장기적인 시장수익률 이상을 추구하기는 어렵다.

인덱스펀드는 장기간 누적수익률을 비교 평가하면 평균적으로 액티브펀드보다 우수하다. 하지만 주가상승기에는 코스피나 액티브펀드에 비해 누적수익률이 좋지 않은 것도 사실이다. 이는 추적오차가

도표 6-14 :: 미국 주식형펀드의 운용성과(1970~1999년)

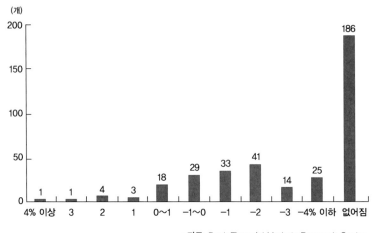

• 자료: BogleFinancial Markets Research Center

크게 발생했기 때문이다. 따라서 인덱스주식형펀드를 효과적으로
운용하려면 하락기나 횡보장에 적립식으로 운용하고 상승기에 환매
하는 방법이 좋다.

가을의 왕자, 배당주펀드

처서處暑가 지나고 가을이 다가오면 배당주펀드에 대한 관심이 커
진다. 특히 기업 실적이 유난히 좋은 해에는 최대의 배당 축제가 열
릴 것이라는 전망에 금융소비자들은 배당주와 배당주펀드에 더욱
관심을 갖는다.

배당주펀드는 주식에 투자하는 펀드 중 주로 배당성향이 높은 주
식에 우선적으로 투자한다. 이는 주가가 오를 때는 성장성이 상대적

으로 낮기 때문에 덜 오르고, 빠질 때는 배당이라는 현실성이 받쳐주기 때문에 덜 빠지는 경향이 있다. 또한 배당수익을 우선적으로 하므로 종목 간의 비중 편차를 크게 고려하지 않고 종목 하나하나에 큰 비중을 주지 않으며, 되도록이면 N분의 1 투자방식을 추구하므로 자연스럽게 분산효과가 커 안정적이다. 이러한 점이 노후를 펀드로 준비하고자 하는 금융소비자에게 매력적으로 다가온다.

한편 배당주펀드에 짧게 투자할 때는 너무 높은 수익을 기대하지 말아야 한다. 원금을 보존한다는 자세로 최소한 2~3년 이상의 장기적인 관점에서 투자해야 한다. 처음 투자하려는 사람은 배당락 이후인 1월이나, 3개월 환매 기간을 고려해 9월 이전에 가입해야 매매차익과 배당수익을 추구할 수 있다. 반면에 배당 관련 주식에 투자하고자 하는 금융소비자는 11월에 주가가 떨어지는 속성이 있으니 충분히 조정한 후 매수해 연말까지 가져갈 필요가 있다.

전환권이 있는 연금저축펀드

연금저축펀드는 연금저축상품(펀드·신탁·보험)의 한 종류로 자산운용사에서 운용하고, 증권사에서 주로 판매한다. 일반 펀드처럼 운용성과에 따라 수익률이 결정되며, 연금저축펀드 역시 다른 연금저축상품과 동일하게 세액공제를 받을 수 있다. 이에 따라 금융소비자는 연금저축펀드에 투자할 때 다음의 4가지를 체크하고 준비할 필요가 있다.

첫째, 수익률과 수익률의 지속성을 살펴본다. 어떤 상품이나 마찬가지지만 연금펀드 선택의 첫 번째 기준은 높은 수익률이 예상되는 펀드다. 하지만 현실적으로 펀드수익률을 예측하기란 쉽지 않다. 따라서 차선책으로 과거수익률이 높고 수익률의 지속성이 있는지를 과거 성과를 토대로 살펴보는 방법이 있다. 펀드의 성과가 기대 이하인 경우 펀드 이동도 가능하다. 하지만 이는 현실적으로 번거로워 사후 펀드 교체율이 낮은 투자자들의 행태를 고려해볼 때 애초에 성과가 우수하고 꾸준한 펀드를 선택해 투자하는 것이 좋다. 특히 10년 이상 투자하는 연금펀드의 초장기 투자기간을 고려하면 성과 지속성의 중요성은 더욱 크다.

둘째, 전환이 되는 펀드라면 손쉬운 자산배분 기능으로 장기투자에 더욱 적합하다. 대부분의 금융소비자들은 연금저축상품의 금융기관 간 전환권을 모르거나 알더라도 연금저축펀드의 손실에 대한 위험부담 때문에 연금저축신탁이나 연금저축보험을 선택했다. 연금저축펀드는 연금펀드들이 전환형으로 출시되어 주식형·채권형·혼합형 간에 전환이 가능하다. 이러한 전환형펀드를 선택해 시장 급락 또는 외부적 충격에 의한 시장의 구조적 변화에 손쉽게 대응함으로써 위험부담을 줄일 수 있어 자산배분펀드로 활용할 수 있다.

한편 연금저축펀드의 전환권은 대부분 주식형펀드과 채권형펀드, 국내펀드와 해외펀드, 성장형과 가치형펀드 등 펀드 간에 자유롭게 전환이 가능하다.

셋째, 투자비용(총 보수)을 고려해야 한다. 연금펀드는 10년 이상 장기투자를 목표로 한다. 따라서 특정 펀드의 수익률에 대한 확신이 없다면 투자성과로 확실히 이어지는 보수에 주목함으로써 비용절감의 복리 효과를 누릴 필요가 있다. 연금펀드의 수익률은 연 8~15%

로 가정하고, 세액공제 연간 한도인 400만 원씩 매년 불입(총 10년간 10회)한다고 가정했을 때, 주식형 연금펀드 중 연간보수가 가장 높은 펀드와 가장 낮은 펀드 간에는 원금투입총액의 10% 이상에 해당하는 성과 차이가 발생하는 것으로 나타났다. 쉽게 말해 비용이 저렴한 펀드에 투자함으로써 10회의 불입금 중 한 번은 다른 사람이 불입해주는 것과 같은 효과가 있다는 것이다.

넷째, 소득과 세금혜택을 고려해야 한다. 연금저축펀드의 세제혜택은 연 400만 원 한도에서 불입금의 100%를 공제해주나, 연금 수령액은 과거에 과세되지 않은 소득이므로 5.5%(주민세 포함)를 세금으로 내야 한다. 만약 적립기간 만료 전에 중도해지하거나 연금저축을 중도해지하면 '세제혜택을 받은 납입금액과 운용수익'에 대해 16.5%의 소득세가 부과된다. 또한 연금수령 시에는 국민연금과 퇴직연금을 포함해 총연금액이 연 1,200만 원 이상인 경우에는 수익자의 소득에 따라 종합소득과세 대상이 될 수도 있다.

맞춤형 투자, 지급식펀드

선진국에서는 은퇴생활과 목돈운용 또는 매월 일정한 현금흐름을 추구할 때 많이 이용하고 있는 것이 맞춤형 투자 플랜인 월지급식펀드 플랜서비스다.

월지급식펀드 플랜은 단순하게 현금을 정기적으로 지급하는 것 이외에 효과적인 투자서비스를 제공한다. 증권사가 엄선한 펀드에 투자한 다음 달부터 투자자가 원하는 날 또는 주기에 원하는 금액을 지급받는 맞춤형 월지급식 금융서비스다. 은행 및 보험사의 연금형상품의 수익성과 일정한 나이가 되어야 연금수령을 할 수 있는 조건에 불만족인 투자자에게 매력 있는 상품이다. 또한 고령화 시대를 맞이해 퇴직 후 국민연금이나 개인연금 외에 추가적인 월 소득원을 확보해 안정된 노후생활을 원하는 투자자에게 적합하다.

지급식펀드는 수익률이 높을 경우 일정액의 현금과 추가 수익까지 챙길 수 있어 펀드로 노후를 대비하려는 투자자에게 부각되고 있다.

연금지급방식은 펀드마다 차이가 있지만 대체로 최초 투자원금의 일부를 매달 지급하고 있다. 하지만 시장 상황이 악화되어 지급되는 분배금이 수익을 초과할 때 원금손실이 발생하게 되면 장기간 생존 시 연금이 중단될 수도 있음을 간과해서는 안된다. 따라서 금융소비자는 장기투자의 강점인 연속성을 유지할 수 있는 장점과 정기적인 분배금을 활용할 수 있는 지급식펀드로 자산관리를 해야 한다. 다만 다음의 2가지 사항은 반드시 기억해야 한다.

첫째, 지속적으로 자금이 유입되는지 확인한다. 지급식펀드는 시스템펀드로 대부분 펀드투자자가 지정한 날짜인 월·분기·반기·연 단위로 배당금이 입금되는 구조다. 그렇다 보니 보유하고 있는 주식이 계속 오르면 주식의 비중은 0이 되고, 계속해서 지정된 날짜에 배당금을 지급하기 때문에 원금손실이 발생할 수 있다. 또한 해당 펀드의 주식 보유 비중이 많은 상태에서 시장이 급변해 손실을 보고 있음에도 불구하고 지정한 날짜에 배당금은 계속 지급해야 하므로 결국 제 살 파먹기 펀드로 바뀌어 지속적으로 배당금을 지급하지 못하는 경우가 발생할 수 있다.

그 예로 주식시장이 과열되면 지급식펀드는 시스템적으로 보유한 주식을 매도하고 주식의 비중을 줄이게 된다. 이러한 경우 해당 지급식펀드에 돈이 지속적으로 유입되지 않거나 유동성(현금 보유 등)이 적으면 리밸런싱(종목매수, 종목교체)을 할 수 없게 된다. 즉 정해진 날짜에 정해진 배당금을 지급하면서 지속적으로 지급할 수 있도록 리밸런싱을 하지 않는 펀드는 가입자에게 손실을 안겨줄 수 있다. 따라서 설정 기간이 꽤 지났어도 설정액이 늘지 않거나 매달 설정액이 줄어드는 지급식펀드는 리밸런싱을 제대로 할 수 없으므로 주의해야 한다. 반면에 설정액이 꾸준하게 증가하면 리밸런싱을 잘할 수 있으므로 투자해도 된다.

둘째, 매매회전율을 확인한다. 지급식펀드는 시스템펀드로 정해진 날짜에 배당금을 지급하기 때문에 주식 매매를 자주 할 수밖에 없다. 매매회전율을 확인해 50% 이상 되는 펀드는 매매비용이 높아질 수밖에 없어 수익성 악화의 우려가 있으므로, 매매회전율이 낮으면서 꾸준하게 배당금을 지급하고 있는 펀드를 선정하고 투자해야 한다. 매매회전율은 펀드운용보고서 등에서 확인할 수 있다.

인생의 동반자, 라이프사이클펀드

국민연금만으로 버티기 힘들 것은 자명하고 그렇다고 풍족한 퇴직금을 바랄 수도 없는 세상이다. 이제는 평생 함께 준비하고 마련할 수 있는 금융투자상품을 고려해야 할 때다. 그래서 나온 상품이 '라이프사이클펀드life cycle fund'다. 라이프사이클펀드란 나이에 따라 차별화된 투자전략을 세우고 평생을 '제2의 동반자'로 함께하는 펀드로써, 초기에는 적극적으로 위험을 수용하는 전략에 맞춰 자산을 운용하고, 시간이 경과할수록 가급적 위험을 회피하는 방향으로 자산을 배분한다. 이 때문에 초기에는 주식편입비율이 80% 정도로 높아 큰 수익을 얻을 수 있도록 한 반면, 시간이 어느 정도 경과하면 주식편입비율이 낮은 펀드로 갈아타 안정적인 수익을 얻을 수 있도록 구성되어 있다.

금융소비자는 연금펀드와 같이 라이프사이클펀드를 은퇴 전까지 자신의 인생과 평생 함께하는 장기 상품으로 여기고 꾸준히 적립식으로 투자하는 지혜가 필요하다.

증시상승기에
강한 펀드

자문사 랩어카운트

자문사 랩을 간단하게 정의하면 '주식에 투자하는 투자 일임 계약'이라 할 수 있다. 금융소비자는 증권사의 랩어카운트wrap account에 500만~1천만 원 이상 투자금을 일임하거나 매달 10만 원 이상 적립식으로 일임 투자하고, 증권사는 투자자문사의 조언을 받아 10여 개의 주식 종목에 투자해 운용하는 금융투자상품이다. 따라서 증권사에서 받는 자산관리 수수료가 주식형펀드보다 높다.

증권사 입장에서 보면 자산관리 수수료가 펀드보다 비싸고, 주식매도 시 증권거래세도 금융소비자의 부담이므로 주식형펀드의 수수료 인하에 대처할 수 있다. 또한 주식형펀드 환매자금까지 끌어들일 수 있으므로 누이 좋고 매부 좋은 효자상품이다.

　반면에 고객의 입장에서는 돈을 증권사의 랩어카운터에 일임하고 그동안 개별 주식에 투자하면서 정보의 부족과 전문적인 금융지식의 한계로 인한 저조한 투자실적에 신경 쓰지 않아도 되므로 좋다. 또한 국내 주식형펀드보다 더 높은 수익률을 기대할 수 있다는 점에서 선호한다.

　하지만 금융소비자가 선호하는 자문사 랩은 매매 및 손익 현황 등을 개인계좌에서 실시간으로 조회할 수 있으나 수수료가 비싸며, 편입 종목이 10개 이내인 주식형펀드다. 물론 주식형펀드와 달리 한 종목에 10% 이상을 투자할 수 있고, 자문사의 조언까지 받을 수 있으므로 상승장에서는 랩어카운터의 능력에 따라 고수익을 기대할 수 있다. 반면에 종목 투자 비중이 잘못되어 투자수익이 저조할 수도 있고, 하락장에서는 투자자문사와 개인투자자보다 순발력이 뒤쳐져 손실을 키울 수도 있다.

　금융소비자가 랩어카운트를 준비할 때는 돈이 흘러간다고 무조건 따라가기보다는 자신의 투자성향과 투자기간 및 목적을 고려해 일대일로 자산배분과 관리를 잘할 수 있는 것에 투자해야 한다.

　랩어카운트는 고객의 투자성향과 투자기간 및 목적에 맞게 랩어카운터가 채권·주식·수익증권 등 다양한 금융투자상품에 분산 투자해 관리해주는 아주 유용한 상품이다. 금융소비자도 투자자문사의 조언에 따라 여러 개인투자자들의 자산을 한꺼번에 운영하고 소수 종목에 집중해 투자하는 자문사 랩보다는 자신의 계좌를 일대일로 관리하면서 자산현황, 투자목적, 투자기간, 수익률 등의 변동 내용을 파악해 운영해주는 차별화된 우량 증권사의 자산배분형 랩어카운트에 관심을 갖도록 한다.

압축펀드

일반적인 주식형펀드가 50개 이상의 다양한 주식에 분산투자하고 있다면, 압축투자는 그보다 더 적은 20여 개의 소수 종목에 집중투자하면서 고수익을 추구한다. 종목 수로 보면 8개 내외로 운용하는 자문사 랩과 50개 이상 운용하는 공모형펀드의 중간이다.

따라서 압축펀드는 일반 펀드의 분산투자에 대한 아쉬움이 있는 투자자를 대상으로 몇 개 종목만 선별해 집중투자하는 펀드이므로 펀드매니저가 시장 상황에 따라 보다 빠른 대응을 하면 높은 수익을 기대할 수 있다. 특히 주가상승기의 경우 투자종목이 적으므로 일반 공모형펀드에 대비해 수익률이 높게 나타날 수 있다. 반면에 자문형 랩보다는 종목 수가 많으나 20개 내외의 적은 종목에 투자하기 때문에 제대로 분산투자가 되지 않는 단점이 있어 주가하락기에는 일반 공모형펀드보다 손실이 커질 수 있다. 이는 각 펀드의 펀드매니저가 운용하고 있는 종목이 많이 겹치고, 테마 종목에 집중되어 있어 주가하락기에는 대량 매도 물량으로 주가급락의 폭탄을 맞을 수 있기 때문이다.

반면에 그룹주펀드와 같은 압축펀드는 여러 분산된 업종으로 이루어진 '그룹주'에 투자하기 때문에 타 테마펀드에 대비해 상대적으로 업종이 분산된 투자가 가능하다. 다만 삼성과 같은 거대그룹의 경우에도 증시에 상장된 종목은 18개에 불과하기 때문에 그룹의 진로와 관련해 투자위험이 클 수밖에 없다.

펀드투자자는 수익률이라는 성과만 보고 투자해서는 안 된다. 압축펀드에 투자하고자 하면 해당 펀드가 어떤 테마를 갖고 있는지, 어떤 운용전략을 갖고 있는지 등을 파악해 종목 분석을 해야 한다. 또한 기존 포트폴리오에 추가 이익을 위해 일부 편입하며 '하이 리스크, 하이 리턴'을 감내할 수 있는 펀드투자자만 투자를 해야 한다.

목표전환형펀드

목표전환형펀드는 말 그대로 목표에 도달하면 운용방식을 바꾸는 펀드다. 즉 수익이 나기 전에는 주식을 공략하고, 수익이 나면 채권으로 갈아타는 등 목표 수익률에 도달하면 위험률을 달리하는 방식이다.

증시가 상승기에 접어들면 보수적인 투자자도 은행예금보다 높은 수익률을 추구하면서도 주식형펀드보다 안전한 상품을 찾고, 판매사는 이들의 욕구를 만족시키며 그 돈을 유치하기 위해 운용사에 상품을 요구한다. 반면 목표전환형펀드 운용사는 목표 수익에 도달하면 운용방식을 바꿔야 하므로 투자자와 판매사의 요구에도 불구하고 투자대상(코스피, 외환시장, 채권시장 등)의 시장이 앞으로도 계속 상승세를 유지할 것이라는 믿음이 강해질 때까지 기다리다가 활황기에 이르러서 대부분 출시한다. 대부분 거치식펀드로 운용되며 출시 시기가 목표수익률에 크게 좌우되는 이유이기도 하다.

코스피를 예로 들면, 2017년 하반기부터 2018년 하반기까지 활황기에 쏟아져 나온 대부분의 목표전환형펀드가 이어진 박스권 또는 침체기를 맞이해 목표전환도 못하고 마이너스라는 저조한 수익률을 기록하고 있는 것에서도 알 수 있다.

목표전환형펀드는 활황기에 투자하기보다는 투자대상의 시장이 지속적인 상승세가 예상되는 상승기이거나 '상저하고'가 예상되는 '상저 시기'에 투자하는 펀드다. 그렇지 않으면 목표전환도 하지 못하고 환매를 할 수밖에 없는 우(愚)를 범할 가능성이 높다.

증시하락기에
강한 펀드

리버스펀드

북한의 도발, 서브프라임 금융위기, 유로존 재정위기, 브렉시트, 미·중 무역전쟁 등 국지적인 분쟁이나 글로벌 금융위기가 발생하면 어김없이 주식시장은 하락하고 출렁인다. 이렇게 주식시장이 하락할 때 반대로 수익을 낼 수 있는 구조로 만들어진 펀드가 '리버스펀드'다.

리버스펀드는 지수가 떨어졌을 때 수익이 발생하고, 지수가 올라갔을 때는 손실이 난다. 대부분 주가가 하락하는 방향에 수익을 내는 코스피선물매도, 풋옵션매수 등 파생금융상품에 투자하면서 주가와 반대방향으로 움직이도록 설계되어 있기 때문이다. 이에 따라 금융소비자는 선물이나 옵션과 같은 복잡한 파생상품 거래를 하지 않고도 리버스펀드로 위험을 회피할 수 있고, 단기적인 수익을 취할 수도 있다. 리버스펀드에 투자할 때는 다음의 3가지를 유의해야 한다.

첫째, 주가가 상승할 것을 예상하고 많은 자금을 투자했거나 적립식펀드의 만기가 다가왔을 때 등의 갑작스런 주가하락으로 피할 수 없는 위험을 헤지하고자 하는 목적으로 투자한다.

둘째, 변동성이 높은 기간에 장기간 투자할 경우 상품 특성상 누적수익률이 기대수익률에 못 미치는 상황이 발생할 수 있으므로 적립식보다는 거치식으로 하고, 한시적인 단기투자수단으로 이용한다.

셋째, 예상과 달리 주가가 상승할 경우에는 손실이 커질 수 있으므로 지나치게 많은 비중을 두는 것은 위험하다.

인버스ETF(상장지수펀드)

'인버스ETF'에는 코스피200 선물지수와 반대로 움직이는 'KODEX인버스ETF', 'TIGER인버스ETF', 'KOSEF인버스ETF' 등이 있다. 일반 주식처럼 주식시장에서 매매가 가능하므로 장중의 변동성을 활용한 단기투자를 할 수 있다. 또한 일반 주식과 달리 증권거래세를 내지 않아도 된다.

인버스펀드

국내 '인버스펀드'는 하락 시에만 베팅하기에는 위험이 큰 만큼 단독으로 설정되기보다는 성격이 다른 펀드들이 하나로 묶여 있는 전환형펀드인 '엄브렐러펀드'의 형식인 경우가 많다. 즉 단일 리버스인덱스펀드로 판매하기보다는 인덱스펀드와 리버스인덱스펀드를 한데 묶은 엄브렐러펀드의 형태로 주로 판매한다. 따라서 인버스펀드는 대부분의 자산을 채권형펀드로 운용하면서 전반적인 하락세에 무게가 놓인다면 리버스펀드로 전환해 별도의 선물·옵션 거래 없이도 하락장에 대응하거나, 일부는 선물·옵션 등 파생 상품에 투자해 수익을 낼 수 있도록 되어 있다.

자산배분펀드

'자산배분펀드'는 시장 상황에 따라 투자대상의 편입비를 조절하는 자산배분 전략으로 운용되는 펀드다. 자산배분은 투자철학, 투자운용 목표, 금융시장의 상황, 투자대상 자산의 미래 기대수익과 위험을 고려해 자산별 투자비중을 결정한다.

자산배분펀드는 공격적 자산배분형 펀드와 보수적 자산배분형 펀드로 나눈다. 공격적 자산배분형 펀드는 위험자산 편입비를 0~100% 사이에서 활발히 움직여 평균 주식편입비가 35~65% 수준일 것으로 추정되는 펀드다. 반면에 보수적 자산배분형 펀드는 위험자산 편입비를 0~50% 사이에서 활발히 움직여 평균 주식편입비가 15~35% 수준으로 추정되는 펀드다.

한편 일반적인 운용전략에 따라 자산배분펀드를 나누면 전략적 자산배분펀드와 전술적 자산배분펀드로 구분할 수 있다.

전략적 자산배분펀드는 투자자의 투자목적을 달성하기 위해 장기적인 포트폴리오의 자산구성을 정하는 의사결정을 한다. 또한 투자기간 중 투자자의 기본적인 상황이나 전략수립에 사용된 각종 변수들에 대한 가정이 크게 변하지 않는 한, 처음 수립되었던 포트폴리오의 자산구성을 변경하지 않는 매우 장기적인 의사결정을 하는 펀

도표 6-15 :: 자산배분펀드의 장단점

구분	기회이익	위험
대세상승기	평균 50~60% 수준의 주식편입비율을 유지하면서 지수 상승폭 수준의 수익 획득 가능	순수 주식형보다 낮은 수익률 발생 가능성
조정기 (변동성 장세)	스텝 바이 스텝(step by step) 형태의 누적 수익률을 추구	시장 상황에 맞게 대응하지 못할 경우 수익률 둔화 가능성
대세하락기	시장 상황에 따라 주식편입비율을 조절해 하락장에서도 수익률 방어 추구	

드다.

전술적 자산배분펀드는 시장의 변화 방향을 예상해 사전적으로 자산구성을 변동시켜 나가는 전략이다. 전략적 자산배분의 수립 시점에서 세웠던 자본시장에 관한 각종 가정들이 변화함으로써 자산집단들의 상대적 가치가 변화하는 경우, 투자이익을 획득하기 위해 정기적 혹은 부정기적으로 자산구성을 변경하는 적극적 투자전략을 취하는 펀드다.

노후대비 등 장기투자를 위해 자산배분펀드에 투자하고자 하는 금융소비자는 대세 상승기에는 자산배분펀드가 순수 주식형보다 수익률이 낮을 수 있으나, 주식시장 변동성 확대가 예상되는 시기에는 시장 대비 초과수익을 추구할 수 있다.

대세 하락기에는 시장 상황에 따라 적극적으로 주식편입비율을 조절해 수익률을 추구할 수 있는 장점에 주목하고, 전략적 자산배분펀드와 전술적 자산배분펀드를 모두 갖춰 비중을 조절해야 한다. 또한 현금배당 등 목표배당을 하는 자산배분펀드를 포트폴리오에 추가하면 더욱 안정적이다.

스마트펀드

"신과 나 사이에 공통점이 있다. 바로 미래 주가는 모른다는 것이다." 주식전문가가 예측한 대로 주식시장이 움직이지 않을 때 자조하는 말이다. 그러면서 금융소비자들에게는 지금은 대세 상승기이니 추격매수하라고 하기도 하고, 업종 간 순환매에 대비해 빠르게 순환매 파도를 타라고도 한다. 하지만 신이 아닌 이상 주식시장을 정확하게 예측할 수는 없다.

이처럼 변동성이 심한 시장에 대응하고자 만든 펀드가 '스마트펀드'다. 스마트펀드는 자동 주문 시스템에 의해 지수상승 시 비중을 축소해나가고, 하락 시 비중을 확대해 변동성 장세에 대응하는 연속 분할매매펀드라고 보면 된다.

따라서 자동으로 주가하락 시에는 분할매수, 주가상승 시에는 분할매도를 한다. 그러므로 적립식펀드처럼 변동성이 심하거나 하락장일 때는 저가매수를 통해 정액분할매수 효과를 기대할 수 있다. 또한 상승장에서는 차익실현을 할 수 있어 상대적으로 안정적인 펀드다. 또한 자동 주문 시스템에 의해 운용하므로 투자비용이 연 1% 내외로 저렴하고, 판매수수료와 환매수수료가 없다.

다만 스마트펀드는 적립식펀드가 2~3년이 지나면 매달 불입하는 돈이 적립된 금액에 비해 적어 정액분할매수 효과가 떨어져 환매하고 갈아타야 되듯이, 장기 분할매수와 장기 분할매도도 시간이 경과

되면 이러한 딜레마에 빠져 원하는 기대수익을 시현할 수 없을지도 모른다는 단점이 있다.

금융소비자는 이러한 점을 감안해 스마트펀드가 장기적으로 우수한 성과를 보일지, 증권사 수익창출을 위한 테마형펀드로 잠깐 반짝이는 자투리 펀드가 될지 파악해 투자해야 한다.

대안펀드로는
무엇이 있나?

원자재펀드

원자재 단위는 기초금속·에너지·귀금속·농산물 등 그 범위도 넓고 다양하다. 투자방법도 MSCI에너지나 MSCI소재(기초금속), 농산물 등 선물지수에 투자하거나 원자재 관련 기업에 투자하는 등 각 섹터별로 다양하다. 특히 원자재시장의 경우 경기와 수요에 따라 변동성이 크므로 금융소비자에게 쉽게 접근을 허용하지 않는다. 다만 상대적으로 주식시장과 상관관계가 낮으므로 위험을 헤지하는 대안투자로써 분산투자의 매력이 크다.

금융소비자는 통상 원유·구리·은·백금·팔라듐·구리 등 원자재 가격은 주식시장과 상관관계가 높고, 금·농산물 등의 가격은 주식시장과 상관관계가 낮다는 것을 알고 투자할 필요가 있다. 또한 기업에 투자하는 주식형원자재펀드는 경기가 좋아지면 선물지수형보다 상대적으로 더 오르고 장기적인 수익률도 더 좋다. 반면 경기가 나빠지면 주식형은 선물지수형보다 하락폭이 크다. 따라서 높은 수익률을 추구하는 금융소비자는 주식형원자재펀드에 투자하고, 위험분산을 목적으로 하는 대안투자를 한다면 선물지수형펀드에 투자한다.

다만 에너지·기초금속·농산물 등은 주식시장이 반드시 정해진 대로 움직이지 않으므로 경제·금융환경에 따라 위험관리를 해야 한다. 변동성을 고려해 투자비중을 위험자산 대비 10~20% 정도로 하는 것이 좋다.

금펀드

한정 자원인 금 생산량이 꾸준히 늘 수는 없다. 그렇지만 산업재로써의 매력과 금을 좋아하는 국민성을 가진 중국·인도 등 신흥 국가들의 수요, 그리고 국지적인 분쟁이나 돌발적인 경제 역풍 등을 고려하면 금은 안전자산의 역할을 톡톡히 한다. 반면 달러가 오르면 떨어지고 투기자본에 의해 가격 변동 폭이 매우 커질 수 있으므로 언제 폭락할지 모르는 위험자산이기도 한다.

이러한 금에 투자하는 방법에는 금펀드와 금ETF가 있다. 특히 금펀드에는 선물지수에 투자하는 금펀드와 금광업 등을 운영하는 기업 등에 투자하는 펀드, 해외펀드(국내, 역외)가 있다. 그러므로 경기동향·금융환경 등을 분석하며 금에 투자해야 한다.

농산물펀드

해외 농산물은 중국과 인도 등 신흥국가들의 인구 증가로 인한 식량소비 증가와 대체에너지인 옥수수·사탕수수 등의 바이오 연료의 개발로 수요가 계속 증가하고 있다. 또한 도시화로 경작지가 줄어들고, 지구온난화에 따른 기후변화와 자연재해로 식량 생산이 감소하고 있는 추세다. 즉 내릴 요인은 거의 없고, 장기적으로 오를 요인이 크므로 전망이 밝다고 볼 수 있다. 바야흐로 농업agriculture과 인플레이션inflation이 합성된 '애그플레이션agflation'의 시대다.

해외 농산물펀드에 투자할 때는 작황상황이나 기후변화에 큰 관심을 두어야 한다. 과거에 발표된 여러 보고서에 의하면 커피나 밀, 옥수수 같은 곡물류는 자연주기와 기후변화에 의해 풍작과 흉작을 수년 주기로 반복하는 사이클이 있다는 지적이 있다. 다소 생소하고 많이 알려져 있지 않은 시장이 상품시장이지만 우리의 실생활과 밀접한 연관이 있기 때문에 또 다른 투자대안으로 삼을 수 있을 것이다. 특히 농산물은 전통적인 수요인 음식이나 사료로 쓰일 뿐만 아니라 대체에너지용 수요 증가로 인해 주목받고 있다. 그러니 인플레이션 헤지나 일정 부분 자산 포트폴리오를 할당할 때는 분산투자수단으로 해외 농산물펀드도 고려해야 한다.

다만 해외 농산물펀드는 커머더티지수에 투자하는 펀드가 대부분이고, 기업에 투자하는 펀드는 드물다. 따라서 금융소비자는 먼저 상대적으로 안정성이 있는 커머더티지수에 투자하는 해외 농산물펀드를 고려한 다음, 기업에 투자하는 펀드로 한다.

원유펀드

국제유가는 경제성장에 따른 석유수급, OPEC 잉여생산능력, 투기자금 유입, 기후 및 중동 정정 불안, 동일본 대지진, 베네수엘라 정정 불안 등 지정학적 요인 등에 영향을 받는다. 또한 미국·유럽·일본 등 주요국의 유동성 자금이 석유 시장으로 유입될 가능성과 달러화 가치에 따라 변동성을 보인다. 여기에 미국 소비자물가지수CPI와 서부텍사스원유WTI가 매우 높아 인플레이션에 대비할 수도 있다.

원유투자는 주력 투자대상에 따라 크게 원유선물펀드, 원유ETF, 원유 관련 주식형펀드로 나눌 수 있다. 이 중 주의할 펀드는 장기투자를 해야 하는 원유선물펀드다.

원유선물펀드는 원월물이 근월물보다 싼 백워데이션이 발생해야 수익이 난다. 재고물량의 급증 등으로 근월물보다 원월물이 비싼 콘탱고contango 상황이 지속되면 손실이 발생한다.

즉 미국 내 재고 원유가 부족해져야 현물에 프리미엄이 붙게 되어 근월물보다 원월물이 싼 백워데이션이 발생하게 되고, 원월물을 계속 싸게 사는 구조가 되어야 제 힘을 발휘하게 되는 중장기 투자펀드라고 이해하면 된다.

이 외에 유전개발사업의 수익권과 에너지 인프라를 운영하는 상장회사의 지분에 투자하는 펀드, 적극적으로 유가를 추종하는 원유 ETF, WTI 대체제로써 투자하는 에너지 관련주 주식형펀드 등 종류가 다양하므로 경제와 금융환경에 따라 선택해 투자하는 지혜가 필요하다. 다만 기업에 투자하는 원유펀드는 주력 투자대상이 증시에 상장되어 있는 만큼 수익도 크지만 손실 가능성도 크다는 것을 감안한다.

리츠펀드

경기가 회복되고 주택시장이 살아나면 인플레이션 압력이 증가하고 상업용 부동산시장이 활성화된다. 이때부터 해외 부동산시장에 눈을 돌려야 한다.

해외 리츠(부동산 투자회사)펀드는 부동산을 소유 또는 리스하는 방식으로 투자해 임대수익 및 자본이득 등을 추구하는 펀드로 주식·채권 등 다른 자산과의 상관관계가 낮아 분산투자 효과가 크다고 알려져 있다. 또한 인플레이션에 따른 부동산 가치의 상승 및 배당금 상승으로 인플레이션 헤지에 적합하다. 이렇게 전 세계 주요 시장에 상장된 부동산 리츠 및 부동산 관련 주식 등에 투자해 배당소득 및 자본이득으로 꾸준하고 안정적인 수익을 목표로 한다.

금융소비자는 해외 리츠펀드의 이러한 특성을 파악해 수익률과 시류에 휩싸여 투자하기보다는 경기를 예측해 투자할 필요가 있다. 다만 경기가 침체되어 있을 때는 정액분할효과를 기대하는 적립식 투자를 하고, 경기가 완연히 회복되면 목돈투자와 분할매수를 병행해도 된다. 그런 다음 경제가 성장하고 성숙기에 접어들었을 때 결실을 얻어야 한다.

한편 국내에 설정된 해외 리츠펀드는 지역별로 선진국에 분산투자하는 글로벌 리츠와 아시아와 호주에 투자하는 아시아·태평양 리츠, 일본 리츠 등으로 분류된다.

ETF

펀드와 주식의 장점을 하나로 모은 'ETFExchange Traded Fund, 상장지수펀드'가 인기다. ETF란 주가지수를 주식처럼 실시간으로 매매할 수 있는 펀드로 인덱스펀드를 주식시장에 상장했다고 보면 된다. 매매 단위는 10주이고, 가격은 기초자산에 100을 곱해 이루어진다. 여기에 분기마다 배당금을 현금으로 지원하며 펀드투자이익은 비과세다. 또한 소액으로 대표 우량기업에 분산투자하는 효과가 있고, 일반 주식과 달리 증권거래세가 면제된다. 특히 지수에 투자하는 인덱스펀드이므로 일반 주식과 달리 부도위험이 없다.

상품으로는 KODEX200, KOSEF200, KODEXKODI, KODEXKRS100 등 상승장을 기대하는 종목과 KODEX 레버리지, TIGER200 레버리지 등 2배의 효과를 기대하는 종목이 있다. 여기에 요즘 같은 하락장에도 수익을 올릴 수 있는 KODEX 인버스, TIGER200인버스 등 다양한 상품들이 있다.

이 외에 국내섹터나 해외지수에 투자하고자 한다면 KODEX건설, KOSEF블루칩, KODEXBrazil, KODEXChinaH 등 투자성향에 맞춰 기초자산을 다양하게 운용하면 된다.

ETF는 투자할 주식 종목 선정에 어려움을 느끼고 있거나 분산투자를 목적으로 위험을 낮추고자 하는 투자자에게 적합하다. 또한 주가지수선물, 옵션, ETF 간의 일시적인 가격 차이를 이용한 차익거래를 하거나, 펀드매니저의 능력보다는 시장수익률만큼의 수익을 목적으로 하는 투자자도 운용할 만하다.

다만 거래량이 적은 ETF의 경우 시장성이 적으며, 하락 추세 시나 기초지수인 코스피200 선물지수 등의 순자산가치는 그대로인데 주가만 올랐다면 실제보다 비싼 값에 ETF를 사서 손해를 볼 수 있다. 이는 레버리지 ETF지수는 상승할 것 같은데 기존 ETF로는 만족을 못하는 투자자에게 적합하다. 인버스 ETF는 하락장에서 수익을 볼 수 있으므로 기존 ETF와 반대로 적용하면 된다.

스팩주와 스팩펀드

스팩SPAC: Special Purpose Acquisition Company은 주식공모를 통해 조달한 자금을 바탕으로 다른 기업을 인수하는 것만을 목적으로 서류상에만 존재하는 명목주식회사다.

부연하면 스팩은 발기인들이 상법상 주식회사(비상장 스팩)를 설립한 다음 공모를 통해 스팩을 코스피나 코스닥에 기업공개를 하고 상장한다. 이후 합병대상 기업을 구체적으로 탐색해 M&A(인수·합병)를 실행하며, 만약 M&A에 성공해 합병 등기가 완료되면 합병 법인의 신주권이 상장되어 거래되고, 일반 투자자들은 이 주식을 보유하거나 매각해 이익을 얻는 구조다.

하지만 상장된 스팩의 주가가 급등하면 M&A에 실패할 가망성이 크고, 성공하더라도 수익률이 낮다. 왜냐하면 스팩의 시가총액이 높아질수록 합병 후 보유할 수 있는 지분이 적어져 합병 계획을 철회할 가능성이 커지고, 새로 발행되는 신주권이 주주들에게 돌아가는 몫이 적어지므로 수익률도 낮아지기 때문이다.

이 외에 스팩은 설립 이후 3년 안에 M&A에 실패할 경우 투자손실이 확대될 수 있음을 감안해야 한다. 스팩은 설립 이후 3년 동안 합병이 성사되지 못하면 해산하게 되는데, 만약 공모가 아닌 거래소에서 높은 주가에 스팩주식을 매수했고 M&A가 실패해 해산한다면 공모

도표 6-16 :: 스팩 진행 과정

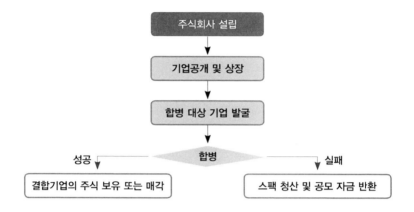

가 대비 95~100%를 돌려받게 되므로 큰 손실이 발생할 수 있다.

반면에 공모가를 밑도는 스팩주은 무위험 차익거래가 가능하므로 투자할 만하다. 가령 공모가 이하로 하락한 스팩에 투자하면 스팩은 공모금액을 95% 이상 예치해야 하므로 투자자는 원금보장의 효과가 있다. 따라서 스팩 설립 후 3년 이내 M&A를 못할 경우 투자자는 해당 스팩의 공모가 대비 예치율에 따라 투자금을 돌려받게 된다. 즉 3년 동안 연간 수익목표를 5%로 기대하고 3년 만기 원금보장ELS에 투자했다고 생각하면 편하다.

수많은 스팩주 중 어디에서 인수·합병 소식이 날라올지 모른다. 금융소비자는 투자대상이 매력적이고 M&A에 능력이 있을 만한 우량 스팩회사에 투자해야 한다.

가장 좋은 투자방법은 하나의 스팩주에 투자하기보다 여러 스팩주에 분산투자해 스스로 자문사랩형 스팩펀드를 만들어 최악의 경우 3년 이상 장기투자하는 것이다. 반면에 주식으로 직접 투자하기에 부담이 있는 개인투자자는 공모형 스팩펀드에 투자하는 것도 좋은 방법이다.

보장성보험은 미래의 사고나 질병으로부터 가정경제의 불투명성을 해소할 수 있고, 연금보험은 노후에 현금 유동성을 제고해 안정적인 노후를 보낼 수 있도록 한다. 하지만 수많은 보험회사와 다양한 보험 종류, 가정경제와 가족의 성향에 따라 보험을 준비하고 유지하는 방법도 다르다. 특히 장기간 저금리와 물가 상승 압력으로 인플레이션을 이기도록 고안된 실적배당형 변액보험이 각광을 받으면서 보험소비자의 높은 금융지식과 다양한 투자전략까지 요구되고 있다.

이제 보험소비자 스스로 계약자의 권리로써 제대로 된 보험을 가입하고 유지해야 한다. 만약 불필요한 보험이 있거나 가계환경이 바뀌는 등의 변화가 발생하면 보험 리모델링을 통해 불확실한 미래를 현명하게 대비할 필요가 있다.

| 7장 |

평균수명
100세 시대,
보험은
필수다

보험 가입 전
체크해야 할 9가지

보험에 가입하려 하는데 보험회사도 많고 보험상품도 다양해 어떤 보험을 들어야 할지 잘 모르는 사람이 많다. 자신에게 닥칠 수 있는 위험에는 어떠한 것이 있는지, 그로 인한 손실은 무엇인지 생각한 다음 자신에게 적합한 보험을 선택해 가입해야 한다.

보험의 종류는 다양하다

보험은 생명보험, 손해보험, 제3보험 등 종류가 다양하다. 가족력이 있으면 생명보험을 우선 준비하고, 위험 직종에 있거나 활동적인 미혼 남녀는 상해보험에 가입하는 등 만약의 경우에 발생할지 모르는 경제적인 손실을 예방해야 한다. 또한 자녀가 있으면 어린이보험이나 교육보험을 준비하고, 노후보장이 필요하면 연금보험이나 변액보험을 준비할 필요가 있다.

도표 7-1 :: 가계생활에서의 대표적인 위험과 활용 가능한 보험

위험 구분	민영보험(선택가입)	사회보험(의무가입)
조기 사망과 은퇴	생명보험(종신·변액보험), 연금보험 등	
질병	암보험 등의 건강보험	
상해	상해보험	
자동차 관련 손실	자동차·운전자보험	· 국민연금
화재	화재보험	· 고용보험
타인에 의한 보증	보증보험	· 국민건강보험
도난에 의한 손실	도난보험	· 산업재해보험
교육비 부담	교육보험	
자녀의 질병·상해	어린이보험	

가입보다 유지를 먼저 생각해야 한다

아무리 좋은 보험이라도 자신의 재무상태와 맞지 않으면 효용가치가 떨어진다. 보험상품은 최소 10년 이상 계약을 유지해야 하는 것이 대부분이므로 유지 가능성을 제일 먼저 고려해야 한다. 그다음에는 현재 가계의 수입과 지출을 고려해 보험료를 자신의 재무 상태에 맞게 설계해야 한다.

보장성보험에 지불하는 총금액은 가계소득의 10%를 넘지 말아야 하고, 저축성보험 등 장기상품은 20%가 넘지 않도록 해 10년 이상 장기간 유지할 수 있도록 한다. 특히 미혼인 경우 보장성보험은 5% 내외, 장기상품은 10% 내외가 적당하다. 이는 결혼 후 배우자의 보험을 감안해야 하기 때문이다.

경제 주체가 피보험자다

생명보험의 가장 기본적인 기능은 보장이다. 위험이 발생하면 많은 손실을 입게 될 사람이 피보험자로 설정되는 것이 좋다. 예를 들어 사망보험에 들 경우 가정의 소득을 책임지는 사람이 사망했을 때 손실이 가장 크고, 유가족의 생계에 미치는 영향도 가장 크다. 보통 가정에서 누가 돈을 버는지에 따라 피보험자를 설정해야 한다.

필요한 보험을 비교해보고 결정한다

먼저 상품 내용에 대해 알아보기 위해서는 각 보험회사의 홈페이지를 통해 개별 상품을 살펴본다. 또한 최근 활성화되고 있는 보험 상품 비교 사이트나 생명보험협회, 손해보험협회 홈페이지를 이용하면 상품 종류별로 각 회사의 상품을 서로 비교한 정보를 간편하게 얻을 수 있다. 상품 가입 시 적극적으로 여러 상품과의 비교 설명을 요청해 폭넓은 선택의 기회를 가지도록 한다.

상품설명서와 약관에서 보장범위를 비교한다

가입자에게 필요한 상품인지 알기 위해서는 상품설명서와 약관을 살펴보면서 보장범위가 적정한지 판단해야 한다. 하지만 약관 내용은 너무 많아서 한 번에 보기가 힘들기 때문에 대부분 읽지도 않고 가입하는 것이 현실이다. 따라서 보험소비자는 약관 중 담보 등으로 표현된 보장범위만이라도 읽어보고 가입하기 바란다.

이것은 향후 보험사고 발생 시 보장받는 범위에 대한 내용이므로 관련 내용을 잘 살펴보고, 내용 중 이해가 어려운 부분은 상세한 설명을 요청해야 한다. 상품설명서와 약관의 보장범위를 비교해보고, 자신에게 필요한지를 최종적으로 판단하는 것이 좋다.

보험상품보다 보험회사의 건전성이 먼저다

보험은 장기간 이용하는 상품이므로 오랜 기간 동안 보험회사가 건전하게 유지되는 것이 중요하다. 따라서 자신이 가입한 보험회사가 보장기간 동안 망하지 않고 계속 유지될 것인가를 수시로 체크해봐야 한다. 또한 보험처리를 신속하게 제대로 해줄 수 있는 능력이 있는가도 살펴봐야 한다. 기타 보험사고와 관련된 서비스를 받을 수 있는지도 알아보고 선택하는 것이 좋다.

이와 관련해 보험회사의 지급여력 비율, 경영공시 내용, 감독 당국의 경영평가 결과, 신용평가기관의 신용등급, 최근의 주가 수준 등 경영지표를 확인해야 하며, 민원 없이 보험금을 제대로 지급하는지도 알아봐야 한다. 관련 자료는 금융감독원 홈페이지(www.fss.or.kr)의 전자공시시스템 'DART' 또는 생명보험협회(www.klia.or.kr), 손해보험협회(www.knia.or.kr) 및 각 보험회사의 홈페이지에서 구할 수 있다.

보장 기간과 납입 기간은 길게 설계한다

보험은 보장 기간과 납입 기간을 길게 설계해야 한다. 보험은 납입 기간이 짧으면 납입 기간이 긴 것보다 총 보험료 합계가 적다. 하지만 매달 불입해야 하는 보험료는 비싸져 경제적으로 부담이 된다. 그렇다고 납입 기간을 무조건 길게 해서도 안 된다. 납입 기간이 길

도표 7-2 :: 보장성보험의 종류 및 특성

보험	특징
종신보험	• 가입자 전 생애 보장 • 사망 원인에 관계없이 보험금 지급 • 사망할 때까지 보장받는 장기 유지 상품이므로, 보험회사의 지급여력 등 안전성을 고려해야 함
CI보험 (critical illness)	• 사고나 질병 등으로 인해 발생되는 치명적인 질병 보장 • 종신보험과 비슷하나 사망 시보다 생존 시에 보장이 강함 • 암·심근경색·뇌졸중·말기신부전증 등에 대한 가족력이 있으면 가급적 가입해야 함
정기보험	• 종신보험과 같은 보장을 받으나 미리 정한 보장기간만 보장받으므로 보험료는 종신보험의 50% 정도 • 신규가입 시 종신보험료가 부담되는 40대에게 적합함
건강보험	• 각종 질병으로 인한 생존 치료비를 지원하는 보험으로 현실적으로 보험금을 받을 확률이 가장 높음 • 대부분 보험상품의 특약으로 가입 가능 • 남성보다 질병에 걸릴 확률이 높고 사망에 대한 부담이 적은 여성이 선호함
상해보험	• 각종 사고로 인한 사망·장애·수술·입원·골절 등을 보장 • 주로 교통사고나 각종 안전사고·레저활동으로 인한 사고 보장
어린이 보장성보험	• 저렴한 보험료로 자녀의 질병·암·각종 사고에 대해 입원·수술 등 종합보장 • 유괴·납치·왕따 등 보장 • 태아보험은 태아특약으로 손해보험사는 임신 22주 이내, 생명 보험사는 임신 16~22주 이내 가입 가능
장애인보험	• 장애인전용보험 • 질병·암에 대한 보장

때 수입이 없어지면 경제적인 사정으로 보험을 해지할 수도 있으므로 납입 기간은 월수입이 꾸준하게 발생되는 55세부터 60세 이전이 적당하다.

보장이 중복되는 보험은 피한다

보장성보험은 대체로 일반 사망보험금과 재해사망·재해상해·암보장·성인병·입원·수술에 대한 보장 등 특약으로 구성되어 있다. 하지만 보장성보험에 이런저런 특약을 걸어놓고 있다고 안심하고 있어선 안 된다. 보장 내용이 충분한지 다시 한 번 살펴보고 일반 사망과 건강, 재해순으로 보장을 확대해야 한다.

보장성보험에 암과 뇌졸중 등 특정 질병만 보장하고 노후에 꼭 필요한 의료비 지원이 빠져 있으면 민영의료보험이나 의료비실손보험으로 보완하는 것이 바람직하다. 또한 사망할 때까지 병원이나 한의원에 지출하는 의료비를 보장받는 보험이 있으면 노후의 의료비 걱정은 한시름 덜게 될 것이다.

만기환급형보다 순수보장형으로 준비한다

보험에는 납입한 보험료를 만기, 즉 보장이 끝나는 시점에 돌려받는 만기환급형과 특정 사고가 발생하거나 질병에 걸리거나 혹은 사망했을 때 일정한 보험금을 보장받고 만기에 지금까지 낸 보험료를 돌려받지 못하는 순수보장형이 있다.

보장성보험의 보험료는 재무설계상 비용이고, 경제적으로 감당하기 힘든 위험에 대비하는 상품이므로 순수보장형으로 준비해야 한다.

보험으로
절세하는 방법

　　『부자는 20대에 결정된다』의 저자 요코다 하마오는 책에서 "진짜 부자들은 더 이상 재산을 늘리려고 애쓰지 않으며, 세금을 얼마나 아낄 수 있는가에 관심이 많다"라고 했다. 사실 진짜 부자는 열심히 번 돈을 눈 뜨고 도둑맞지 않기 위해 '탈세'가 아닌 '절세'라는 재테크 지혜로 자산을 더욱 불려 가고 있다. 특히 자신이 가장 선호하는 보험을 활용할 줄 안다.

　　당신도 진짜 부자가 되고 싶다면 진짜 부자처럼 생각하고 행동하면 된다. 다만 차이가 있다면 진짜 부자는 이미 자산이 형성되어 있으므로 다양한 금융상품과 부동산 등으로 절세를 하면서 보험을 활용한 절세방법에 비중을 두지만, 대부분의 금융소비자는 자산을 형성하는 과정에 있으므로 적은 자산 때문에 진짜 부자가 하는 절세방법을 모두 따라 하기에는 효과가 적다.

　　그렇지만 보험을 활용한 절세방법은 자산의 규모와 상관없이 금융소비자도 즉시 시행할 수 있다. 따라서 먼저 보험을 활용한 절세를 하고, 자산이 늘어남에 따라 다양한 금융상품과 부동산을 통한 절세기법을 터득해야 한다.

보험료 세액공제

　　세금을 아낄 수 있는 가장 손쉬운 방법은 보험료 세액공제를 활용하는 것이다. 보험료 세액공제란 본인이나 가족이 보장성보험에

도표 7-3 :: 연금저축과 퇴직연금 납입액에 따른 세액공제 한도

(단위: 만 원)

구분	연금저축	퇴직연금 본인부담금	세액공제 한도
1	400	700	700
2	200	500	700
3	700	0	400
4	0	700	700

가입했을 때, 연간 납입 보험료 가운데 100만 원까지는 세액공제율 12%(장애인 보장성보험은 15%)로 세액공제 해주는 제도다. 다만 보장성보험 세액공제에 자영업자는 해당되지 않고 근로자만 해당된다.

풍요로운 노후를 위해 준비하는 세제 적격 연금저축보험과 퇴직연금 등 연금저축계좌도 연말정산 시 세금공제 혜택을 볼 수 있다. 연금저축 계좌의 세금공제 한도는 연금저축 400만 원과 퇴직연금 본인부담금 700만 원 중 큰 금액을 전체 한도로 공제받을 수 있다. 다만 연금저축의 경우 총 급여가 1억 2천만 원 이상이거나 종합소득액이 1억 원이 넘을 경우 공제한도는 연 300만 원이고, 총 급여액이 5,500만 원 이하거나 종합소득이 4천만 원 이하인 경우에는 세액공제율 15%를 적용하고 나머지는 12%다.

퇴직연금은 확정급여형DB형, 확정기여형DC형, 개인형퇴직연금IRP으로 구분할 수 있는데, 연금계좌 세액공제 대상이 되는 퇴직연금은 확정기여형DC형, 개인형퇴직연금IRP이다. 이미 확정기여형 퇴직연금에 가입하고 있거나, 가입하고자 하는 근로자는 연금저축상품(보험·

신탁·펀드)과 한도를 맞추는 지혜가 필요하다. 다만 연금저축보험은 중도해지할 경우 기타소득으로 간주되어 이자소득의 20%의 세금을 내야 한다. 또한 5년 이내 중도해지할 경우 연간 납입보험료 누계액 (연 400만 원 한도)의 2%를 가산세로 부과하기 때문에 주의가 필요하다.

이자소득세와 금융소득종합과세 면제

저축성보험에 가입한 뒤 10년 이상 유지하면 이자소득세(수령보험금-납입보험료)가 비과세되며, 금융소득종합과세 대상에서 제외된다. 따라서 투자도 하고 노후도 대비할 수 있는 변액연금보험과 변액유니버셜보험 및 예정이율로 부리되는 유니버셜개인연금보험은 가입 후 10년이 지나면 비과세가 되고 추가불입이 되는 장점으로 인해 특히 선호된다.

노후대비를 위해 연금을 이용할 경우 세제 비적격 개인연금보험은 10년 이상 가입하면 연금을 받을 때 세금을 전혀 내지 않는다는 장점이 있다.

상속세 면제

진짜 부자는 상속세를 줄이는 데 보험을 활용한다. 보험을 통해 상속세를 면제받으려면 보험료를 내는 사람인 '계약자'와 보험금을 받는 사람인 '수익자'가 같아야 한다. 만약 '계약자'와 '수익자'가 다르면 증여나 상속에 문제가 생긴다. 이에 따라 보험금은 피보험자의 생존 여부에 따라 생존보험과 사망보험금으로 나누어지고, 생존보험은 증여세 대상, 사망보험금은 상속세 대상이 되므로 주의가 필요하다.

상속에 활용 가능한 보험상품으로는 종신보험·정기보험·일시납 즉시연금보험 등이 있으며, 생존보험금은 배우자의 경우 6억 원, 자녀는 5천만 원(미성년자는 2천만 원)까지 10년간 증여재산 공제한도를 인정한다.

보장성보험은
주택 리모델링처럼 하라

우리나라 가구의 2018년 생명보험 가입률은 86%이고, 가구당 생명보험 가입 건수는 평균 4.5건으로 많은 사람이 가입하고 있다. 어느 가정은 친지와 친구 때문에 마지못해 가입한 보험에 고민하고, 또 다른 가정은 주변에서 이 보험 저 보험 등이 좋다는 말에 보장 내용은 알아보지도 않고 가입해 중복되는 보험으로 고민이다. 그래서 대부분의 보험소비자는 불필요한 보험을 골라내는 보험 리모델링을 하고 싶어 한다.

주택을 리모델링할 때 집 전체를 새로 짓지는 않는다. 벽이 갈라졌으면 보수를 하고, 빗물이 새면 방수하고, 전체적으로 낡아 보이면 페인트칠을 다시 하는 식이다. 보험 리모델링도 마찬가지다. 무턱대고 기존의 보험을 전부 없애버리고 새로운 보험에 가입하는 잘못을 저지르면 안 된다. 보험 내역을 면밀하게 분석한 후 리모델링을 해야 한다.

기존 종신보험의 가입목적을 분명히 하라

가족의 주 수입원인 가장이 사망했을 때 지급되는 종신보험의 목적은 가족이 경제적인 어려움을 피하는 데 있다. 따라서 종신보험은 되도록 유지하는 것이 좋으나 주 계약 보험료가 과다하면 해약보다는 사망보험금을 줄이고, 남는 보험료로 특약이나 정기보험 등에 가입해 사망보험금을 보충할 필요가 있다.

만약 보장 내용이 턱없이 부족해 해약하고자 한다면 마찬가지로 해약보다는 불필요한 부분을 손질하고, 그 보험료로 부족한 보장 내용을 추가하거나 실손보험으로 보완하는 것이 좋다.

보험은 구관이 명관임을 명심하라

몇 년간 성실히 보험료를 내다가 해약하면 금전적인 손해를 감수해야 하므로 해약 후 새로운 보험에 가입했을 때 이익이 얼마나 되는지 꼭 확인해야 한다. 특히 변액보험과 같은 투자형보험은 원금에서 수수료가 공제되므로, 기존 보험해약으로 인한 손해와 신규 보험으로 발생할 이익의 격차가 언제 좁혀지는지 따져봐야 한다.

오래 같이할 사람과 함께 리모델링하라

보험을 다시 설계해야 한다고 제안하는 설계사가 있으면 그가 자신의 가정 재정을 관리할 만한 자격이 충분한지 확인해야 한다. 실적에만 눈이 멀어 무조건 기존 보험을 해약하고 새로운 보험에 들라고 유혹하는 것은 아닌지 확실히 짚어볼 필요가 있다.

보험 리모델링은 최소한의 비용으로 최대한 많은 보장을 받기 위한 일이다. 보험은 새로 제안하는 보험의 보장 내용이 기존 보험보다 우수하고 보험료 수준도 낮으면 갈아타는 것도 검토할 만하다. 그렇지 않다면 넘치는 부분만 도려내고 부족한 부분은 보완하는 식이 좋다. 잘못된 선택으로 지금껏 납입한 보험료를 날리고, 더 비싸고 보장 내용도 나쁜 보험에 다시 가입하는 일은 없어야 한다.

종신보험과 정기보험 중 유리한 보험은 무엇인가?

어린 자녀가 있는 가정에서는 가장에게 닥칠 위험에 대비해 종신보험과 정기보험 가입을 서두르게 된다. 하지만 종신보험은 비싼 사망보험료가 부담이 되고, 정기보험은 보험료는 저렴하지만 한정된 기간까지만 보장받고 소멸되므로 주저하게 된다. 보험 소비자들은 보장성보험이 재무설계상 비용이라는 것을 인식하고, 최소의 비용으로 최대의 효과를 볼 수 있도록 준비해야 한다. 특히 사망을 보장하는 대표적인 상품인 종신보험과 정기보험의 차이를 비교해, 보험료를 보다 적게 내면서 보장을 확실히 받도록 준비한다.

종신보험은 질병·사고 등 각종 위험을 종합적으로 보장받을 수 있으나, 나이가 들수록 매달 납부하는 보험료가 오르는 특성이 있어 40세가 넘어가면 가입하기가 부담이 된다. 이에 대한 대안이 정기보험인데, 종신보험과 마찬가지로 모든 사망에 대해 보험금을 지급한다. 또한 미리 정한 기간만 보장하므로 대체로 종신보험보다 보험료가 절반 수준으로 낮다.

그런데도 보험소비자는 정기보험보다 보험사가 권하는 대로 종신보험에 가입한다. 종신보험은 사死차익(조기사망률 감소에 따른 보험금 지급 감소로 생기는 이익)이 높은 상품이다. 평균수명이 늘어날수록 보험사의 보험금 지급은 늦춰지므로 이익이 커질 수밖에 없어 영업상 종신보험을 권장한다. 반면에 보험소비자의 입장에서 보면 일반적으로 보장내역에는 큰 차이가 없으므로 비싼 보험료를 내고 종신보험을 선택할 필요가 없다.

이제 보험소비자도 자신의 연령대에 맞춰 종신보험과 정기보험을 비교해 준비할 필요가 있다. 연령대가 20~30대면 사망보험료가 저렴하므로 종신보험을 우선으로 준비하고, 연령대가 40대 이상이면 정기보험을 택한다. 다만 20~30대라고 해도 최소의 비용으로 최대의 효과를 보고 싶다면 자녀의 나이에 맞춰 자녀가 독립할 때까지만 정기보험으로 사망에 대비하고, 나머지는 건강보험이나 의료비보장 보험으로 준비하는 것이 좋다.

변액보험과 정액보험의 차이를 확실히 알자

일반적으로 생명보험은 보험에 가입하고 나서 보험료를 지불하는 기간과 보험금을 지급받는 기간 사이가 짧게는 수년에서 길게는 수십 년에 이르는 장기 상품이다. 이 기간 동안 돈의 가치는 하락하고 물건의 가치는 상승해 막상 수십 년 후 보험금을 지급받으면 실망할 수 있다.

인플레이션으로 매년 물가는 3%씩 오른다. 3억 원을 지급받기로 사망보험계약을 한 보험계약자가 30년 후 사망했다면 그때의 보험금은 현재의 돈으로 1억 2,360만 원에 불과하다. 물가상승률로 인해 30년 동안에 보험금이 58.9% 줄어드는 결과를 받아들여야 한다.

인플레이션에 의한 화폐 가치의 하락을 보전하지 않으면 보험소비자의 입장에서 볼 때 앉아서 코 베이는 꼴을 당할 수도 있다. '변액보험'은 이러한 인플레이션에 의한 보험금의 실질가치 하락을 극복하기 위해 계약자에게 받은 보험료 중 일정한 금액을 주식·채권 등으로 구성된 펀드에 투자한 다음 투자수익률로 보전을 받고자 개발된 상품이다. 말 그대로 변액보험은 사망보험금과 해약환급금이 투자성과에 따라 달라지는 보험이라 할 수 있다.

한편 '정액보험'은 보험금액이 특정금액으로 미리 확정되어 있는 보험이다. 사망이나 질병 등 약관에 정해진 사고가 발생하면 계약서상에 미리 정해진 보험금액을 지급하는 대부분의 생명보험이 이에 해당된다고 할 수 있다. 이 상품들은 은행금리보다 1~2% 높은 예정이율을 적용하므로 장기간 운용 시 복리 효과를 기대할 수 있어 인플레이션을 이길 수 있다.

따라서 변액보험은 해당 펀드의 운용실적에 따라 펀드운용을 잘하면 정액보험보다 월등한 효과를 볼 수도 있고, 그렇지 않으면 손실이 나서 정액보험보다 보험금이 적을 수도 있다. 이에 따라 계약자는 변액보험이 장기적인 인플레이션을 이길 수 있도록 고안된 상

도표 7-4 :: 변액보험 vs. 정액보험

구분	변액보험	정액보험
사망보험금	투자실적에 따라 변동	고정: 보험 가입금액
부리이율	실제 투자수익률	예정이율
운용계정	특별계정(자산운용사)	일반계정(보험사)
투자책임	계약자 부담	보험회사 부담
해약환급금	투자실적에 따라 변동	예정이율에 따라 고정
예금자보호법	비적용(단, 주계약과 선택특약은 예금자보호법에 의해 보호)	적용
설계자격	전문설계사(별도 판매자격제)	일반설계사

품임을 고려해 투자의 책임을 스스로 부담하면서 경기변동과 금융환경에 따른 효과적인 펀드변경과 추가납입 등을 통해 장기적인 기대효과를 높여야 한다.

반면에 정액보험은 처음부터 끝까지 크게 변동되지 않도록 보장된 보험금 및 해약환급금을 지급하기로 보험회사와 계약자가 상호약정을 한 상품이다. 때문에 계약이 유지되는 한 보험회사는 장기적으로 계약자가 목적을 달성할 수 있도록 정해진 보험금액을 지불할 책임이 있다. 계약자는 정액보험 가입 시 보험료 납입 외에는 자기 책임이 없고, 사고·질병·사망 또는 노후 등에 대해 보험금액이 확정되어 있으므로 불확실한 미래를 보다 확실하게 대비하게 된다.

이 외에 예금자보호 대상을 살펴보면 변액보험은 선택특약의 경우 예금자보호법에 의해 보호를 하나 투자실적, 추가납입, 중도인출 등에 따라 달라지는 특정계정 적립금은 예금자보호 대상에서 제외한다. 다만 특별계정의 운용실적과 관계없이 기본 보장하는 최저사망보험금(기본보험금)에 대해서는 예금자보호가 된다. 반면에 정액보험은 예정이율에 따라 일반계정에서 보험금이 운용되므로 전액 예금자보호 대상으로 적용된다.

이와 같이 변액보험과 정액보험은 분명한 차이가 있다. 보험소비자는 변액보험과 정액보험을 선택할 때 투자목적·투자기간·투자성향 등 변수를 고려해 선택할 필요가 있다.

투자성향이 은행의 예·적금 등 금리형상품을 선호하고, 보험금과 해약환급금 등 원금손실에 대해 부담이 있는 보수적이거나 안정적인 보험소비자는 정액보험을 선택해야 한다. 원금에도 미치지 못할 가능성이 있으나 정액보험보다 더 높은 기대수익을 추구해 인플레이션을 이기고자 하는 적극적이거나 공격적인 보험소비자는 변액보험에 투자한다.

연령대별로도 40~50대는 은퇴시기가 10여 년 남은 것에 불과하고, 자금을 안정적으로 지켜야 하므로 보험금과 해약환급금을 보장하는 정액보험이 적합하다. 반면에 20~30대의 경우는 은퇴시기까지 기간이 많이 남아 있어, 만약 손실이 나더라도 경기변동과 금융환경에 따라 충분히 투자수익률로 인플레이션을 극복할 수 있으므로 변액보험이 적합하다. 다만 40~50대라고 해도 금융전문가의 도움 하에 자산을 보다 효과적으로 배분하는 차원이거나 공격적인 성향이면 변액보험을 운용할 수 있다. 20~30대라도 금융전문가의 도움을 기대하기 어렵고 원금손실에 대한 두려움이 클 경우 정액보험을 운용하는 지혜가 필요하다.

변액보험, 확실히 모르면
독이 된다

변액보험만큼 말도 많고 탈도 많아 금융감독원에 분쟁조정을 요구하거나 사법부에 민사소송을 하는 등 보험소비자의 민원이 끊이지 않는 보험상품도 드물다. 주된 민원은 원금손실이 날 수 있는 투자상품이라는 설명을 들은 적 없이 가입했다는 것이다. 대부분 이러한 경우 보험소비자가 가입 당시 설계사의 불완전 판매를 증명해야 하므로 불리한 게임이다.

변액보험은 보험소비자가 매월 납입하는 보험료 중 위험보장보험료와 사업비 등의 일부 비용을 제외하고 펀드에 투자하는 실적배당형 보험상품이다. 따라서 운용에 따라 원금손실 가능성이 상존하나 인플레이션에 이길 수 있도록 기대수익을 추구할 수도 있다.

보험소비자는 본인이 보험 가입 후 보험분쟁의 대상이 되지 않고, 목표하는 수익을 올려 미래에 대비하려면 보험 가입 시 반드시 알아야 할 사항과 알아두면 유익한 내용을 미리 알고 준비할 필요가 있다.

변액보험은 보험료 전부가 펀드에 투자되지 않는다

변액보험은 납입한 보험료 중 일부를 주식·채권 등의 펀드에 투자해 발생한 이익을 계약자에게 배분하는 실적배당형 보험상품으로 변액종신보험, 변액연금보험 및 변액유니버셜보험 등이 있다. 이 상품들은 납입한 보험료 중 위험보험료와 사업비를 제외하고 변액연금보험의 경우 대략 납입보험료의 90~95%, 변액유니버셜보험의 경우 대략 85~90%가 펀드에 투자되어 운영된다.

변액보험은 납입중지할 수 있다

변액유니버셜보험은 가입 후 일정 기간 동안 보험료를 반드시 납입해야 하나, 의무납입 이후 경제적인 사정으로 인해 일시적으로 보험료를 납입할 수 없으면 언제든지 보험료 납입을 일시중지할 수 있다. 하지만 납입중지 시에도 위험보장에 필요한 위험보험료와 계약관리에 필요한 사업비는 기납입한 계약자의 적립금에서 계속 인출되므로 장기간 납입중단이 지속되면 보험계약이 해지될 수 있다.

변액보험은 장기투자상품이다

변액보험은 통상 7년까지 위험보험료, 사업비 등을 공제하고 펀드에 투자하는 보험상품이다. 만약 7~10년이 되기 전에 해약을 하게 되면 해당 기간만큼의 위험보험료와 사업비가 공제되어 지급되므로 예상보다 적은 해약환급금을 받게 된다. 이는 변액보험이 장기적인 물가상승에 따른 기존 보험의 보험금 실질가치 감소를 보전하기 위해 도입된 것이므로 단기투자 성격의 펀드와는 근본적으로 차이가 있다.

따라서 변액유니버셜보험은 높은 사업비로 인해 10년 이하로 운용하면 절대 적립식펀드를 이길 수 없다. 하지만 10년 이상 운용하면 더 이상의 사업비가 지출되지 않고, 10년 비과세 혜택과 낮은 운용수수료로 인해 같은 수익률을 보인 적립식펀드보다 더 높은 수익

도표 7-5 :: 변액보험 구조

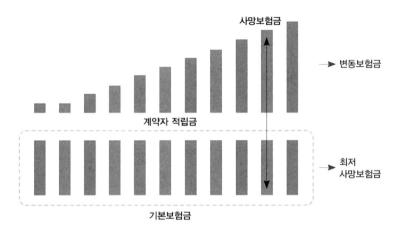

을 기대할 수도 있다. 또한 노후를 위해 연금으로도 전환할 수 있으므로 10년 이상을 보고 미래에 투자하겠다고 생각하는 사람만 가입해야 한다.

변액보험 예금자보호는 기본보험금만 한다

보험계약자가 납입한 보험료의 일부로 펀드에 투자하고, 그 펀드의 운용실적에 따라 보험금 액수가 달라지는 변액보험금 중 기본보험금은 예금자보호를 받는다. 예금자보호를 받으면 보험회사가 파산하거나 영업정지를 당하더라도 고객 1인당 예금자보호 한도까지 원금과 이자를 예금보험공사에서 5천만 원 한도 내에서 대신 지급해준다.

하지만 변액보험 전체가 예금자보호를 받지는 못한다. 특별계정에서 운용되는 투자실적과 관련된 자금은 대상에서 제외되며, 특별계정의 운용실적과 관계없이 기본으로 보장하는 최저사망보험금(기본보험금)과 가입한 특약에 대해서만 예금자보호대상으로 한다. 이는 보험회사가 투자 실패로 손실이 발생해도 가입자가 낸 보험료 원금은 최저보장보험금으로 대부분 보장해주기 때문에 최저사망보험금인 기본보험금은 사실상 예금과 비슷한 성격을 갖는다. 다만 변액연금은 최저사망보험금과 최저실적연금액을 예금자보호해준다.

변액연금보험과 변액유니버셜보험은 차이가 있다

변액연금보험은 노후에 연금수령을 목적으로 가입하는 것이나, 투자실적이 악화될 경우 연금지급재원이 부족할 수 있다. 따라서 변액연금보험은 변액유니버셜보험과 달리 보험회사별로 차이는 있지만 통상 0.5%의 보증수수료를 부가해 투자실적에 상관없이 연금 개시 시점에서 최소한의 연금지급재원을 보증한다.

하지만 이는 연금지급 개시 시점에만 해당되는 것으로 변액연금 계약을 중도에 해지하거나, 연금지급이 개시된 이후에는 향후에 지급될 연금액을 무조건 보증하지 않는다. 또한 연금지급액 산정에 있어서도 변액연금은 보험 가입 시점의 경험생명표를 기준으로 하고, 변액유니버셜보험은 연금 전환 시점의 경험생명표를 기준으로 한다.

변액보험은 보험설계사가 알아서 펀드를 관리해주지 않는다

변액보험에는 투자리스크를 피할 수 있는 펀드변경옵션 등이 있으나, 계약자는 보험회사나 설계사가 알아서 관리해줄 것으로 믿고 보험 가입 시 선택한 펀드를 그대로 유지하는 경향이 있다. 변액보험은 시장 상황에 따라 펀드변경이나 자동재배분 등을 통한 분산투자를 해 장기적으로 노후를 대비하는 상품이다.

따라서 계약자는 보험회사 홈페이지를 통해 해당 펀드의 수익률, 개별 계약의 자산현황과 수익률 등을 확인하고, 보험설계사나 금융전문가의 조언을 참고로 보험계약자 스스로 계약자의 권리로서 변액보험을 운용해야 한다.

변액보험투자, 3가지 옵션으로 목표를 이룬다

주식시장이 후끈 달아오르면 주식형펀드 가입자나 주식투자자는 환매나 매도 등을 통해 차익실현에 나서게 되고, 조정에 접어들면 추가 매수의 기회를 노린다. 이렇게 주식과 관련한 투자는 시장의 변화에 따라 주식을 사고팔며 이익을 추구하거나 손실을 감수하게 된다. 채권투자도 마찬가지다.

변액보험은 보험사가 만들고 운용사가 운용하는 실적배당형 금융상품으로 적립식펀드와 운용방법에는 큰 차이가 없다. 다만 펀드로 보면 엄브렐러(우산)펀드와 비슷하며, 10년이 지나면 비과세를 적용하고 연금전환을 통해 노후를 보장받을 수 있다는 점이 다르다. 따라서 주식이나 채권과 같이 시장의 변화에 따라 계약자 스스로의 판단 아래 지속적인 관심과 운용이 있어야 장기적인 목표를 이룰 수 있다. 즉 다음의 3가지 옵션을 적극 활용해야 한다.

펀드변경(fund transfer) 옵션

변액보험은 연간 12회 이내에서 해당 펀드 적립금의 일부 또는 전부를 다른 펀드로 이전할 수 있다. 그 예로 경기가 좋아진다면 채권형에서 주식형으로 갈아타고, 경기가 나빠진다면 주식형에서 채권형으로 갈아타는 식이다. 주식이나 펀드는 환매나 매수를 하지 않으면 수익률 관리가 안 되지만, 변액보험은 해당 보험 안에 MMF, 주식형펀드, 채권형펀드, 혼합형펀드, 인덱스펀드, 글로벌펀드, 국가펀드, 섹터펀드 등 다양한 펀드가 있으므로 계약자는 경기동향에 따라 능동적으로 갈아타면서 장기투자를 해야 한다.

분산투자(account allocation) 옵션

대부분 계약자는 보험 가입 시 설계사가 권하는 대로 주식형 30%, 채권형 30%, 혼합형 40%식으로 가입하고 방치하는 경우가 많다. 이는 변액보험의 '특별계정(펀드)별 배분비율'에 의해 설계사가 계약자의 투자성향에 따라 위험을 최소화하면서 수익을 크게 높이고자 보험 가입시점의 투자비율로 배분한 결과다. 따라서 위험관리도 경기에 따라 비율을 조정해야 한다.

변액보험은 〈도표 7-5〉의 엄브렐러펀드와 같은 구조로 되어 있으며, 5% 단위로 펀드별 분산투자가 가능하다. 엄브렐러펀드는 전환형펀드의 일종으로 우산살처럼 하나의 펀드 아래 성격이 서로 다른 여러 개의 하위펀드(子펀드)로 구성되어 있으며, 하위펀드 사이의 교환이 자유로워 '카멜레온이 몸 색깔을 바꾸는 것과 비슷하다'고 해서 '카멜레온형펀드'라고도 한다. 따라서 변액보험도 다양한 펀드의

도표 7-6 :: 엄브렐러펀드 분산투자

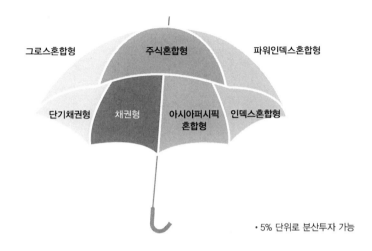

그로스혼합형 　주식혼합형　 파워인덱스혼합형

단기채권형　채권형　아시아퍼시픽　인덱스혼합형
　　　　　　　　　혼합형

• 5% 단위로 분산투자 가능

국내외 경기전망에 따라 투자비중을 정해 분산투자해야 한다.

자동재배분(auto-rebalancing) 옵션

　변액보험에 가입한 이후 많은 계약자는 보험을 관리해줄 설계사
가 없음에 당혹해한다. 설계사의 잦은 이직이 원인이 될 수 있고, 조
언을 해줄 설계사의 투자관리에 반신반의해서일 수도 있다. 원인은
다양하지만 많은 계약자가 설계사 없이 방치되고 있다는 것은 사실
이다. 이럴 때는 다른 전문가의 조언을 듣고 스스로 공부하며 펀드
변경을 통해 수익성을 개선해야 한다.

　하지만 일일이 신경 쓰기가 어려울 수 있다. 이럴 때는 '적립금의
자동재배분 비율' 변경을 이용해야 한다. 〈도표 7-7〉처럼 자산이 변
동되면 3, 6개월마다 계약자가 선택한 펀드별로 자산이 자동재배분

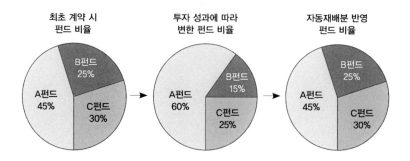

최초 계약 시
펀드 비율

A펀드
45%
B펀드
25%
C펀드
30%

투자 성과에 따라
변한 펀드 비율

A펀드
60%
B펀드
15%
C펀드
25%

자동재배분 반영
펀드 비율

A펀드
45%
B펀드
25%
C펀드
30%

된다. 경기전망에 따라 기본 펀드 비율을 정해놓고 '적립금의 자동
재배분 비율'을 설정해놓으면 일일이 신경 쓰지 않아도 자산을 효과
적으로 운용할 수 있다.

변액유니버셜보험 납입중지는
꼭 필요할 때만 활용한다

변액유니버셜보험의 경우 '납입중지'라는 편리한 기능
이 있는데, 이를 자주 이용하면 수익성 개선에 해가 된다. 물론 피치
못할 사정이 있는 경우에는 일시적으로 납입중단을 하고, 사정이 좋
아지면 재개해 장기적인 목표를 달성할 수 있다는 점에서 매우 유용
한 기능이다.

예를 들어 30세인 A씨는 60세까지 매월 100만 원씩 월복리 5.5%
의 수익률로 저축(투자)을 했고, B씨는 같은 조건하에 3년 저축 2년

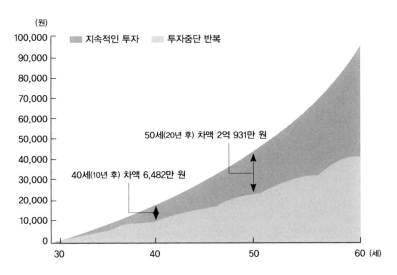

중지, 3년 저축 2년 중지를 반복했다고 가정해보자.

〈도표 7-8〉에서 보듯 A씨는 10년 후인 40세에 1억 5,951만 원을 받은 반면, B씨는 9,469만 원에 불과하다. 10년 만에 6,482 만 원의 차이가 생기며, 20년 후인 50세에는 각각 4억 3,563만 원과 2억 2,632만 원으로 무려 2억 931만 원으로 차이가 벌어지게 된다. 이는 수익률이 높고 시간이 길어질수록 자산의 차이가 더욱 확연하게 드러난다.

이와 같이 적립식펀드나 변액보험은 물론 은행적금도 중단 없이 꾸준하게 계속하는 것이 좋다. 단 1%라도 수익률을 개선하면 복리 효과로 자산을 더욱 키울 수 있다.

적립식펀드와 변액보험,
어디에 투자해야 할까?

　　자본시장이 우상향(발전)한다고 가정하면 적립식펀드와 변액보험만큼 우수한 금융상품도 드물다. 하지만 적립식펀드는 1~3년 정도의 중단기를 목적으로 투자하는 금융투자상품이고, 변액보험은 10년 이상 장기 목적으로 투자해 노후자금, 자녀교육자금 등을 만드는 데 유용한 투자형 보험으로 적립식펀드와 변액보험은 지향하는 바가 다르다.

　사실 적립식펀드 한 상품으로 3년 이상 투자하는 것은 경기순환과 국내외 자본시장의 변동에 비추어볼 때 매우 힘든 일이다. 서브프라임발 금융위기, 남유럽 재정위기, 브렉시트, 미·중 무역전쟁 등을 보면 그 이유를 알 수 있다. 그래서 적립식펀드는 '성장형 펀드와 가치주펀드의 비율 조정', '주식형펀드와 채권형펀드의 비율 조정', '국내 주식형펀드와 해외 주식형펀드의 비율조정' 등 유형별로 포트폴리오를 구성해 투자한다. 그리고 위험관리 차원에서 해당 펀드가 목표수익에 도달했거나 수익이 어느 정도 발생했으면 이익실현 후 계속 포트폴리오를 재구성해 위험관리를 한다.

　반면에 변액유니버셜보험은 위험보장이라는 생명보험의 기능에 투자수익률에 따른 실적배당 기능을 도입한 상품이다. 주식시장 및 채권시장의 상황에 따라 주식형·안정형·채권형·혼합형·인덱스형·인프라형·해외주식형·해외성장형·브릭스·친디아·중국 등 10여 개가 넘는 자체 운용펀드에 상장지수펀드까지 자유롭게 펀드변경이

도표 7-9 :: 적립식펀드와 변액유니버셜보험 비교

구분	적립식펀드	변액유니버셜펀드
목적	높은 수익률 추구	안정적이고 지속적인 수익률 추구
펀드 매니저	펀드매니저의 역량이 수익률을 좌우한다.	시스템이 수익률을 좌우한다. 고수익보다는 적정 수익을 꾸준히 내는 것을 목적으로 하기 때문에 여러 펀드매니저가 복수로 펀드를 운용한다. 따라서 펀드매니저의 변경 여부를 신경 쓸 필요가 없다.
수수료율	변액보험에 비해 초기 수수료율이 낮다. 자금과 수익이 커질수록 비용이 비례해 커진다.	펀드에 비해 초기 수수료율이 비싸다. 보험 특성상 매월 불입하는 보험료는 사업비와 위험보장료를 제외하고 투자하므로 비싸지만 이미 적립되어 있는 자금은 저렴하게 운용된다.(운용수수료와의 차이가 정기투자의 성과를 좌우한다.)
세금	주식매매차익: 비과세 채권매매차익: 비과세 배당차익: 과세	10년 이상 유지 시 비과세

가능하다. 그래서 적립식펀드와 같이 환매에 대한 부담이 없고, 경기 순환에 따라 높은 수익과 안정성을 동시에 추구하면서 10년 이상 장기간 운용할 수 있다. 또한 추가 불입을 통해 수익성을 개선할 수 있으므로 인플레이션을 이겨 장기 재무목표를 달성할 수 있다.

한편 변액유니버셜보험은 초기 사업비가 크므로 시작부터 마이너스로 투자하게 된다. 하지만 운용수수료가 적립식펀드에 비해 약 1% 정도 싸고, 가입한 지 10년이 지나면 모든 매매차익에 대해 비과세되기 때문에 장기적으로 같은 수익률을 보인 적립식펀드보다 우위를 보이게 된다. 또한 연금전환을 통해 노후대비도 겸할 수 있다는 장점이 있다.

보험계약 해지 전 고려사항과 해지 시 상품선택 순서

보험계약은 초기에 중도해지하는 경우 해약환급금이 원금에 훨씬 못 미칠 수 있으며, 필요 시 재가입이 어려운 경우가 있으므로 보험계약 해지는 기타 금융상품보다 신중해야 한다. 따라서 보험료 납입이 어려운 경우 해약 대신 보험계약을 유지할 수 있는 감액, 감액완납, 연장정기보험, 보험계약대출, 보험료 자동대출납입, 보험료 납입 일시중지, 중도인출 등 다양한 제도를 활용할 필요가 있다.

보험계약 해지 전 고려할 보험제도

감액 제도: 향후 납입해야 할 보험료 수준을 줄여 보험료 납입의 부담을 줄이는 방법이다. 단, 보험료가 감액된 비율만큼 해약으로 보아 향후에 지급받을 보험금도 줄어든다는 점에 주의해야 한다.

감액완납 제도: 계약자가 추가 보험료 납입을 하지 않고 보험금을 감액하는 방법이다. 향후 받을 수 있는 보험금은 해약환급금 상당액을 일시납으로 납입하는 경우와 같은 수준으로 감소한다.

연장정기보험 제도: 보험금액은 그대로 유지하되 추가 보험료를 납입하지 않고 보험(보장) 기간을 축소하는 방법이다.

보험계약대출 제도: 긴급 자금이 필요하다면 보험계약을 해지하지 않고 유지하면서 해약환급금의 범위 내에서 보험계약 대출을 받아 사용할 수 있다. 단, 해당 상품의 적용(예정)이율에 추가된 수준의 보

험계약 대출이자를 부담해야 한다.

보험료 자동대출납입 제도: 보험료에 해당하는 금액이 자동적으로 보험계약 대출금으로 처리되어 같은 금액이 보험료로 자동 납입되는 방법이다. 단, 최초 자동대출납입일로부터 1년이 최고한도이며, 그 이후의 기간에 대해서는 재신청해야 한다.

보험료 납입 일시중지(보험료 납입 유예) 제도: (변액)유니버셜보험의 경우 의무납입 기간 이후에는 일시적으로 보험료 납입을 중지할 수 있다. 주의할 점은 유니버셜보험의 경우 별도의 신청 없이도 보험료가 납입되지 않은 경우 자동적으로 해약환급금에서 위험보험료와 사업비가 인출되므로 해약환급금이 모두 소진되는 시점에 보험계약이 해지될 수 있다.

중도인출 제도: (변액)유니버셜보험의 경우 해약환급금의 50% 이내에서 연 12회 인출 가능 등 일정한 한도 내에서 적립액을 인출해 사용할 수 있다.

이러한 제도로도 보험계약을 유지하기 어려운 경우에는 상품 해지 순서를 통해 약간이라도 경제적인 손실을 줄여야 한다.

보험계약 해지 시 상품선택 순서

첫째, 보장성보험보다는 저축성(투자형)상품부터 해지한다. 보장성보험의 경우 중도에 해지한 경우 재가입이 어렵고, 보험료도 비싸지며, 경제적으로 어려울 때 꼭 필요하기 때문이다.

둘째, 이자율이 높은 상품보다 낮은 상품부터 해지한다. 이자율이 유사한 계약이고, 보험 가입일로부터 7년 이상 경과되었다면 해약

공제가 없으므로 만기가 가까운 계약부터 해지한다.

셋째, 세제지원상품보다는 세제지원이 없는 일반 상품부터 해지한다. 연금저축보험 등은 중도해지 시 추징세를 부담해야 한다.

넷째, 보장 내용이 중복되는 상품부터 해지한다. 실제 발생한 의료비를 지원해주는 의료비실손보험의 경우에는 중복 가입되어도 보장을 받지 못하는 경우가 있으므로 보장 내용이 중복되어 가입된 경우가 있는지 다시 한 번 확인한다.

다섯째, 최근 판매되지 않는 상품보다는 최근 판매 중에 있는 상품부터 해지한다. 보험은 구관이 명관이다. 특히 암보험 등은 최근 많은 회사가 판매하지 않고 있으므로 유지하는 것이 좋다.

암보다 무서운 것은
소득이 없는 것이다

〈도표 7-10〉에 따르면 우리나라 국민이 기대수명인 82세까지 생존할 경우 암에 걸릴 확률은 36.2%였다. 남자는 5명 중 2명(38.3%), 여자는 3명 중 1명(33.3%)이 암에 걸릴 것으로 추정된다.

한편 암에 걸리면 10명 중 5명은 5년 이상 생존한다. 1995년까지는 41%가 5년 이상 생존했지만 2014년 44.9%, 2015년 49.4%로 빠르게 증가하는 추세이며, 2016년에는 52.7%로 처음으로 50%를 돌파했다. 생존율이 매년 높아지고 있는 것이다. 이는 의학의 발달과 조기검진 및 장기간 치료에 따른 결과다.

하지만 암보다 무서운 것이 소득 상실이다. 2013년 국립암센터 자료에 따르면 전체 암 환자의 84.1%는 암 진단 후 실직했다. 불과 15.9%만이 일자리를 유지한 것이 현실이다. 2010년 보건복지부의 암 환자 600명을 대상으로 한 설문조사에서 전체 암 환자의 83.5%가 실직한 결과보다 약간 개선되었으나 오차 범위 내이므로 별 의미가 없다. 이렇다 보니 암 환자 100명 중 96명이 암 치료비에서 자유롭지 않았고, 불과 4명의 암 환자만이 암 치료비를 걱정하지 않았다. 대부분의 암 환자들은 실직과 더불어 암 치료비에 시름한다.

일단 암에 걸리면 중산층 가정이라 하더라도 장기간 또는 반복적인 입원으로 암 치료비가 지속적으로 증가한다. 또한 배우자가 일할 수밖에 없게 되고, 자녀의 교육비는 줄일 수밖에 없다. 바야흐로 생

도표 7-10 :: 기대수명까지 생존 시 암 발생 확률

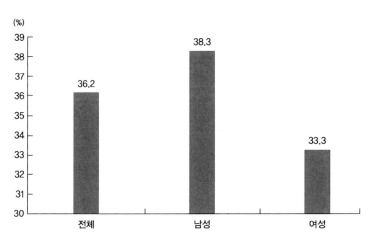

- 자료: 보건복지부, 중앙암등록본부(2016년 기준)
- 기대수명: 남성 79세, 여성 85세

도표 7-11 :: 암 진단 후 일자리를 유지하는 비율

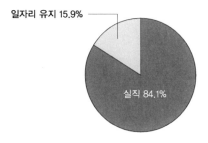

일자리 유지 15.9%

실직 84.1%

• 자료: 국립암센터(2013년 기준)

계와 간병이라는 이중고뿐만 아니라 장기간 투병으로 부채에 시달
리게 된다.

또한 암에 걸리면 5년 이상 생존율이 절반 이상이라 해도 사망을
전제로 해야 한다. 간단한 암이 아니라면 암 치료 기술이 빠른 속도
로 발전하더라도 대부분 시간상의 차이가 있을 뿐이지 사망할 수밖
에 없기 때문이다.

그러므로 암 치료뿐만 아니라 사망에도 대비해 남은 가족이 경제
적으로 고통받지 않고 미래를 꿈꿀 수 있도록 미리 준비해야 한다.
이제는 암 자체보다는 암에 의해 발생할 수 있는 간병과 소득 상실
에 중점을 두는 준비가 필요하다. 또한 건강관리·검강검진으로 조
기에 암을 발견해 치료하고, 암 치료비 보장을 통해 어느 정도 의료
비 부담으로부터 벗어나 암의 공포를 이겨낼 필요가 있다.

보험소비자가 점검할 기본사항

첫째, 보장 기간을 길게 준비한다. 암보험은 연령이 낮을수록 발병률이 낮고 그만큼 보험료도 적기 때문에 빨리 가입할수록 유리하다. 암 발병은 경제활동이 왕성한 40~50대가 전체 지급건수의 60% 이상을 차지하며, 남성이 여성보다 월등하게 발병률이 높다. 이왕이면 한 살이라도 나이가 적어 보험료가 상대적으로 저렴한 시기에 준비해야 한다. 또한 고령화 시대에 대비해 80세 이상으로 보장 기간을 길게 정할 필요가 있다.

둘째, 보장금액은 크고 수술비는 일정한 것이 좋다. 고액암에 걸릴지 일반암에 걸릴지는 아무도 알 수 없다. 또한 어떤 암이든지 한 번 걸리면 치료 기간이 길고 끊임없이 치료비가 나간다. 일단 보장금액은 가정 경제 수준에 맞춰 최대한으로 한다. 수술비도 마찬가지다. 암에 걸리면 한 번이 아니라 여러 번 수술을 한다. 처음 수술비로 목돈을 주고 나중에는 형식상 금액을 주는 것보다 똑같이 꾸준하게 지급하는 보험으로 한다.

셋째, 책임개시를 알아야 한다. 가입 시 암보험은 조직검사를 받은 날을 기준으로 책임개시하며, 보험 가입 후 90일 경과 뒤 보험금이 지급된다는 점을 유의해야 한다. 이 외에 암보험은 1~2년 내에 암 발병 시 50%만 지급하는 보험도 있으므로 가입 전 싸다고 무조건 가입하기보다는 가족력이나 나이에 따라 자신에게 맞는 상품으로 준비한다. 그리고 갱신형이면 가급적 갱신주기가 긴 상품으로 해야 한다.

통합보험은 맞춤설계로
스마트하게 준비하라

　　　　　살아가는 동안 만나게 되는 질병과 상해로부터 위험을
보장해주는 의료실비보험보다 가장의 조기 사망에 따른 가족 붕괴
를 막아주는 사망보험이 우선이라 할 수 있다. 사망보험은 보험대상
자가 사망 시 가족의 경제적인 어려움을 덜어준다. 그렇다 보니 보
험소비자는 종신보험을 준비하고, 의료실비보험에 가입하며, 가족
력이 있는 가정은 CI보험까지 고려하게 된다. 이때 보장은 충분히
되므로 안심은 되나 보험료가 부담이 된다.

　여기에 부응하는 보험상품이 스마트한 '통합보험'이다. 통합보험
은 생명보험사와 손해보험사에서 판매하고 있다. 손해보험사는 사
망을 보장하는 생명보험, 건강과 실비를 보장하는 제3보험, 도난과
화재 등을 보장하는 물보험은 물론 자동차보험, 배상책임보험, 기타
손해보험 등 일상의 모든 위험을 하나의 상품으로 보장해준다. 생명
보험사도 종신보험을 기본으로 생명보험, 의료실비보험, 암을 포함
한 치명적 질병보험, 연금보험 등을 하나의 상품으로 보장한다.

　보험소비자가 통합보험을 준비하면 하나의 보험증권을 통해 본
인과 배우자뿐만 아니라 자녀(2~3명)도 온갖 질병이나 사고 및 사망
에 대해 보장받을 수 있다. 또한 새로 아이가 태어나면 보장에 추가
할 수 있으며, 부족한 보장이 있으면 해당 특약만 추가할 수 있어 적
은 보험료로 최대의 보장을 받을 수 있다. 또한 중복 보장을 방지할
수 있어 보험료가 절약되는 효과도 있다. 이 외에 중도인출 등 유니

버셜 기능과 장해지급률 및 질병에 따라 납입면제가 가능하고, 은퇴 상황에 따라 연금전환도 가능하다.

이제 보험소비자는 온 가족의 라이프사이클에 따라 맞춤설계로 보장받을 수 있는 통합보험을 준비할 필요가 있다. 다만 통합보험을 가입할 때 주의해야 할 내용은 다음과 같다.

- 통합보험은 중복 보장이 되는 보장성보험을 리모델링하고자 할 때 고려한다. 다만 보험상품은 구관이 명관이므로 통합보험으로 갈아타기보다 어떻게 보완하고 중복되는 것을 제외할지 먼저 결정한다. 그래도 통합보험이 보장이나 보험료 수준이 유리하다고 판단되면 통합보험으로 리모델링한다.

- 보장성보험이 없으면 라이프사이클 변화에 따라 지속적으로 맞춤설계가 가능한 통합보험이 유리하다. 가정의 사정, 자신에게 맞는 특약, 적절한 보험료 수준으로 맞춤형 설계를 해야 한다.

- 보험료가 부담스럽거나 미혼일 때, 또는 여성이라는 이유 등으로 사망보장이 크게 필요하지 않은 경우 보험료가 비싼 통합보험 대신 의료실비보험에 가입한 후 필요할 때 사망보장을 하는 것도 좋은 방법이다.

- 보장성보험으로 위험에 대비하면서 노후에는 통합보험을 연금으로 전환하겠다는 일부 보험소비자가 있다. 연금전환을 하면 보장성보험은 해약되고 연금상품으로 전환하는 것이다. 해약환급금 수준에서 연금수령액이 결정되므로 연금도 적다. 통합보험을 연금전환으로 고려하기보다 처음부터 자신의 투자성향과 목적에 맞는 노후상품으로 은퇴를 준비해야 한다.

자동차보험료 인상,
피할 수 없으면 꼼꼼히 따져라

해마다 자동차보험료가 기본보험료를 기준으로 인상된다. 오르는 자동차보험료를 한탄하기보다 자동차보험료를 아낄 수 있는 방법을 곳곳에서 찾아내어 한 푼이라도 줄이고, 보장은 꼼꼼하게 받을 수 있는 보험재테크가 필요하다.

자동차보험 가입 전 보험료 비교는 필수다

자동차보험료가 자유화되었기 때문에 보상서비스가 비슷해도 보험사 간의 보험료는 크게 차이가 난다. 온라인 자동차보험의 경우 설계사 수수료만큼 최대 20% 정도가 저렴하다. 다만 가격보다는 보상서비스가 충분히 되는지를 검토해 포털사이트에서 자동차보험 비교견적을 내보는 지혜가 필요하다.

자동차보험료는 일시납으로 납부내야 한다

자동차보험료 납부방식은 1년 보험료의 70%를 1회분으로 납부하고 나머지 30%를 분할 납부할 수 있는 방식이다. 그러나 분할 납부 시 추가 보험료가 0.5~1.5% 발생한다. 현금이나 신용카드의 무이자 할부를 이용해 일시납부를 하면 보험료를 절약할 수 있다.

숨어 있는 자동차보험료 할인을 챙겨야 한다

ABS와 자동 변속기, 도난경보기, GPS, 이모빌라이저 및 모젠이 있으면 자신의 차량 손해보험료를 최대 5%까지 할인해주고, 에어백의 경우는 자기신체사고의 보험료를 10~20% 할인해준다. 또한 교통사고가 발생할 경우 사고 당시의 영상과 주행속도 등을 기록해두는 차량용 블랙박스가 있으면 3~5% 내외로 할인해준다. 이 외에도 운전을 자주하지 않는 운전자는 평일 중 하루를 정해 차량을 운행하지 않으면 보험료를 절약할 수 있는 승용차 요일제나 보험기간 동안 일정거리 이하를 운전하면 운행거리에 따라 보험료를 할인해 주는 마일리지 특약에 가입하는 것도 한 방법이다. 임신한 경우, 혹은 자녀가 만 5~9세 이하인 경우에는 자녀할인 특약으로 최대 10%의 보험료가 할인된다.

서민우대자동차보험에 가입한다

서민우대자동차보험은 기초생활수급자와 저소득층을 대상으로 한다. 기초생활수급자가 소유한 차량은 100% 해당된다. 부부 합산 연 소득 4천만 원 이하이고, 만 20세 미만의 부양자가 있는 서민 중 중고자동차(5년 이상) 소유자 등 일정 기준에 부합하는 경우 자동차 보험료를 할인해준다. 소형차량은 승용차 1600cc 이하, 1.5t 이하의 화물차량에 한한다. 2대 이상의 차량 소유자는 해당되지 않으며, 보험료 할인 폭은 3~8% 미만이다.

물적할증과 자기부담금을 알아야 한다

자신의 차량 사고의 자기부담금은 운전자가 선택한 정률제에 따라 자차 손해액 20%와 30% 중에서 선택할 수 있다. 다만 최저부담금은 운전자가 선택한 할증기준금액의 10%이며, 최대부담금은 50만 원으로 제한된다. 자기부담금은 최소 물적사고할증 기준의 10%, 최고 50만 원이므로 보험소비자의 지혜로운 대응이 필요하다.

예를 들어 〈도표 7-12〉에서 보듯 물적사고할증 기준금액 200만 원 가입 시 자기부담금은 최소 20만 원에서 최대 50만 원이 된다. 이는 사고로 자차 손해액이 30만 원 발생 시 정률제를 적용하면 손해액의 20%인 6만 원에 불과하나 물적할증 기준금액 200만 원에 가입했으므로 200만 원의 10%(최소한도 금액)인 20만 원이 자기부담금이 되는 것이다.

도표 7-12 :: 물적할증 기준금액에 따른 자기부담금

(단위: 원)

물적할증	최소	최대	사고금액	손해액의 20%	자기부담금
50만 원	50,000	500,000	300,000	60,000	60,000
			1,000,000	200,000	200,000
			3,000,000	600,000	500,000
100만 원	100,000		300,000	60,000	100,000
			1,000,000	200,000	200,000
			3,000,000	600,000	500,000
150만 원	150,000		300,000	60,000	150,000
			1,000,000	200,000	200,000
			3,000,000	600,000	500,000
200만 원	200,000		300,000	60,000	200,000
			1,000,000	200,000	200,000
			3,000,000	600,000	500,000

이에 따라 보험소비자는 무조건적인 물적할증 200만 원에 가입하기보다 자신의 차량 상태에 따라 신차는 150만 원과 200만 원을, 노후된 차량은 50만 원과 100만 원을 선택해야 한다. 보험료 할증기준을 높게 설정하면 100만 원 이상 기준금액 가입 시 약 0.9~1.2% 수준의 추가 보험료를 더 내야 하기 때문이다. 또한 수리비에 따라 자기부담금이 달라지므로 사고 발생 시 정비업체에서 사전견적을 받은 후 수리를 해야 한다.

자동차보험 갱신은 보험 만료 전에 해야 한다

책임보험 가입이 지연될 경우 자동차손해배상보장법상 과태료 외에 질서위반법상의 가산금까지 부과됨에 따라 납부기한으로부터 1개월이 경과할 때마다 최대 60개월까지 체납된 과태료의 중가산금(매월 1.2%)을 징수한다. 승용차는 159만 3천 원, 영업용 차량(종합보험 미가입 시 포함)은 300만 원까지 과태료와 가산금을 내야 한다. 단 하루가 늦더라도 과태료를 내야 하니 주의해야 한다.

이 외에 사고가 없으면 매년 할인할증제도로 최소적용률 40%까지 할인받을 수 있고, 사고가 있다면 최고적용률 200%까지 받을 수 있는 것이 자동차보험료다. 하지만 본인 과실이 없으면서 무조건 보험금 청구를 한다거나, 무사고 운전 12년 이상이고 할인율을 최고로 받는 운전자가 사고가 나면 더 이상 받을 할인이 없으므로 보험처리하는 것이 좋다.

장기 무사고 운전자의 경우 신호위반이나 속도위반, 중앙선 침범 등은 2년 단위로 합산해 1건을 위반하면 보험료를 할증하지 않지만,

2~3건을 어기면 5%, 4건 이상 위반은 10%를 할증하므로 안전운전이 가정을 지키고 보험료도 아끼는 지름길이다.

실버보험으로 오래 사는
위험에 대비하자

고령인구 증가 등에 따라 '실버보험'에 대한 관심이 증대되고 있다. 흔히 자녀들이 부모를 위해 가입해주는 경우가 많아 '효孝보험'이라고 불리는 '실버보험'은 초고령화 시대에 맞춰 특정 질병을 집중 보장하는 등 다양하고 복잡하게 선보이고 있다.

하지만 보험을 준비하는 보험소비자들의 이해는 부족한 형편이다. 이에 보험소비자는 자신과 부모의 노후계획 및 수요에 맞는 실버보험을 선택할 수 있도록 해야 한다.

실버보험은 15~60세까지 가입할 수 있는 일반 보장성보험과 달리 40세부터 가입이 가능하며, 보험사에 따라 80세까지 가입할 수도 있다. 보장기간은 일반적으로 80세까지 보장하나, 종신의료보험과 간병보험 등 일부 상품의 경우 보험사에 따라 종신까지 보장하는 경우도 있다. 주요 보장내역은 노인성 질환과 상해, 그리고 장례서비스에 집중되어 있으며, 통상 주보험으로 일반사망 및 재해사망 등의 사망보험금을 보장하고 있다. 치료비, 치매간병비 등은 선택특약으로 보장하며 별도의 보험료를 추가해야 한다. 보험소비자는 다음과 같이 실버보험 가입 시 반드시 알아둬야 할 사항을 점검할 필요가 있다.

도표 7-13 :: 실버보험과 일반 보장성보험의 비교

구분	실버보험주	일반 보장성보험
주요 가입대상	50~70세	20~55세
보험 가입 가능 연령	40~80세	15~60세
주요 보장내역	노인성 상해·질병, 치매간병, 장례서비스 등	상해, 질병, 간병 등

• 자료: 금융감독원

갱신형보험은 갱신시점에서 보험료가 인상될 수 있다

일부 실버보험상품은 보험회사의 위험관리 차원에서 갱신형 형태로 설계·판매 중이며, 갱신형상품은 최초 가입 후 계약 당사자의 별도 의사표시가 없는 경우 일정 기간을 주기로 해당 계약이 갱신된다. 다만 갱신 시 피보험자의 연령 증가, 의료수가 상승 및 위험률(질병발병률) 상승 등에 따라 보험료가 인상될 수 있다.

주보험 및 선택특약의 보장내역을 꼼꼼히 확인해야 한다

치매간병비, 상해 및 노인성 특정질병 치료비 등은 별도의 가입 및 추가 보험료 납입이 필요한 선택특약으로 운용하고 있어 보험 가입 시 주계약 내용과 선택특약 내용을 꼼꼼히 살필 필요가 있다. 특히 치매보장의 경우는 보상범위 및 보상조건이 한정적인 경우가 많으므로 보험 가입 시 계약조건을 면밀히 검토한다.

무심사보험은 심사절차가 없지만 보험료 수준이 상대적으로 높다

무심사보험은 보험 가입 당시 피보험자로부터 질병 여부에 대한 고지를 받지 않고 별도의 심사절차 없이 가입이 가능한 보험으로, 일반적으로 일정 수준 이하의 사망보험금만을 지급한다. 다만 가입 후 2년 이내에 질병으로 사망하는 경우에는 납입한 보험료를 반환한다. 무심사보험은 누구라도 가입이 가능한 반면, 일반 정기(종신)보험보다 보험료가 상대적으로 높음에 유의해야 한다. 따라서 건강한 계약자라면 일반적인 보험 가입 심사절차를 거쳐 무심사보험보다 저렴한 일반 정기보험에 가입하는 것이 유리하다.

광고와 홈쇼핑보험은 자세히 알아보고 가입한다

실버보험은 계약자가 광고, 홈쇼핑 등을 접하고 보험료를 비교해 가입하는 경우가 많다. 하지만 광고, 홈쇼핑 등을 통해 예시되는 보험료는 보장내역, 납입기간, 가입연령 등에 따라 달라질 수 있으므로 가입 시에는 면밀히 비교한 후 가입할 필요가 있다. 특히 선택특약의 가입 여부에 따라 총 보험료가 달라질 수 있으므로 광고 등에만 의존하지 말고 보험료에 대해 자세히 알아봐야 한다.

보험 가입 가능 여부를 확인하고 고지 의무를 이행한다

과거 일정 기간 이내 병력이 있는 경우 질병을 보장하는 상품에는 가입이 어려울 수 있으므로, 가입 전 과거 병력 등을 파악해 사전에 보험 가입이 가능한지 여부를 확인해야 한다.

실버보험은 부모를 위해서 자식이 가입하는 경우에도 계약 전에 전화 또는 설계사의 방문에 의해 고령의 피보험자(부모)에게 고지(알릴) 의무를 이행해야 한다. 이때 피보험자는 보험회사가 청약서상 질문한 내용에 대해 반드시 정확하게 사실대로 알려야 하며, 허위 또는 부실하게 알릴 경우 계약이 해지되거나 보험금이 지급되지 않을 수 있다. 다만 알릴 의무를 위반한 사실과 보험금 지급사유 간에 인과관계가 없을 경우 보험금을 지급받을 수 있다. 즉 고혈압 진단 사실을 알리지 않았다 하더라도 그와 무관한 암 진단 보험금은 청구 가능하다.

아이를 건강하게
보호하고 싶은 태아보험

최근 평균 결혼연령 상승과 고령출산 증가 등으로 태아의 선천성 질환 등을 보장하는 '태아보험'에 대한 관심이 커지고 있다. 임신한 순간부터 경제적인 부담을 덜기 위해 가입한다기보다는 아이를 건강하게 보호하고 싶은 엄마의 마음 때문이다. 하지만 대부분의 엄마들이 아이를 임신하고 나서 태아보험을 찾다 보니 주위에서 권하는 대로 준비하는 경우가 많다.

태아보험은 태아가 법적으로 인격을 갖추고 있지 못하므로 인보험의 보호대상이 될 수 없으나, 태아 출생을 조건으로 하는 어린이보험의 '태아가입특약'을 통해 태아를 대상으로 하는 보험계약이다. 따라서 자녀가 자라면서 성인이 되기 전까지 질병·상해로 인한 의료비와 자녀의 일상생활 중 발생하는 각종 배상책임 등을 보장해주는 어린이보험을 기본으로, 선천성질환수술특약, 출생전후기질환보장특약, 저체중아육아비용보장특약 등이 부가된 태아보험에 가입한다. 즉 법규상 '태아보험'이라는 별도의 보험상품은 없으나, 출생 전 태아 상태에서 어린이보험에 가입하므로 실무상 태아보험이라 불리는 것이다.

가입 가능 기간은 회사별·상품별로 상이하나 일반적으로 임신이 확인되는 순간부터 손해보험사는 임신 22주 이내, 생명보험사는 임신 16~22주 이내에 가입이 가능하다. 이는 의료기술 발달에 따른 역선택을 방지하고자 보험 가입에 제한을 두기 때문이다. 따라서 비록 임신 후 일정 기간이 경과했더라도 가입이 가능한 기간이라면, 자녀 출생 후 어린이보험에 가입하기보다 태아보험에 가입하는 것이 바람직하다. 보험료 수준은 보험사마다 차이가 있으나 주계약이나 특약구성, 납입기간, 보장기간 등에 따라 2만 원 이상에서 5만 원 이하까지 다양하며, 일반적으로 3만 원 내외로 하는 것이 무난하다. 다만 보험료는 남아를 기준으로 하기 때문에 자녀가 여아로 태어났다면 출생신고를 한 다음 제반서류를 준비해 향후 낼 보험료를 인하받도록 한다. 또한 그동안 남아로 낸 보험료도 가입 시 약관에 따라 환급받을 수 있다.

만약 아이 출생 이후 보험료가 경제적이지 않다고 판단된다면 순수보장형 어린이보험에 새로 가입하기보다는 불필요한 특약의 보장 내역을 줄여 보험료 수준을 현실화해야 한다.

이 외에 유산이나 사산을 했을 경우 태아보험으로 보장받지 못한다는 점도 알아둘 필요가 있다. 이는 상법 제732조에서 15세 미만인 사람의 사망을 보험사고로 한 보험계약은 무효로 하고 있으며,

도표 7-14 :: 태아보험 주요 보장 내용

특약명	보장 내용
출생전후기질환 보장특약	출생전후기(일반적으로 임신 28주에서 생후 1주까지의 기간) 질병으로 입원할 경우 1일당 약정금액 지급
선천성질환 수술특약	선천성 기형, 변형 및 염색체 이상(선천 이상)으로 수술 1회당 약정금액 지급
저체중아 육아비용보장특약	태아의 출생 시 몸무게가 2kg(또는 2.5kg) 미만으로서 인큐베이터를 3일 이상 사용했을 경우 저체중아 육아비용보험금으로 1일당 약정금액 지급

• 자료: 금융감독원

태아는 법적으로 인보험의 보호대상이 될 수 없으므로 태아의 사망을 직접적으로 보장하지 않기 때문이다. 다만 일부 보험상품에서는 태아보험 가입 후에 태아가 유산된 경우 산모에게 유산으로 인한 수술 및 입원일당, 위로금 등을 지급하는 특약이 부가되어 있는 경우가 있으니 가족력이나 가정환경에 따라 준비하면 된다.

열심히 번 돈을 눈 뜨고 도둑맞지 않기 위해서 '탈세'가 아닌 '절세'가 각광받고 있다. 금융소비자는 고통과 위험 없이 약간의 노력만으로 엄청난 효과를 가져올 수 있는 세테크에 주목해야 한다.

연말정산을 하더라도 막연하게 절세를 하는 것이 아니라 과표를 낮추는 방법으로 해야 하며, 증여를 하더라도 배우자와 자녀 등 다양한 옵션에 따라 효과적으로 절세해야 한다. 따라서 내 집 마련, 양도, 상속과 증여, 금융소득과세, 예금 등에 이르기까지 생활 전반에 얽혀 있고 해마다 바뀌는 세금체계를 파악해 수많은 금융상품 중에서 자신의 가계에 적합한 절세상품을 골라 효과적으로 절세하는 지혜가 필요하다.

| 8장 |

효과적인
절세 방법은
따로 있다

13번째 월급,
연말정산의 모든 것

아는 만큼 혜택이 커지는 것이 연말정산이다. 연말정산은 대충 준비하면 내지 않아도 될 세금(매월 원천징수된 금액)을 제대로 환급받지 못해 적잖이 실망하게 된다. 반면에 미리미리 제대로 준비한다면 두둑한 '보너스'가 될 수 있다. 해마다 어김없이 다가오는 연말정산을 알뜰하게 준비해 두둑한 '13번째 월급'을 챙겨야 한다.

과표를 낮춰야 한다

연말정산 준비의 핵심은 근로자가 자신의 과표구간을 낮춰 1년 동안 매월 원천징수로 미리 낸 세금을 보다 많이 환급받거나 추가로 낼 세금을 미리 방지하는 것이다.

예를 들어 〈도표 8-1〉에서 보듯 과표구간이 4,600만 원을 초과하는 근로자가 연말정산 준비를 잘해서 과표구간이 4,600만 원 이

도표 8-1 :: 과세표준 구간별 소득세율

과세표준 구간별 소득세율							
구분	1,200만 원 이하	1,200만 원~ 4,600만 원	4,600만 원~ 8,800만 원	8,800만 원~ 1억 5천만 원	1억 5천만 원~ 3억 원	3억 원~ 5억 원	5억 원 초과
세율	6%	15%	24%	35%	38%	40%	42%

하로 바뀌면 소득세율이 24%에서 15%로 바뀌어 적용되므로 환급을 받아야 할 세금이 커진다. 반면 연말정산을 등한시하면 온전하게 24%의 소득세율을 적용받아서 원천징수로 미리 낸 세금보다 더 많은 세금을 떼이게 된다.

금융소비자는 자신의 과세표준 구간을 알고 한 단계 낮은 과세표준 구간을 위해 1년 내내 절세를 준비해야 한다. 그렇다고 자신에 맞지 않는 온갖 절세상품을 준비해서도 안 된다.

〈도표 8-2〉의 연말정산 흐름도를 보면 연말정산은 총 급여에서 소득공제를 하고 종합소득 과세표준 소득세율에 따라 세액을 산출한다. 그리고 1년간 납부해야 하는 세금과 1년간 매월 떼인 세금을 비교해 납부 또는 환급세액을 결정한다.

연말정산 시 납부할 세금이 많으면 주택청약종합저축 등과 같은 소득공제상품이나 연금계좌(퇴직연금, 연금저축상품) 등과 같은 세액공제 상품을 단계별로 준비한다. 물론 보장성보험을 기본으로 준비하고 부모님을 모시는 등의 방법으로 환급액을 늘리는 지혜도 필요하다.

도표 8-2 :: 연말정산 흐름도

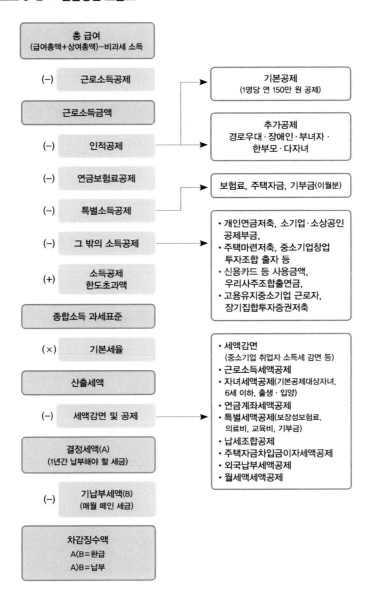

신용카드와 체크카드, 현금영수증 소득공제

신용카드와 체크카드(직불카드), 현금영수증의 소득공제는 각각 다르다. 그중 체크카드와 현금영수증의 소득공제 혜택이 가장 크다. 신용카드는 사용액이 총 급여액의 25%를 초과한 부분부터 15%의 소득공제율이 적용된다. 반면에 체크카드와 현금영수증은 신용카드와 기준은 같으나 30%의 소득공제율이 적용된다. 하지만 신용카드와 체크카드 및 현금영수증으로 받을 수 있는 소득공제의 한도는 모두 합해서 300만 원이다. 다만 총 급여 7천만 원 초과자는 250만 원이고 1억 2천만 원 초과자는 200만 원이다.

이 외에 대중교통 및 전통시장 이용액은 40%의 공제율이 적용되므로 추가 한도로 소득공제를 신청할 수 있고 총 급여 7천만 원 이하의 근로자는 도서구입, 공연관람을 위한 신용카드 사용분에 대해서도 30%의 소득공제율을 적용받을 수 있다. 따라서 총 급여 7천만 원 이하인 근로자는 최대 600만 원까지 공제된다.

하지만 신차 구입 비용, 공과금, 아파트 관리비, 보장성보험료, 상품권 구입비, 자녀학비 해외 카드 사용 등은 소득공제를 받을 수 없다.

월세 세액공제

부양가족이 있는 근로자가 국민주택(85m², 25.7평, 주거용 오피스텔, 고시원 포함) 규모 이하인 주택에 살고 있으면 1년간 750만 원 한도로 10%를 세액공제 받을 수 있다. 다만 총 급여액이 7천만 원 이하인 무주택근로자만 공제대상에 해당하며, 세대주가 주택 관련 공제를 받지 않은 경우에는 세대원도 가능하다.

월세 세액공제를 받기 위해서는 월세 지급일로부터 3년 이내에 신고해야 하고, 임대차계약서 사본, 월세액을 지급했음을 증명하는 무통장입금증, 주민등록등본 등 서류를 제출하는 번거로움이 있다. 그리고 대부분의 집주인은 현금영수증을 발급하지 않기 때문에 주택임차료를 현금으로 지급하는 경우에는 국세청에 신고해 계약기간 동안 매달 현금영수증을 자동발급한다.

의료비 세액공제

연말정산 의료비 세액공제는 의료비 중 총 급여액(연간 급여액에서 비과세 소득을 제외한 액수)의 3%를 초과하는 금액 중에서 700만 원을 한도로 의료비 지출액의 15%가 공제된다. 다만 근로자 본인, 65세 이상인 사람, 장애인을 위해 지급한 의료비는 공제액 한도가 없다.

예를 들면 일반적인 경우(700만 원 한도)에는 '의료비총액-(총 급여액×3%)'로 계산해서 공제대상 의료비를 산출한다. 반면에 공제대상 의료비가 700만 원을 초과하는 경우 한도초과 금액은 '의료비총액-(총 급여액×3%)-700만 원'으로 계산되고, 본인, 65세 이상인 사람, 장애인을 위한 의료비합계액과 비교해 적은 금액에 700만 원을 더해 공제대상 의료비 근로소득금액으로 한다.

〈도표 8-3〉에서 보듯 공제가능한 의료비는 인공수정 비용, 제왕절개수술 비용, 라식수술 비용, 치과보철료, 스케일링 비용, 의치 비용, 건강진단 비용, 의사처방에 의한 의료기기, 시력보정용 안경과 렌즈 등이다. 미용을 위한 비용(성형수술비) 및 건강증진을 위한 의약품 구입비 등은 의료비 세액공제 대상이 아니다. 다만 한약은 치료

도표 8-3 :: 의료비 공제 종류

공제가능 의료비	공제불가능 의료비
• 인공수정 비용, 제왕절개수술 비용 • 라식수술 비용 • 치과보철료, 스케일링 비용, 의치 비용 • 건강진단 비용 • 의사처방에 의한 의료기기(보청기 포함) • 시력보정용 안경과 렌즈	• 언어재활을 위한 사설 학원비 • 외국 소재 병원비 • 간병인 비용, 진단서 비용 • 미용성형수술을 위한 비용 • 건강증진을 위한 의약품 구입 비용 • 보험회사로부터 수령한 보험금으로 지급한 의료비

를 위한 의약품으로 보지만 보약은 해당하지 않는다.

기부금 이월공제

연말정산 시 종교단체를 포함한 기부금 세액공제 한도에 걸려서 공제받지 못한 내역은 이월해서 다음 해에 받을 수 있다. 특히 종교 단체 기부금은 소득금액의 10%를 한도로 세액공제를 받기 때문에 한도에 걸려 공제를 다 받지 못할 가능성이 높으므로 5년 이내 이월 공제를 한다. 법정기부금과 특례기부금은 각각 1년과 2년 이내 이월 공제가 가능하다.

맞벌이 부부 소득공제

연말정산 서류를 제출하기 전에 맞벌이 부부가 유의해야 할 연말 정산 사항을 파악하고 정확한 소득공제금액을 국세청 연말정산 자동 화 프로그램으로 시뮬레이션한 후 제출해야 한다. 맞벌이 부부는 부 양하는 직계존속·직계비속·형제자매 등에 대해 부부 중 누가 공제

받을지 선택할 수 있으며, 부부간 소득금액의 차이가 크다면 소득이 높은 배우자가 부양가족에 대해 공제받아야 유리하다. 직계존속 형제자매에는 장인·장모·시부모 등 배우자의 직계존속 및 처남·시누이 등의 형제자매를 포함한다. 직계존속은 주거의 형편에 따라 함께 거주하지 않아도 공제가 가능하나 형제자매는 함께 거주해야 한다.

한편 배우자 또는 생계를 같이하는 부양가족은 소득이 있어도 연간 소득금액이 100만 원을 초과하지 않으면 소득공제가 가능하다. 근로소득은 총 급여로 계산하면 500만 원 이하이고, 사업소득은 총수입에서 필요경비를 차감한 금액으로 판단한다. 다만 일용 근로자인 부양가족은 소득금액에 상관없이 20세 이하, 60세 이상의 나이 요건을 충족하면 기본공제가 가능하다.

맞벌이 부부 연말정산 유의사항

- 자녀 추가공제는 기본공제를 받는 자녀 수로만 계산하므로 2명의 자녀를 부부가 각각 기본공제받은 경우 다자녀 추가공제는 불가능하다.
- 6세 이하 추가공제(1명당 100만 원)는 기본공제를 누가 받는지에 관계없이 부부 중 한 사람이 선택해 공제가 가능하다.
- 보장성보험의 계약자가 남편이고 피보험자가 부부 공동인 경우 남편이 보험료공제가 가능하다.
- 본인이 배우자를 위해 지출한 의료비는 의료비공제가 가능하다.
- 부양가족의 교육비·의료비·신용카드 등 부양가족 기본공제를 받을 사람이 특별공제도 가능하다.

- 맞벌이 부부가 가족카드를 사용하고 있다면 결제자 기준이 아닌 사용자(명의자) 기준으로 신용카드공제가 가능하다.
- 특별세액공제 중에 최저사용금액 조건이 있는 의료비(총 급여액 3% 초과)와 신용카드 등 사용금액(총 급여액의 25% 초과)의 경우는 소득이 적은 배우자가 지출을 해야 절세가 가능하다.

금융소비자는 국세청 연말정산 간소화 서비스의 연말정산 자동계산 프로그램을 이용해 인적공제·국민연금·건강보험·기부금·신용카드·의료비 등 소득공제 항목을 철저하게 챙기고, 절세형 상품을 준비하는 등의 노력을 통해 환급액을 반드시 수령해야 한다. 만약 환급액이 적으면 연금저축상품(펀드·신탁·보험)이나 주택청약종합저축 등 절세상품에 가입하는 것도 방법이다.

도표 8-4 :: Q&A로 알아보는 알쏭달쏭 연말정산

항목	질문	대답
기본 공제	따로 사는 부모님도 기본공제를 받을 수 있는가?	근로자 본인이 실제로 부양하고 있으면 따로 사는 부모님(장인·장모·시부모 포함)도 소득금액 100만 원 이하, 60세 이상의 요건을 충족한다면 기본공제(150만 원)를 받을 수 있다.
	아버지가 장애인이면서 경로우대자이면 추가공제를 받을 수 있는가?	기본공제를 받는 부양가족이 장애인이면서 경로우대자(70세 이상)에 해당되면 장애인 추가공제와 경로우대자 추가공제를 각각 적용해 받을 수 있다.
	맞벌이 부부도 배우자에 대한 기본공제가 가능한가?	공제받을 수 없다. 기본공제는 연간 소득금액 100만 원 이하인 경우에만 가능하다.

항목	질문	대답
기본 공제	기본공제 대상 자녀가 3명인 경우 다자녀 추가공제 금액은 얼마인가?	다자녀 추가공제는 기본공제 대상 자녀가 1명일 때는 적용되지 않고, 2명일 때 50만 원, 3명일 때 150만 원을 공제받는다. 4명 이후에도 1명당 100만 원씩 추가된다.
신용 카드	의료비를 신용카드로 계산하면 의료비와 신용카드 공제를 모두 적용받을 수 있는가?	의료비를 신용카드(현금영수증) 등으로 계산하는 경우 의료비 공제와 신용카드 공제를 모두 적용받을 수 있다.
	20세 이상인 자녀의 신용카드 사용금액도 공제가 가능한가?	만 20세 이상인 자녀는 기본공제를 받을 수 없지만, 소득금액이 100만 이하면 신용카드 사용금액은 근로자 본인이 공제받을 수 있다.
	가족카드는 대금지급자와 카드사용자 중 누가 신용카드 공제를 받을 수 있는가?	카드사용자 기준이다. 맞벌이 부부가 부인 명의 가족카드 사용액을 남편이 결제하는 경우라도 해당 사용금액은 부인이 소득공제를 받는다.
	자녀의 학원비를 신용카드로 납부하면 신용카드 공제가 가능한가?	신용카드 공제가 가능하다. 또한 학원비를 지로로 납부한 금액도 신용카드 공제에 포함할 수 있다.
교육비	초등학생인 아들의 보습학원비와 태권도장 수강료에 대해 교육비를 공제받을 수 있는가?	교육비 공제를 받을 수 없다. 학원(체육시설)에 지출한 교육비는 취학 전 아동에 대해서만 공제가 가능하고, 초·중·고등학생은 적용 대상이 아니다.
기부금	배우자나 부모님이 지급한 기부금도 근로자 본인이 공제를 받을 수 있는가?	소득금액 100만 원 이하인 배우자 또는 자녀의 기부금액은 기부금 공제에 포함할 수 있으나, 부모님 명의 기부금액은 기부금 공제에 포함할 수 없다.

자료: 국세청

지출을 줄이는 것보다
세테크가 먼저다

부를 늘리는 방법에는 지출을 줄이거나 소득을 늘려 저축액이나 투자액을 늘리는 것과 가지고 있는 부동산이나 금융자산 등을 잘 운용해 불려가는 것이 있다. 하지만 지출을 줄이거나 투자를 하는 것에는 고통과 위험이 항상 수반한다.

따라서 금융소비자는 고통과 위험 없이 약간의 노력만으로 엄청난 효과를 가져올 수 있는 세테크에 주목할 필요가 있다. 이는 아무리 높은 수익률을 얻더라도 세금을 내고 난 실제 수익이 얼마 되지 않는다면 아무 소용없고, 자신이 번 돈의 상당 부분을 세금으로 낸다면 억울하기 때문이다. 그러므로 세테크 지식을 쌓아 절세를 해서 별도의 수입을 챙기는 효과를 얻도록 하자.

절세란 '세금을 내지 말자는 것이 아니라 합법적으로 내야 할 세금을 최소한하자는 것'이고, 더 낸 세금은 당연히 돌려받자는 것이다. 사실 우리나라의 세금체계는 내 집 마련, 양도, 상속과 증여, 금융소득과세, 예금 등에 이르기까지 생활 전반에 얽혀 있으나 해마다 수시로 바뀌고 있다. 그렇기 때문에 일반인이 수많은 금융상품 중에서 자신의 가계에 맞는 상품을 골라 효과적으로 절세를 하기에는 어려운 점이 많다.

그래서 수많은 금융상품 중 효과적인 세테크를 위해 세금을 일부 줄여서 받는 세금우대상품, 세금을 아예 내지 않는 비과세상품, 납입금에 대해 소득공제를 해주는 소득공제상품 등 절세상품의 특징과 효과를 잘 알고 있어야 한다.

특히 근로자인 경우에는 해마다 돌아오는 연말정산에서 절세금융상품만으로도 세금을 돌려받아 효과적으로 수입을 늘릴 수 있기 때문에 소득공제와 절세방법 등을 살펴보고 자신에게 필요한 상품을 미리미리 준비해야 한다. 세테크를 위해 꼭 가입해야 할 금융상품을 살펴보자.

주택 관련 세테크

주택 관련 소득공제는 주택청약종합저축으로 받을 수 있다. 연 240만 원 한도에서 불입금의 40%인 96만 원까지 소득공제를 해준다. 다만 소득공제는 전체 급여 액수가 7천만 원 이하인 근로자로서 무주택세대주여야 한다.

연금 관련 세테크

노후생활 보장을 위해 개인이 가입하는 연금저축상품(보험·저축·펀드)은 연 400만 원 한도 내에서 연간 납입금액의 100%를 세액공제 받을 수 있기 때문에 효자 노릇을 톡톡히 하는 세테크상품이다. 이 외에도 연금상품으로 세액공제가 되는 퇴직연금이 있다.

퇴직연금은 매년 연간 임금 총액의 12분의 1 이상을 근로자 개인 계좌에 넣어주면 사용자 책임은 종료된다. 적립된 적립금은 근로자 개인이 운용하는 확정기여형과 사용자가 관리해 운용하는 확정급여형이 있다.

이 중 확정급여형은 회사가 주체이므로 세액공제가 되지 않으나 개인이 가입한 확정기여형은 700만 원 한도 내에서 연금저축상품과 세액공제를 합산한다.

보험 관련 세테크

가정의 안녕을 지켜주는 보장성보험에 가입하면 보험료에 한해 연간 100만 한도로 납입액의 12%(지방세 포함 13.2%)의 세액공제 혜택이 주어진다. 세액공제를 받을 수 있는 보장성보험은 일정한 보험료를 내고 사망·질병·장해·상해·입원 등을 보장받는 상품들을 말한다. 근로자 본인은 물론 배우자나 부양가족 명의로 계약된 보험도 공제가 가능하다.

저축성보험은 연금저축보험 외에는 세액공제가 안 되나 변액보험을 포함한 모든 저축성보험은 10년이 지나면 비과세 혜택이 있다.

비과세종합저축 관련 세테크

만 64세 이상 노인인 경우에는 5천만 원 한도 내에서 비과세종합저축에 가입할 수 있다. 비과세종합저축은 이자소득 전액에 대해 비과세 혜택을 주고 있으며, 장애인이나 국가유공자, 고엽제 후유증 환자, 5·18민주유공자 등은 나이 제한 없이 가입할 수 있다. 다만 2019년 말에 일몰 예정이다.

이 외에 제2금융권의 조합예탁금이나 조합출자금도 관심을 가질 만하다. 조합예탁금은 1인당 3천만 원 한도로 농특세 1.4%만 내고 이자소득은 전액 비과세(2021년 5%, 2022년부터 9% 분리과세)가 적용된다. 조합출자금도 1천만 원에 대해서 이자소득 전액에 비과세 혜택을 주고 있다. 다만 조합예탁금이나 조합출자금은 예금보험공사의 예금자보호 대상이 아니기 때문에 안정성 문제가 있다. 그러나 1인당 5천만 원 한도까지 신협중앙회의 예금자보호기금을 통해 원리금을 보장해준다.

소득에 따라 절세상품을
준비해야 한다

금융소비자는 소득·세액공제에 관심이 많다. 그렇다 보니 주택청약종합저축, 연금저축상품 등 절세상품에 무절제하게 가입한다. 절세상품은 대부분 장기간 저축이나 투자를 해야 하는 속성이 있으므로, 자신의 소득에 맞춰 단계적으로 준비할 필요가 있다. 사실 연 소득이 2천만 원 미만이면 소득공제상품이 그다지 필요하지 않다. 연 소득을 3천만 원에서 5천만 원까지 1천만 원 단위로 나누고 부양가족이 없는 미혼 남녀를 가정해 얼마의 절세상품을 준비해야 하는지 알아보자.

〈도표 8-5〉를 보면 연 소득이 3천만 원일 때 현금영수증, 신용카드, 부양가족, 보장성보험, 절세상품 등 공제받을 수 있는 항목을 전혀 준비하지 않고 기본공제만 받았다고 가정하면 환급은 고사하고 세금을 내야 한다. 차감 징수세액을 최소한으로 줄이거나 최대한 플러스로 만드는 지혜가 필요하다.

반면에 절세상품을 준비했다면 환급액은 달라진다. 총 급여에서

도표 8-5 :: 연 수입별 과세 시뮬레이션

(단위: 원)

구분	과세			비고
총 급여액	30,000,000	40,000,000	50,000,000	
(-)근로소득공제	9,750,000	11,250,000	12,250,000	
근로소득금액	20,250,000	28,750,000	37,750,000	
(-)인적공제	1,500,000	1,500,000	1,500,000	
(-)연금보험료공제	1,350,000	1,800,000	2,250,000	
(-)특별소득공제	1,164,000	1,552,000	1,940,000	
- 건강보험료 등				
- 주택자금				
- 기부금(이월분)				
(-)그 밖의 소득공제				
- 개인연금저축				
- 소기업소상공인 공제부금				
- 주택마련저축				총 급여 7천만 원 이하인 근로자, 240만 원 한도
- 투자조합출자금				
- 신용카드				총 급여 7천만 원 이하 300만 원 한도, 7천만~ 1억 2천만 원 250만 원 한도, 1억 2천만 원 초과 200만 원 한도
- 우리사주출연금				
- 고용유지 중소기업근로자				

구분	과세			비고
- 장기집합투자 증권저축				납입액 40%, 240만 원 한도
(+)소득공제 한도초과액				
과세표준	16,236,000	23,898,000	32,060,000	
산출세액	1,355,400	2,504,700	3,729,000	
(-)세액감면 및 공제				
- 근로소득	731,620	684,000	660,000	3,300만 원 이하 74만 원, 7천만 원 이하 66만 원, 7천만 원 초과 50만 원
- 자녀				
- 연금계좌				연 700만 원 한도 12%
- 특별세액공제				
보장성보험료				연 100만 원 한도 12%
의료비				
교육비				
기부금				
- 월세액				
결정세액	623,780	1,820,700	3,069,000	
(-)기납부세액	399,600	1,153,920	2,230,200	근로소득 간이세액표에 따른 세액의 80%, 100%, 120% 중에서 80% 선택 시
차감징수세액	224,180	666,780	838,800	

보장성보험(연간 100만 원 한도 납입액의 12%를 세액공제)과 주택청약종합저축(총 급여 7천만 원 이하 연 240만 원 한도 40%를 소득공제) 등을 기본으로 하고 퇴직연금과 연금저축상품 등 연금계좌(연 700만 원 한도의 15%), 기부금, 신용카드 등 가능한 소득공제와 세금공제를 받을 수 있도록 준비한 다면 환급을 받을 확률은 높아진다.

절세상품은 소득에 따라서 준비해야 한다. 소득이 3천만 원 이하이고 부양가족이 없으면 절세상품은 주택청약종합저축만 준비하고, 연금저축상품의 준비는 3천만 원 이상일 때부터 환급액보다 세금을 더 낼 것 같다면 준비한다. 무한정 절세상품을 준비한다고 해도 매월 미리 떼인 원천징수세 이상으로 환급을 받을 수 없다.

이제 금융소비자는 국세청 홈택스의 '연말정산 자동계산'을 이용해 어느 정도의 절세상품을 유지해야 할지 가늠하고 절세를 해야 한다.

증여와 상속의 차이로
세테크한다

상속플랜은 재무설계에서 위험설계·투자설계·은퇴설계와 더불어 큰 위치를 차지하고 있다. '상속'은 부모님에게 부담 없이 재산을 받아 자산을 키워가는 과정이며, '증여'는 온전하게 자식들에게 넘겨주고자 하는 부모의 마음이므로 상속과 증여를 통한 재무플랜은 중요하다.

도표 8-6 :: 상속세 · 증여세 과세방법

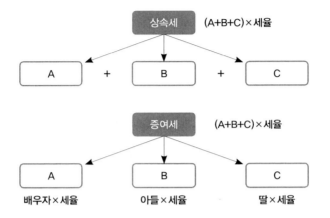

〈도표 8-6〉에서 보듯 상속세는 사망에 의해 피상속인이 부의 무상 이전에 대해 내야 하는 세금으로, 사망하기 전 3년 이내에 상속인에게 증여한 재산과 1년 안에 상속인이 아닌 다른 사람에게 증여한 재산도 상속재산에 포함한다. 반면에 증여세란 타인에게서 무상으로 취득한 재산에 대해 내야 하는 세금으로, 생존 중에 쌍방 간의 계약에 의해 이전하는 재산에 대해 과세된다. 따라서 사망이냐 생존이냐의 차이만 있을 뿐 재산의 무상 이전을 과세대상으로 한다는 점에서 동일하다고 볼 수 있다.

세테크 관점에서 보면 상속과 증여는 모두 재산의 무상 이전이라는 점에서 유사하지만, 무상 이전을 하는 사람의 입장에서 볼 때 상속은 일생에 걸쳐 한 번만 가능한 데 비해, 증여는 여러 차례 할 수 있고 세율은 같다. 따라서 증여를 잘 활용하면 상속세 부담을 줄일

과세표준	세율
1억 원 이하	과세표준의 10%
1억 원 초과 5억 원 이하	1천만 원+1억 원 초과 금액의 20%
5억 원 초과 10억 원 이하	9천만 원+5억 원 초과 금액의 30%
10억 원 초과 30억 원 이하	2억 4천만 원+10억 원 초과 금액의 40%
30억 원 초과	10억 4천만 원+30억 원 초과 금액의 50%

• 자료: 금융감독원

수 있고, 자산을 온전하게 유지할 수 있다.

상속세와 증여세는 세율 구조는 같지만 과세방법이 다르다는 것에 주목할 필요가 있다. 즉 사전 증여에 의해 절세가 가능하다. 예를 들어 부동산을 배우자와 두 자녀에게 상속이나 증여를 한다고 가정하면 상속세는 A, B, C를 합산해 세금을 부과하지만, 증여세는 A, B, C 별산하므로 절세의 효과가 크다. 만약 과세상속표준이 15억 원이면 산출세액은 1억 원 10%, 4억 원 20%, 5억 원 30%, 5억 원 40%로 해서 상속세는 4억 4천만 원이 된다.

하지만 배우자와 자녀에게 증여를 하게 되면 수치상으로 각자 9천만 원씩 부과되어 증여세는 2억 7천만 원이 된다. 증여만으로 1억 7천만 원을 절세할 수 있는 것이다. 또한 증여를 하면 해당 부동산의 자산변동과 상관없이 사전 신고한 최초의 가격으로 부과하므로 향후 자산가치가 상승했을 경우보다 많은 자산을 별도의 상속세를 내지 않고도 안전하게 자산 이전을 할 수 있는 장점이 있다. 다만 상속세는 증여 기간이 10년이 되지 않으면 상속세로 귀속되므로 미리 증여를 하는 것이 좋다. 증여는 자산의 변동에 따라 수차례 할 수 있음을 알아두자.

세대를 건너뛰어
증여하면 절세된다

국회 청문회에서 장관 후보들이 세대를 건너뛴 증여를 한 것을 간혹 볼 수 있다. 과연 성인이 된 손자에게 증여를 할 경우 자녀에게 증여할 때보다 세율이 유리한지 알아보자.

세대를 건너뛰어 증여를 하는 것은 다음 세대인 자녀에게 증여하는 것과 차별을 두어 30% 할증 과세한다. 이는 조부가 다음 세대인 자녀에게 증여 또는 상속을 하고, 그 자녀가 다시 자녀에게 증여 또는 상속을 할 경우 증여세 또는 상속세를 2번 부담하므로, 이를 회피하기 위해 한 세대를 건너뛰어 조부가 손자에게 곧바로 상속 또는 증여를 해 세금을 덜 내는 것을 방지하고자 생겨난 규정이다.

다만 증여자의 최근친인 직계비속이 사망해 그 사망자의 최근친인 직계비속이 증여를 받은 경우에는 해당되지 않는다. 즉 증여일 현재 아버지가 조부보다 먼저 사망하거나, 어머니가 외할아버지보다 먼저 사망해 대습상속인에 해당하는 손자 또는 외손자는 할아버지 또는 외할아버지에게서 증여를 받게 되는 경우 할증과세를 부과하지 않는 것이다.

그래도 할아버지가 증여를 할 때는 '할아버지→아버지→손자'로 거쳐서 하는 것보다 '할아버지→손자'에게 바로 증여를 하는 것이 증여세액을 더 절감시키는 것이 된다. 예를 들어 증여일 현재 주가평균가 50만 원인 A주식 100주(5천만 원)를 할아버지가 성년의 손자에게 증여한다고 가정하면 증여세액은 260만 원에 불과하다. 즉 증여재산은 '5만 원×100주=5천만 원'이고, 이때 증여재산 공제를 3천만 원 받으면 증여세 과세표준은 2천만 원이 되고 증여세액은 '260만 원[=(2천만 원×10%)×130%]'이 되어 '할아버지→아버지→손자'로 거치는 상속에 비해 절세가 된다.

매우 효과적인
7가지 증여전략

상속세를 절세하기 위해서 또는 미리 재산을 분배해줄 목적으로 배우자와 자녀에게 사전에 자산을 증여해주면 10년, 20년 후에 그 자산이 몇 배, 몇십 배로 늘어나도 상속세를 내지 않는 효과가 있다. 만약 자산이 지금보다 몇 배, 몇십 배로 늘어났는데 증여를 하지 않고 나중에 상속을 하게 되면 지금 증여세를 내는 것보다 훨씬 많은 상속세를 내야 하는 경우가 발생하기 때문에 미리 증여를 하는 것도 좋은 절세방법이다. 기본적이면서도 효과적인 증여전략 7가지를 알아보자.

장기적인 관점에서 증여는 빨리할수록 유리하다

배우자나 자녀에게 증여를 하고 10년이 지난 후 다시 증여를 하면 5천만 원(미성년자 2천만 원)을 초과해야 증여세가 과세된다.

예를 들어 자녀에게 20세 이전에 2천만 원을 고금리 저축상품이나 저축보험으로 증여하고, 10년 후에 5천만 원을 증여하면 증여세를 하나도 내지 않고도 이자차익까지 포함해 약 7천만 원가량을 지원해줄 수 있다.

사전계획에 따라 내는 증여세는 기꺼이 부담하고 증빙을 남겨라

증여 사실을 인정받으려면 사전에 증여세를 신고해야 하며, 반드시 증빙을 남겨놓아야 한다. 즉 증여재산의 취득일로부터 3개월 이내에 증여를 받은 사람의 주소지 관할세무서에 신고를 하면, 납부를 해야 할 경우 내야할 세금의 10%를 공제해준다. 반면에 같은 기한 내에 신고하지 않는 경우에는 신고불성실가산세 20%, 납부불성실가산세 10~20%(최고)를 추가로 부담해야 한다. 그러므로 신고납부를 하지 않은 경우에는 신고한 사람에 비해 최고 자진신고자의 세액공제율을 포함해 최고 50%까지 세금을 더 부담해야 한다.

또한 법인의 주식을 증여하는 경우 나중에 주식가치가 커진 다음에 증여한 것으로 인정받게 되면 생각하지도 않았던 거액의 세금을 물 수 있으므로 증여세는 사전에 신고해서 절세를 해야 한다.

현금보다 부동산을 증여하는 것이 유리하다

증여재산은 증여 당시의 시가에 의해 평가하되, 시가를 산정하기 어려운 경우에는 보충적 평가방법에 의해 평가한다. 보충적 평가방법은 토지의 경우 개별 공시지가로, 건물은 국세청의 기준시가 또는 행자부 과세시가표준액 등으로 평가한다. 개별 공시지가의 경우 시가의 80% 이하의 금액이 대부분이고, 건물의 경우 국세청의 기준시가 또는 행자부 과세시가표준액은 시가에 훨씬 못 미치는 것이 대부분이다. 그러므로 증여 시에는 금융자산보다 부동산으로 증여하는 것이 증여세 부담 측면이나 재테크 측면에서 유리하다.

또한 증여재산가액이 같다고 하더라도 상대적으로 수익성이 높은 임대형 부동산을 증여함으로써 수증자가 차후에 다른 재산을 취득하는 경우 예전에 증여를 받은 부동산에서 나오는 취득자원으로 자금출처에 활용할 수 있으니 유리하다.

공시지가·기준시가가 고시되기 전에 증여를 하면 유리하다

증여시기를 결정할 때는 미리 새로 고시되기 전의 개별공시지가를 열람해 지금 현재의 가액과 새로 고시될 가액을 비교해 낮은 증여재산가액이 되도록 하면 좋다.

자녀에게 회사를 물려준다면 사업 초기에 주식을 증여해준다

비상장 법인의 주식은 회사의 순자산가치와 순손익가치를 비교해 평가하므로 회사 주식의 가치가 가장 낮을 때 증여하는 것이 유리하다. 사업 초기에는 순자산가치와 순손익가치가 크지 않아 주식의 가치가 가장 낮은 시기에 속하므로 이때 주식을 증여하는 것이 매우 유리하다.

보험계약도 증여세를 감안해 준비해야 한다

생명보험 또는 손해보험에 있어서 보험료 불입자와 보험금 수익자가 다를 때가 있다. 보험사고가 발생한 경우 보험금을 보험금 수익자가 수령하게 되면 보험료 불입자가 보험금 상당액을 수익자에게 증여한 것으로 본다. 따라서 보험금 수취인은 증여세를 납부해야 한다. 그러므로 만일의 보험사고 발생 시 수령하게 되는 보험금이 거액인 보험상품에 가입할 것을 고려하고 있다면 보험계약을 배우자나 자녀가 직접하게 해야 한다. 보험상품 특성상 납부하는 보험료보다 보험사고 시 수령하는 보험금이 고액이므로 보험료를 증여하면 절세 차원에서 아주 효과적인 방안이 되기 때문이다.

소득이 있는 자녀의 경우 적립식상품으로 준비해준다

적립식상품은 부모가 현금으로 자녀에게 생활비를 지원하는 효과가 있다. 부모에게 상속을 받을 예정이면 이 방법을 택하는 것이 단순하지만 가장 적절한 증여방법이다.

자녀의 금융상품은
'증거 없는 증여'다

국세청은 "증거 없는 증여는 위험하다!"라고 했다. 하지만 일반 가정에서 자녀를 위해 교육자금의 명목으로 준비한 예·적금·펀드·보험 등의 금융상품은 안전한 '증거 없는 증여'라 할 수 있다.

금융소비자가 '사전증여'에 대해 알면 편하게 '증거 없는 증여'에서 벗어날 수 있다. 사전증여란 자녀나 배우자에게 주식과 펀드, 기타 자산을 증여자산 공제액 이하로 증여하는 것을 말한다. 즉 자녀가 부모에게 증여를 받으면 3개월 이내에 증여세를 신고하는 것이 원칙이나, 10년 내 동일인에게 증여를 받은 금액의 합계액이 증여재산 공제액(미성년자 2천만 원, 성인 5천만 원) 이하인 경우에는 내야 할 증여세가 없으므로 신고를 하지 않아도 된다.

부모가 자녀에게 들어주는 예·적금, 어린이펀드, 어린이변액유니버설보험, 적립식펀드 등은 대부분 10년 동안 증여재산 공제액 미만이고, 설혹 이 금액을 초과했더라도 교육자금으로 사용하면 별도의 증여세를 낼 필요가 없으므로 신고할 필요도 없다.

하지만 교육자금 대신 주택을 구입하는 등 다른 곳에 사용하고 신고하지 않았을 때는 사실상 증여재산 공제액 범위 내에서 증여가 있었다 하더라도 그 사실을 객관적으로 입증하기가 어려우므로 증여세를 낼 수도 있다. 자녀를 위해 준비해둔 자금은 반드시 증여재산 공제액 이하여야 하며, 이상이면 사전에 증여세 신고를 하거나 교육자금으로 사용해야 한다.

예를 들어 미성년자인 아들에게 나중에 결혼해 집을 장만할 때 쓰라고 아버지가 아들 명의로 2,500만 원을 저축했는데, 15년 후에 이 금액이 7천만 원으로 늘어났다고 가정해보자.

저축 당시 아버지가 증여세를 신고하고 증여세까지 납부했다면 15년 후에 아들이 7천만 원을 찾아서 집을 장만하는 데 사용하더라도 아무런 문제가 없다.

하지만 증여세를 신고하지 않았다면 세무서에서는 아들 명의로 저축이 되어 있다 하더라도 실질적인 소유자는 아버지로 본다. 그러므로 아들이 예금을 인출해 사용하는 시점에 아버지가 아들에게 7천만 원을 증여한 것으로 보기 때문에 증여세를 과세한다.

적은 돈으로 매월 불입하는 것 등은 대부분 교육자금이 목적이고 월불입금도 적으므로 크게 문제가 안 된다. 하지만 적립식펀드는 일정 기간이 지나면 목돈이 되고 새로운 펀드로 갈아타면서 기대수익을 높여야 한다. 증여세 신고는 높은 수익이 났을 때를 대비해 미리 하도록 한다.

또한 목돈이 증여재산 공제액 이상이라면 과세 미달로 신고하는 것보다는 납부세액이 나오도록 증여재산 공제액보다 약간 많은 금액을 증여해서 언제 누구로부터 얼마만큼을 증여를 받아 얼마의 증여세를 냈는지 알 수 있게 한다. 다만 신고서 및 영수증을 근거로 남겨놓는 것이 좋다.

금융소득 종합과세를 피하기 위한 방법

금융소득 종합과세는 이자, 배당, 부동산 임대, 사업, 근로, 일시 재산, 연금, 기타 소득의 8가지 금융소득에 대해서 연간 2천만 원 이하일 경우 분리과세하고, 2천만 원을 초과할 경우 종합소득에 합산해 과세하는 방식이다.

다만 모든 이자와 배당소득을 종합소득에 합산하는 것은 아니고 기준금액이 2천만 원을 초과하는 경우에만 합산하도록 한다. 이와 반대로 이자와 배당소득의 합계액이 2천만 원을 초과하지 않는다면 이자소득과 배당소득은 종합소득에 합산하지 않은 다음 분리과세하고 과세를 종결한다. 금융소득 종합과세를 피하기 위한 방법을 알아보자.

- 한 해에 만기를 집중하지 말고 분리과세나 비과세상품에 최대한 가입해야 한다. 만기에 이자소득이 발생되는 예·적금은 만기를 달리해 이자차익을 줄여야 하며, 분리과세상품이나 10년 비과세를 주는 저축보험, 변액보험을 적극 활용해야 한다. 또한 과세상품이지만 매년 결산을 하지 않으므로 누진과세를 하고, 매매차익을 스스로 조절할 수 있는 해외펀드(역외)를 활용하는 것도 좋은 방법이다.
- 자녀 명의로 할 수 있는 한 최대한 증여해야 한다. 즉 자녀 증여 한도는 20세 미만 미성년자는 10년 합산 1인당 2천만 원이고, 만 20세 이상이면 10년 합산 1인당 5천만 원까지 가능하므로 자녀들 명의로 우선 증여해야 한다.
- 세금우대상품에 가입해도 이자가 종합과세대상이 된다. 세전이자를 기준으로 2천만 원 여부를 정하므로 세금우대상품도 계산에 넣어야 한다. 특히 비과세가 되는 펀드라고 해도 배당형·부동산형·재간접형 등은 매매차익에 대해 과세가 되므로 각별히

주의해야 한다.

- 상품구조상 절세가 가능한 상품을 찾아 투자한다. 이러한 상품은 비과세상품과 분리과세상품으로 구분되는데 비과세상품으로는 개인연금신탁, 조합 예탁금, 장기 저축성보험 등을 들 수가 있으며, 분리과세가 가능한 상품으로는 5년 이상의 장기 채권이나 장기 저축 등을 꼽을 수 있다.
- 분리과세형 상품은 종합과세 회피를 목적으로 하는 장기형 상품이기 때문에 수익률뿐만 아니라 중도해지할 경우의 사항들에 대해서도 예금가입자들은 특별한 관심을 기울여야 할 것이다. 가령 은행의 5년 만기 분리과세용 정기예금은 중도해지를 하는 경우에 분리과세 적용을 받지 못하지만, 투신사의 5년 만기 분리과세형 상품은 가입 후 1년만 지나면 분리과세가 적용되므로 이러한 차이에 대해서 잘 알고 준비해야 한다.

주식거래세와 수수료도 세테크해야 한다

주식투자를 몇 년 했다는 일반인을 만나보면 증권거래세가 매수 시에 붙는지, 매도 시에 붙는지, 아니면 양쪽에 다 발생하는지도 모르고 투자하는 사람이 의외로 많다. 증권거래 수수료도 마찬가지다.

상장주식투자를 하면 증권거래세는 매수 시에는 부과되지 않고

도표 8-8 :: 증권거래세율

구분	세율
유가증권시장(코스피)에서 처분되는 상장주식	매도대금의 0.10% 농어촌특별세 0.15%
코스닥시장에서 처분되는 상장주식	매도대금의 0.25%
코넥스시장에서 처분되는 상장주식	매도대금의 0.1%
기타 비상장주식(제3시장 포함), 장외거래 시 상장주식	매도대금의 0.25%

매도 시에만 매도대금의 0.25%가 부과된다. 증권거래세는 국내에서 거래되는 주식 또는 지분을 팔 때 부담하는 세금이다. 이때 거래되는 시장에 따라 증권거래세율이 다르다는 점을 알 필요가 있다.

반면에 주식거래 수수료는 증권회사별로 차이가 발생한다. 수수료는 주식을 살 때도 내야 하고, 주식을 팔 때도 낸다. 수수료도 주식을 어떻게 사는지에 따라 달라진다. 증권사에 따라 약간 차이가 있지만 보통 거래 시에 비대면 거래부터 HTS Home Trading System, HTS와 전화 병행, 전화 순으로 수수료가 비싸진다.

금융소비자는 주식거래와 방법에 따라 증권회사에 내는 증권거래수수료, 국가에 내는 증권거래세가 얼마인지 따져 보고 자신에게 돌아오는 금액이 얼마인지 정확하게 파악해야 한다. 주식을 1만 원에 사서 1만 원에 팔면 손해를 보지 않았다고 볼 수 있으나 거래비용(거래수수료+증권거래세)이 들게 되므로 결국 손실이 난다.

이 외에 주식 양도소득세도 알아둘 필요가 있다. 양도소득세 산출세액은 양도차익에서 양도소득 기본공제를 차감한 과세표준에 세

도표 8-9 :: 주식 및 출자지분의 세율

구분		세율
중소기업의 주식 및 출자지분		10%
비중소기업의 주식 및 출자지분	일반	15~60세
	대주주가 1년 미만 보유한 주식 등	30%

• 중소기업: 중소기업기본법상 중소기업 기준으로 판단함
• 주민세 10%를 제외한 세율임

율을 곱해 계산한다. 주식은 부동산 양도에 적용되는 세율과는 다르다. 부동산을 단기 양도할 경우에는 1년 내 50%, 2년 내 40% 등 중과세율을 적용한다. 하지만 주식은 보유 기간에 상관없이 중소기업의 주식은 10%, 일반 법인의 주식은 20%, 대주주가 1년 미만 보유한 주식은 30%의 세율을 적용한다. 또한 부동산은 3년 이상 보유하면 장기 보유 특별공제를 적용받을 수 있지만, 주식은 아무리 오랫동안 보유해도 적용을 받을 수 없다.

따라서 주식투자로 인한 거래 비용을 최소화하기 위해서는 소액투자자든 대주주든 온라인 매매로 수수료를 절감하고, 비중소기업 (일반 기업) 대주주의 경우에는 1년 이상 보유 후 양도하는 것이 양도소득세를 줄이는 방법이다.

1가구 2주택은 부담부증여로
세금을 줄일 수 있다

      1가구 2주택 중과세에 걱정하는 2주택 가정은 양도세와 가족 구성원에 따라 '부담부증여'를 이용할 만하다. 부담부증여란 '증여하고자 하는 부동산이 담보하는 채무와 부동산을 함께 넘기는 것'을 말한다.

  1가구 2주택자인 A씨는 높은 양도세와 1가구 2주택을 해결하기 위해 서울에 소재한 시가 5억 원에 상당하는 아파트를 결혼 후 분가해 살고 있는 아들에게 부담부증여를 하고자 한다. 이는 부담해야 할 세금을 그대로 증여하는 경우와 담보를 설정해 증여하는 경우 크게 차이가 나기 때문이다.

  예를 들어 근저당이 설정된 은행채무 2억 원과 임대보증금 1억 원의 채무가 있다고 가정하면 자녀에게 넘기는 증여금액은 2억 원에 불과하고, A씨는 채무 3억 원에 대한 양도소득세를 내면 된다. 따라서 A씨는 1가구 2주택을 해결하고자 5억 원 상당의 아파트를 매도하면 전부 양도세 과세 대상이 되어 높은 세금을 내야 한다. 그러나 부담부증여를 이용하면 아들은 2억 원에 해당되는 증여세를 내고, A씨는 3억 원의 양도세만 내게 되므로 누진과세를 줄일 수 있다.

  즉 부담부증여를 이용하면 증여 부분에 대해서는 증여세율을, 양도 부분에 대해서는 양도세율을 별도로 적용받는다. 다만 양도차액이 크면 부담부증여보다는 '단순 증여'가 유리한 경우가 있으니 세무사와 상의해 양도차액에 따라 부담부증여와 단순 증여를 고려할 필요가 있다.

이렇게 세대를 분리해 1가구 2주택을 해결하는 것은 자녀가 30세 미만이라도 결혼을 해 부모와 주민등록상으로 세대가 분리되어 있으면 별도 세대로 보는 세법에 근거하기 때문이다. 하지만 자녀가 미혼으로 30세 미만이거나 최저생계비 이하의 소득이 있는 경우라면 세법상 1세대로 인정받지 못하기 때문에 부담부증여를 하더라도 1가구 2주택은 유지된다는 점을 유의해야 한다. 당연히 미성년자는 별도의 세대를 구성할 수 없으므로 제외된다.

한편 관할세무서는 부담부증여의 채무 3억 원을 부채사후관리대장에 등재해 사후관리를 한다. 만약 사후관리 결과 수증자가 부모 등 타인에게서 증여를 받아 상환한 사실이 밝혀지면 증여세를 과세 받게 된다.

종합소득세 과세방법과
소득 종류별 적용 기준

5월은 종합소득세를 신고해야 하는 달이다. 그런데 종합과세, 분류과세, 분리과세 등 단어의 의미가 알쏭달쏭하다. 또한 소득세의 복잡한 계산구조는 더욱 이해하기 힘들다. 따라서 〈도표 8-10〉, 〈도표 8-11〉, 〈도표 8-12〉, 〈도표 8-13〉을 이용해 과세방법과 소득세와 종합소득세 계산구조, 소득종류별 과세방법 및 적용기준을 알아보도록 하자.

도표 8-10 :: 과세방법 비교

구분	종합과세	분류과세	분리과세
의의	소득을 하나의 과세 표준으로 합산해 과세하는 방법	소득을 별도의 과세 표준으로 구분 계산해 과세하는 방법	소득을 과세표준에 합산하지 않고 별도의 세액 납부방법(완납적 원천징수)을 통해 과세를 종결하는 방법
대상	• 종합소득 　- 이자소득 　- 배당소득 　- 부동산 　　임대소득 　- 사업소득 　- 근로소득 　- 연금소득 　- 기타소득	• 퇴직소득 • 양도소득	• 분리과세 이자소득 • 분리과세 배당소득 • 일용근로소득 • 분리과세 연금소득 • 분리과세 기타소득
세율	• 4단계 초과 　누진세율 　(기본세율)	• 퇴직소득: 　기본세율 • 양도소득: 　양도소득세율	• 원천징수세율 　(소득 종류별로 규정)

'종합과세'란 소득을 종류에 관계없이 일정한 기간을 단위로 합산해 과세하는 방식이다. 현행 소득세법은 이러한 종합과세를 기본원칙으로 한다. 종합과세의 예외로는 분류과세와 분리과세가 있다.

'분류과세'는 퇴직·양도소득과 같이 장기간에 걸쳐 발생한 소득을 일시에 종합과세해 누진세율을 적용받으면 그 과세되는 시점에 부당하게 높은 세율을 적용받기 때문에 다른 소득과 합산하지 않고 별도로 과세하는 방법이다. 반면에 '분리과세'는 소득을 기간별로 합산하지 않고 그 소득이 지급될 때 소득세를 원천징수함으로써 과세를 종결하는 방법이다.

도표 8-11 :: 소득세 계산 구조

종합소득세	퇴직소득세	양도소득세
종합소득금액 (−)종합소득공제	퇴직소득금액 (−)퇴직소득공제	양도소득금액 (−)양도소득공제
종합소득과세표준 (×)기본세율	퇴직소득과세표준 (×)기본세율	양도소득과세표준 (×)양도소득세율
종합소득산출세액 (−)감면공제세액	퇴직소득산출세액 (−)감면공제세액	양도소득산출세액 (−)감면공제세액
종합소득결정세액 (+)가산세	퇴직소득결정세액 (+)가산세	양도소득결정세액 (+)가산세
종합소득 총결정세액 (−)기납부세액	퇴직소득 총결정세액 (−)기납부세액	양도소득 총결정세액 (−)기납부세액
종합소득 차감납부세액	퇴직소득 차감납부세액	양도소득 차감납부세액

도표 8-12 :: 소득 종류별 과세방법 및 적용 기준

과세 방법	소득 종류	적용 기준
종합과세	이자·배당소득	합산소득이 2천만 원 초과 시 종합과세
	근로·부동산임대·사업소득	무조건 종합과세
	연금소득	1,200만 원 초과 시 종합과세
	기타소득	300만 원 초과 시 종합과세
분류과세	양도소득	양도차익에 대해 별도 과세
	퇴직소득	퇴직소득에 대해 별도 과세

도표 8-13 :: 종합소득세 계산 구조

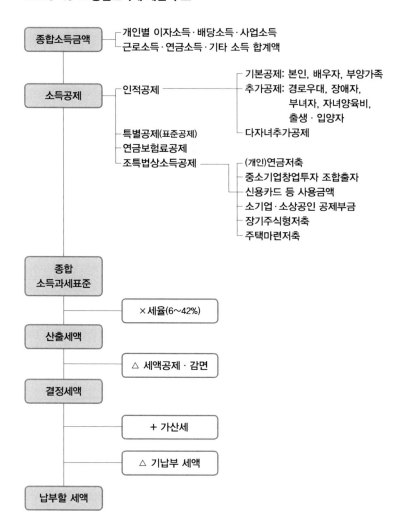

살아가는 데 꼭 필요한 최소한의 금융지식

초판 1쇄 발행 2019년 7월 16일
초판 3쇄 발행 2020년 8월 20일

지은이 | 김석한
펴낸곳 | 원앤원북스
펴낸이 | 오운영
경영총괄 | 박종명
편집 | 최윤정 김효주 이광민 강혜지 이한나
디자인 | 윤지예
마케팅 | 송만석 문준영
등록번호 | 제2018-000146호(2018년 1월 23일)
주소 | 04091 서울시 마포구 토정로 222 한국출판콘텐츠센터 319호(신수동)
전화 | (02)719-7735   팩스 | (02)719-7736
이메일 | onobooks2018@naver.com   블로그 | blog.naver.com/onobooks2018
값 | 16,000원
ISBN 979-11-89344-96-2 03320

이 도서의 국립중앙도서관 출판예정도서목록(CIP)은 서지정보유통지원시스템 홈페이지(http://
seoji.nl.go.kr)와 국가자료종합목록 구축시스템(http://kolis-net.nl.go.kr)에서 이용하실 수 있습
니다. (CIP제어번호: CIP2019024620)